変化に強く、イノベーションを生み出す

ネットワーク型組織
のつくり方

デロイト トーマツ コンサルティング

北郷 聡・橋本 洋人

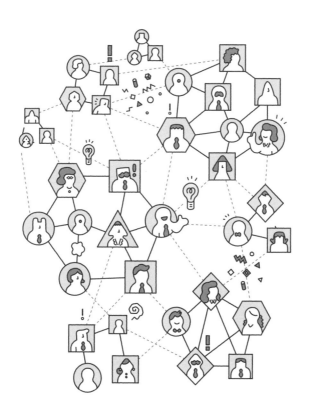

すばる舎

はじめに

　1990年の後半に、「これからはVUCA（Volatility：変動性・Uncertainty：不確実性・Complexity：複雑性・Ambiguity：曖昧性）の時代」と呼ばれてから早20年以上が経った。時代環境は徐々に安定を得るどころか、ますます不安定になり、今や不安定であることが常態的な状況になりつつある。

　加えて、ここ数年におけるCOVID-19の世界的な感染拡大や、ロシアによるウクライナ侵攻により、社会的・政治的・経済的な不透明さは今世紀最大になり、個人・団体・企業が先を見通せない状況で日々を過ごしている。

　クライアントからわれわれへの依頼内容にも変化が現れている。

　事業環境が大きく変化していることから、事業ポートフォリオの転換、新規事業の設立、組織の再編、大幅なコスト削減といった、大きな構造改革を必要とする依頼内容が増えている。

　中でもここ数年、事業ポートフォリオ転換に伴う、抜本的な組織構造改革案件が非常に多くなって来ている。

　背景にある経営者の悩みは「従来型組織の限界」にある。

　右肩上がりの経済成長期においては、よいものを作れば売れる、それゆえ開発・生産・販売が効率よく、組織だって動くことができ、経験豊富なリーダーが組織の指揮命令を担っていれば確実な時代であった。

　役員・部長・課長という経営・管理職が組織階層で役割分担し、それぞれ決められた範囲で意思決定することが、組織の効率性を担保する最大の仕組みであった。

　しかし、事業の先行きに対する不透明さが高く、デジタル化によって、

情報量が増え、顧客ニーズも多様化している現在において、階層型組織は必ずしも最適ではない。

　一人の組織長がすべてを把握して判断することは、情報量においても、スピードにおいても限界がある。それぞれの現場において、情報に精通した専門性の高い個人やチームが、スピーディに意思決定を行える組織が必要である。

　この十数年で新しい組織形態の方法論が生まれてきている。ホラクラシー、ティール、DAO（分散型自律組織）といった組織論について耳にされたことがある方も多いだろう。（17ページ）

　これらの組織は従来型の階層型組織と異なり、個人やチームが主役になって、スピーディに事業運営できる組織である。これらの組織の登場は世の中に非常に大きなインスピレーションを与えてくれた。

　同時に、活用できている企業は、最近設立された小規模のスタートアップ企業中心であることから、歴史ある企業や規模が大きい企業においては、どう適用したらよいかわからないという課題が生まれてきた。

　本書はこの課題解決を中核的な目的としている。すなわち、歴史が長い企業、大人数の企業、日本の企業においても適応できる組織論を提唱している。

　歴史的な慣習が強く、変えることに抵抗感が高い企業、新規事業に対して既存事業の抵抗が強い企業、大人数を抱えるが、それゆえ多くのオペレーション業務（定型業務）が存在する企業においても適応できる理論である。

　Deloitte Globalチームが提唱するAdaptable Organization（変化対応型組織）をもとに、日本における成功企業18社へのインタビューを踏まえてソリューション化し、クライアントへの導入を通じて磨いてきた、実践的な

組織設計方法論である。この方法論の特徴は大きく3点ある。

1. 業務ではなく、個人・チームを主役として組織を設計している
2. 権限委譲とガバナンスを両立させる「フォーメーション」の設計を行う
   アプローチを取っている
3. 人の価値観・動き方を含めた「ケイパビリティ」を変えるための人材
   要件・人事制度の導入を行っている

　特に3点目は、個人・チームを主役とした組織を設計するうえで、非常に重要な点であり、本書は新たな実践的方法論を発信することを目的としている。したがって具体的な方法論についても、可能な限り記載した。もしかしたら1回の通読で理解・活用いただくには多すぎる分量・内容になっているかもしれないが、全体をざっと読んでいただいたうえで、実務において活用する場面で必要な個所を参照する、いわば「手引書」のようにお使いいただければ幸いである。

　本書は全部で4章構成としている。第1章では、ネットワーク型組織が必要とされる背景と、体現する企業の特徴を記している。第2章では、ネットワーク型組織が機能するためのフレームワークを説明したうえで、実際に「フォーメーション」を設計する際のアプローチを説明している。第3章では、ネットワーク型組織を作成する際に肝となる「ケイパビリティ」の確立方法について伝えている。最後に第4章では、歴史ある企業、大企業で最大のボトルネックになる「既存組織との両立」のための要諦について記載した。

　本書が貴職・貴社の組織改革を進める一助になることを心より願っている。

本書の構造

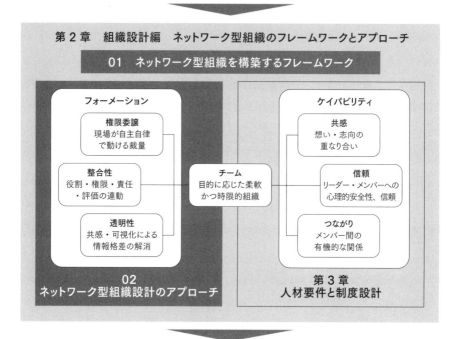

第1章　理論編　ネットワーク型組織とは何か

| 01
ネットワーク型組織の
必要性が叫ばれる理由 | 02
ネットワーク型組織を
体現する企業の特徴 |

第2章　組織設計編　ネットワーク型組織のフレームワークとアプローチ

01　ネットワーク型組織を構築するフレームワーク

フォーメーション

権限委譲
現場が自主自律
で動ける裁量

整合性
役割・権限・責任
・評価の連動

透明性
共感・可視化による
情報格差の解消

チーム
目的に応じた柔軟
かつ時限的組織

ケイパビリティ

共感
想い・志向の
重なり合い

信頼
リーダー・メンバーへの
心理的安全性、信頼

つながり
メンバー間の
有機的な関係

02
ネットワーク型組織設計のアプローチ

第3章
人材要件と制度設計

第4章　既存組織との両立のための要諦

目　次

第 1 章

理論編
ネットワーク型組織とは何か

第 **2** 章

組織設計編
ネットワーク型組織の
フレームワークとアプローチ

第 **3** 章 ────────────────

組織設計編
人材要件と制度設計

01 ネットワーク型組織に向けた「人材変革」のポイント····236

02 チームの特性と求められる人材タイプの整理 ···············239

第 **4** 章
既存組織との
両立のための要諦

理論編

ネットワーク型組織
とは何か

01 | ネットワーク型組織の 必要性が叫ばれる理由

「ネットワーク型組織」が必要な理由

「ネットワーク型組織」とは、将来を見通しづらい環境において、新規事業創造やイノベーション促進に適した組織形態である。われわれは、これからの時代には「ネットワーク型組織」が必要と考えている。

社会環境、デジタル化、情報流通の変化、人の考え方・価値観の変化など、企業・組織を取り巻く状況は20年前と全く異なる。これに応じてホラクラシー、ティール、DAO（17ページ）など、新たな組織形態が生まれてきているが、ベンチャー企業などを中心として一部の成功例に留まっており、特に日本の大企業における組織形態の変化は限定的である。

これまで多くの組織は、生産性やガバナンスを重視した「階層型組織」と呼ばれるものであった。階層型組織とは、社内階層に応じて役割分担を定め、上位者から下位者への指揮命令で目的を達成する組織で、モノづくりなどの効率的な業務運営に適している。

一方で、この組織は上意下達で業務運営することを基本としているため、下位者が上位者の指示にしたがって動くことが常態化しやすい。

意思決定権の多くを上位者が保持していることから、下位者が自身の考えで行動しても、上位者の意向に合わなければ認められず、「考えてもムダ」という意識になりがちである。その結果、下位者の自律性が育ちにくいという弊害がある。（図1-01）

図1-01 階層型組織とネットワーク型組織の違い

	階層型組織 （業務中心の設計）	ネットワーク型組織 （人間中心の設計）
運営 スタイル	● 組織・階層に応じて役割を与えられる ● 上位者から下位者へ指揮命令がある ● 中長期戦略・目標をブレイクダウンし、 　組織の活動計画を描き、計画を推進する	● メンバー個々人が自律的に動く ● 固定化された指揮命令系統がない ● 自律型リーダーを中心に、 　アイデア・専門能力を持つ 　個人が集まり、目的を達成する
適合性	● モノづくりなどの**効率的業務推進**に適する ● 将来を**見通し"やすい"**場合に適する ● 営業・生産・人事・経理などの部署別組織	● 個人を中核とした**革新・創発**に適する ● 将来を**見通し"づらい"**場合に適する ● 新規事業組織
主な 組織種類	● 指揮命令が明確なプロジェクトなど 	● 商品・サービスのイノベーション組織など

　階層型組織は、階層で権限が決まっており、該当者の権限を越える場合、上申して意思決定していく運営であるため、担当から課長に提言し、課長が部長に提言し、部長が役員に提言する。そのため、大きな意思決定はリードタイムが長いという課題もある。

　先が見通しづらい環境で、答えを上位者も持たない新しい物事に対して、スピーディに複数人の知恵・アイデアを有機的に結合しながら解決策を生み出していく場面では、この階層型組織は向いていない。

　階層型組織がネットワーク型組織へと変化を見せた様相にはどのようなパターンがあるか。大きく3つの要素が挙げられる。

① 「業務中心」から「人間中心」の設計へ

② 「効率性」から「創造性」の重視へ

③ 「画一性・標準化」から「差別化・個別化」へ

　本書の執筆チームは、数多くの組織変革に関わる問題をご相談いただいているが、この2〜3年でご相談いただく問題が、これまでのような「階層型」組織では実現しにくいものに変わってきていると感じている。

　今までの組織形態のままでは実現できない、新規事業創出などの新しい目標の達成や、部署別の縦割りでの役割分担では実行不可能な、バリューチェーンを横断した組織の協業活動などである。例えば、以下のようなご相談が非常に多い。

- 新規事業を創出すべく、既存組織から新事業組織を切り出して設立したが、従来的な上位者のマネジメントスタイルや減点式の人事制度が阻害要因となり、なかなか優秀な人材を獲得・処遇できない

- 新しい人材を採用して新事業組織を設立し、必要な権限を設定したが、実態としては既存事業側の緊急対応を優先し続け、試作ラインや人材を十分に使用できないため、思うような事業成果を生み出すことができない。

　単発的な新商品開発くらいを目的とするのであれば、組織・制度の根本まで見直す必要はないが、事業レベルでの新規創出を必要とする場合、指揮命令系統・意思決定プロセス・権限配置・人事制度・人材マネジメントなどを複合的に見直すことが必要になる。

　「階層型」に代わる組織論については、2000年代以降、さまざまな論が出てきている。2007年にBryan J Robertson氏によって提唱されたホラクラシー、2014年にFrederic Laloux氏に提唱されたティール組織などが代表的である。近年ではDecentralized Autonomous Organization（DAO）[*]への注目も高まってきている。

＊ホラクラシーは、スタートアップ企業での採用が多く見られる経営手法である。社会的な価値や目的への共感をベースに、自律した個人が目的達成のために集まり、組織が組成される。必ずしも営利的な発展、組織規模の数量的な拡大のみを目的としておらず、社会にインパクトを生む組織を発展させてきている。

＊ティール組織は、より人間がありのままの状態で集団的な活動ができる組織形態と言われている。価値や目的への共感から（「存在目的」という）集団となり、人々が自律的に動き互いに助け合う（「自主経営」という）組織である。自らの職場／それ以外の顔を使い分けることなく、ありのままの自分で目的遂行に向かっていける（「全体性」という）組織とされる。

＊DAO（自律分散型組織）は、組織統括の役割や中央管理者が存在せず、メンバー全員が平等に発言することができる組織である。透明性が高く、誰でもルール・運営方法などが閲覧できる。現時点ではインターネット上において、仮想通貨を活用した投資家によって構成される組織において活用されている。

　われわれのクライアントの中にも、階層型からこのような組織へ変革することによって、以前の組織ではなし得なかった成功を収めている企業も少なくない。

　ただしその多くは、オーナー企業など、経営者の意向によって大きく組織を変えやすい会社、組織の大きさが数百名など一定規模以下の会社、設立から数十年以内といった、歴史的な変遷が限定的な企業が占めている。トップダウンで舵を大きく切りやすい、組織として固まり切っていないため、柔軟に変化させやすいという特徴を持っている。

　一方で、われわれが多くご相談をいただくような企業群は、歴史があり、人数も多い大企業で、このような解決策を同様に試みても、なかなか一筋縄にはいかない。

　例えば、以下のような難しさに直面する。

- 人数が多いため、企業としての価値観・考え方を統一しようとしても、経験・育った環境など、多岐にわたる人々が集まっているため意思統一が難しい。

- 組織間で利害がコンフリクト（衝突）することが多いため、考え方のすり合わせ自体が非常に難しく、多大な時間を要する。

- 企業の歴史が長いため、培われてきた固定観念の定着が強く、覆すことが容易ではない。

- 組織の規模が大きくなると、創造的な業務だけでなく付随する事務作業も相応のボリュームになるため、必ずオペレーション業務（定型業務）が発生する。その業務量も多いため、効率的に進めるための組織設計が必要になるが、効率性を追求すると、創造性とは相反する設計を伴うことになり、バランスを取るのが難しい。

- コングロマリッドのような事業領域が多岐にわたる大企業の場合、事業別に競争力獲得のため、必要な機能や組織構造は、事業ごとに応じた違いが必要になり、事業個別最適での組織運営を行いがちで、単一的な構造でのシンプルな運営が難しい。

このように、歴史があり、人数の多い大企業では、解決の難しさが異なってくる。

時代が求める組織変化

では、「ネットワーク型組織」の特徴・違いは何かを解説していきたい。

その前に必要性の根拠を伝えるべく、近年の環境変化と組織への影響因子から紐解いていきたい。（図1-02）

近年の環境変化は大きく3点ある。

1. 市場環境変化の加速
2. 破壊的技術革新
3. 人の考え方・価値観の変化

順次見ていくが、特に3.の「人の考え方・価値観の変化」は、今後の階層型組織の限界と、ネットワーク型組織の必要性を強く感じさせる変化点になっている。

図1-02 環境変化が組織に及ぼす影響の全体像

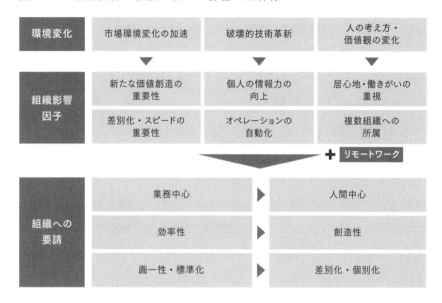

1. 市場環境変化の加速

　2000年代に入ると、インターネットによる情報収集と共有の向上、金融緩和による市場の活性化が進み、VUCAの時代と呼ばれる市場環境変化が激しい時代に突入した。

　2010年代は、デジタル化の加速による破壊的イノベーションが次々に起こった。グローバルビジネスの必要性はますます高まり、グローバルガバナンスのあり方や、クロスボーダーM&A対応力の向上に迫られる企業は飛躍的に増加した。加えて昨今は、COVID-19の影響により、米中対立の構図が深まり、IT業界を中心としたサプライチェーンの混乱や、米国による自国先端技術の囲い込みが発生。さらに、ロシアのウクライナ侵攻をきっかけとする欧米企業のロシア撤退・SWIFT離脱により、世界の勢力図、経済環境が目まぐるしく変化している。

このような状況下で、既存の事業ポートフォリオのままでは必要な競争力を発揮できず、事業の再編・売却・撤退を必要とされた企業も少なくないだろう。そうした企業にとっては、「新たな事業の創造」という難題が必須の経営課題になっている。

2. デジタル技術革新

　デジタル技術の革新によって、個人の情報収集力や、業務のあり方に大きな変化がもたらされた。

　スマホをはじめとするICTツール・インフラ整備により、個人が「知る」スピードが飛躍的に高まるとともに、ネットワーク上での発信・討議を通じて「思考を深める」ようになり、利便性や得られる知見者の幅の広がりから、討議サイクルが圧倒的に短期化した。

　その結果、先端的な知見・情報を入手するスピードは、今や個人が最速で、企業や政府などの組織的な情報共有となると、個人と比べて歴然として遅いという状況である。(図1-03)

　Facebook・Instagram・YouTubeなどのSNSの浸透により、個人の情報発信力やアクセススピードの高まりが、得られる情報の広さ・深さにも影響を及ぼしていると同時に、個人のインプットする情報に偏り・エッジが生じてきている。これは2010年頃、顕著に表れて以降、数年前から常態化している。

　こうなると、組織の一部上位者に情報を集約させ、意思決定して推進するという組織運営では、市場や顧客が求めるスピードに対応できない可能性が出てくる。必然的に、個人やチームといった少人数のコミュニティが主体になって、判断・推進できるような組織が必要になってくる。

　デジタル技術による業務自動化の影響も大きい。例えば、書類の電子化による承認・決済ワークフローのデジタル化や、RPAを活用した社内定型業務の自動化は飛躍的に進んだ。

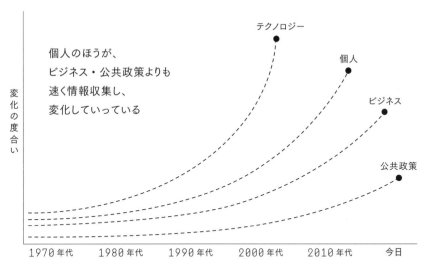

図1-03　変化の度合い（テクノロジー・個人・ビジネス・公共政策）

テクノロジー

個人

ビジネス

公共政策

個人のほうが、
ビジネス・公共政策よりも
速く情報収集し、
変化していっている

変化の度合い

1970年代　1980年代　1990年代　2000年代　2010年代　今日

出所：デロイト（2017）「グローバル・ヒューマン・キャピタル・トレンド2017」

　業務が自動化されると、人がやるべき仕事は、より非定型的なものになっていく。個人が価値を発揮するには、個人が持つ情報・人脈や、そこから得られるアイデアがより重要になる。定型業務の従事者は、価値の出し方を変えない限り、職を失う可能性すら出てくる。

　企業は、非定型な価値創造へのスキルシフトが進むような人事的取り組みを同時に行っていくことが求められている。

3.　人の考え方・価値観の変化

　人の考え方・価値観の変化の影響が非常に大きい。バブル崩壊後の1983年以降に生まれ、2000年以降に社会人になっている「ミレニアル世代」、さらに1995年以降に生まれ、デジタルネイティブと言われる「Z世代」の社会進出が進んでいる。（次ページ・図1-04）

図1-04　ミレニアル・Z世代とは

日本のGDP成長率の遷移と主なできごと

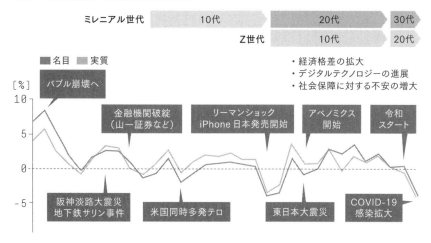

出所：デロイト（2022）「Z・ミレニアル世代年次調査2022」

　彼ら彼女らが企業内の一定ボリュームを占めてくるようになったことにより、企業が求められる対応は大きく変化した。

　高度経済成長から20世紀の終わりまでは、昇進・昇格といった社内的権威や、金銭的報酬が、仕事の対価になりがちであった。

　だが、高度経済成長以降、金銭的にも大きく不自由しない家庭環境で育った人の割合が多くなり、スマホやファストフードなど、比較的安価に生活の満足を得やすい状況となった結果、ミレニアル・Z世代は金銭的な対価をそれほど重視しない傾向が表れている。

　それよりも、「適切なワークライフバランス」「職場での過ごしやすさ」「やりがい・働きがい」といった、非金銭的な報酬が企業を選ぶ基準となり、仕事をするうえでのモチベーションになる。（図1-05）

　金銭的報酬についても、優秀人材の傾向として、年功的に実績や経験を徐々に積み上げて高めていくよりも、若くから高い価値・成果を出して

図1-05　現在の勤め先を選んだ理由（日本）

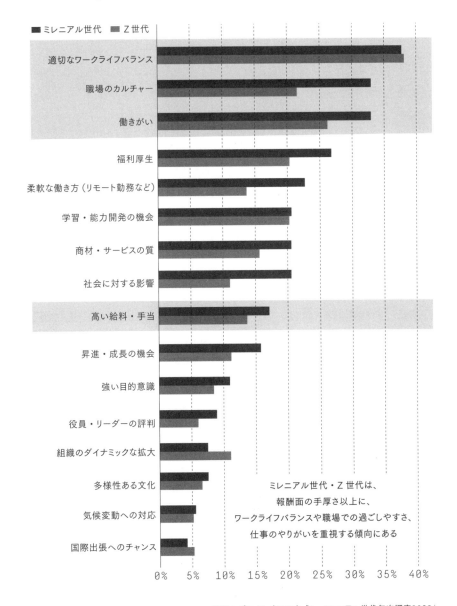

出所：デロイト（2022）「Z・ミレニアル世代年次調査2022」

高額報酬を得る方向に変化している。

　Googleによって、優秀な社員は入社時から1000万円の報酬を提供するといったことから潮流が生まれ、デジタル系の希少人材は、若手であっても高額報酬になっている。専門職の高額報酬化が高まると、総合的なキャリアを年功的に積む人事制度というだけで、優秀な人材から敬遠される状況になりつつある。

　さらには、副業・兼業のニーズも高まっている。彼ら彼女らにとっての重要事項は、世の中に優れた価値を提供していくため、目的意識を共感し、互いにリソースとなる人物と、適時適切に協業して目的を実現していくことにある。その動き方においては、複数の団体・コミュニティに所属することが不可欠になる。1つの企業に所属するという雇用形態は、制約でしかないのである。

　また、COVID-19により、多くの企業・団体がリモートワークを余儀なくされる状況となった結果、これまで対面で行うことが当たり前とされていた仕事の環境は、リモートでも成立することが実証された。業務遂行、会議、チームメンバーとのコミュニケーション、人材マネジメントなど、リモートでも成立することは非常に多い。

　リモートになったことは、仕事とプライベートのバランス確保に寄与し、複合的な時間の使い方が可能になった。今後、人々の価値観のあり方として、この傾向はより支持され、拡大していくと考えられる。そうなると、ますます時間・場所を問わない働き方が求められると予測できる。

　このように、時代における変化を、市場・技術・人材と複眼的に見ていくと、明らかに従来的な組織・人事のあり方では限界を迎えつつあることがわかる。

今後、必要になる組織要件・3つのポイント

　これからの時代において、組織に求められる要件とは何だろうか。これまでに述べてきた時代・環境の変化と、そこから導出される組織への要請を整理すると以下のようになる。

- 市場環境の変化スピードが飛躍的に高まった結果、企業には柔軟、かつ迅速な変化対応力が求められる
- デジタル技術革新の結果、個人が情報受発信の中核になる
- 定型的なオペレーションは自動化され、個人には、より創造的な仕事が求められる
- 人の価値観・考え方の多様化が進んだ結果、目的や「やりがい」を重要視した組織運営の必要性が高まる
- 所属・場所を問わない働き方ができるよう、副業・兼業・リモートワークなどが可能な組織であることが求められる

　このような要請に応えていくため、大きく3つの変化が必要と考える。

1.「業務中心」の設計から「人間中心」の設計へ

　デジタル時代において情報格差は埋まってきており、むしろ組織より個人のほうが先端的な情報を持ち、受発信の中核になっていることは先にふれたとおりである。

　情報化によって顧客ニーズ変化の度合いや多様化は、ますます加速していく。そうなった時、組織的に上位ポジションの人材にすべての情報を上申し、判断を仰ぐ意思決定モデルは限界を迎えてくる。

　デジタル化以前の時代は、判断に必要となる知見・情報が可視化されきっておらず、年長者の経験・勘を含めた見解が非常に重要視されていた。

答えを持ち得るのは一部の上位者で、組織の頭脳として、多くの下位者がピラミッド型の階層構造に配置され、手足となって動く構造が理にかなっていた。業務が最も円滑に進む流れで組織が組まれ、必要な「人工（にんく）」として人材が配置されるという順序で組織が検討されていた。

　今でもオペレーション業務（定型業務）を行う組織はこのやり方が理にかなっているが、デジタル時代において、特に、企画の分野では異なってきている。企画の分野においては、顧客ニーズの変化速度と多様化に対して一人の上位者が常に最善の答えを出していくことはもはや不可能である。

　以前のように優秀な一部のベテランが新商品のプロデューサーになる、ヒット商品を生み出した実績あるマーケターが常に新商品戦略立案の中心にいる、といったことが今後も続くのは難しい。

　ではどうすればよいのか。多様な価値観が存在する世の中において、それぞれの分野で既成概念に捉われず、新しい価値観や顧客・スタッフとのやり取りにかかわりを持つ個人がリーダーとして活躍していくことである。

　これからは個々人が「ここにニーズがある」「これが変化する」といった事象をいち早く察知し、データで実証し、チームを組成し、先行的に攻略できた組織が市場の勝ち組になる。

　そのためには、個人をリーダーにして、その人物を中心に仕事を設計し、チームを組成できるような形の組織にする必要がある。年次を問わず有能な人材が自ら手を挙げ、会社からリソースを得て、一定レベルの責任と権限を担い、ミッションを一定期間任されるような仕組みと、上位層はその支援役になる組織運営が重要になってくる。

　このあたりは後述の第1章02の事例パート（43ページ〜）、および第2章の組織設計パート（86ページ〜）以降で詳しく述べていくが、ここでも少しだけふれておきたい。

ある会社では、非常に大きな個人への権限委譲を実施している。

　個人のアイデアと能力が優れたものだった場合、たとえ入社1年目の社員であっても子会社社長に据え、1年間を期限として、彼のために社員と資金を与える権限委譲を行っている。本体役員は彼への支援が仕事であり、意思決定には口を出さず、あくまでもコーチとして支援するに留めている。

　この例は極端に見えるかもしれないが、企業の大小を問わず、成功している企業は、このように権限委譲に優れたメカニズムが見られる。

　他にも、ある最大手メーカーでは、信頼・安心できるリーダーに権限委譲する方法を取っている。

　複数年の価値観浸透とリーダー育成プログラムによって、リーダーに必要な能力・マインドの保持者となるべく育成を重点的に行い、個人の意思や企業ビジョンに深く共鳴するレベルまで深めると、特定ポジションのリーダーに登用し、大幅に権限委譲して、チームを組成する方法である。

　いずれにしてもマーケット変化が激しい領域における企画・創造を行う組織の作り方は、個人を軸にして裁量権を与え、人と人とをつなげて組み合わせるといった手法を用いていくことが主流になっていくだろう。

　このような組織運営になると、組織の形は固定的ではなく、流動的になっていく。人が目的のために集まり、目的を達成すると組織も解散するといった、時限的な組織運営になる。

　「長く一緒にいることで信頼・共感が徐々に生まれてくればよい」という時間に頼るやり方から、「たとえ共有する時間が短時間であっても強い結びつきと意思疎通ができること」が極めて重要な前提になると、全社員に自社の考え方・価値観の求心力、すなわち組織のミッション・ビジョンが浸透し、一定のマインドセットが共有されることが必要になる。

同時に、個人が主役になると、次第にその領域で個社を超えて市場に知られている人材になっていき、個人にとって特定の1社に所属し続ける意味も薄れていく。

そうすると、個人が会社を選ぶ理由として、「自身のなし遂げたいこと」を実現しやすい環境、風土、ブランド、リソース、働き方などが得られることがますます重要になる。

2. 「効率性」から「創造性」の重視へ

2つ目は、業務の変化である。デジタル技術による業務の変化は著しい。特にオペレーション業務（定型業務）はデジタル技術によって大きく効率化が進みつつある。

これまで手作業だった各種オペレーション業務は、システム化による効率化に加え、アプリケーション間のデータ連携をロボティクスにより自動化することで大きく削減された。この現象は、主に人事・経理などの間接業務において顕著であるが、昨今、自動化の範囲はそこに留まらず、直接業務においても進んでいる。

例えば、工場の安全監視や保全必要箇所の特定など、データ管理と画像解析技術が進むことにより自動化が進んでいる。

今後、新しい技術は次々誕生してくることが期待され、これに伴うオペレーションの効率化や大規模な削減はますます進むだろう。

そうなると人間には別の価値を出すことが求められる。オペレーションといった定型的な作業ではなく、創造的な仕事が求められる。

それは、AIの解析が追いつかない、人の感性が必要な仕事、複雑な情報から解を見出すような仕事である。

これは個人にとって、より創造的な業務に従事できる機会の拡大でもあり、同時にそれができない場合には雇用を失うリスクになる。

　企業側は、業務効率化によって創出した人材を、創造的な業務で活躍させられるかが、業績向上において極めて重要になる。

　スキルシフトを成功させ、付加価値創出業務で活躍する人材を多く輩出できれば、当然、業績は向上する。これができない場合、効率化された工数や人材は活かされず、システム投資コストと余剰人材人件費の二重負担に苦しむことになる。そうならないために、組織マネジメントを転換させていくことが求められる。

　オペレーション業務（定型業務）において、組織マネジメントでは効率性・計画性が重要で、要員配置数の適正化とそれを実現する標準化・マニュアル化に力を入れることが多かった。

　これを「創造性が高まる組織マネジメント」に変える必要がある。

　創造性を重視した業務推進において、業務中心から人間中心の設計が必要になるため、組織マネジメントにおける中核は、業務設計から人材マネジメントへと移る。目標・評価のあり方から、時間の使い方、スキルシフトを心理的安全性を伴って実現することが重要になる。

「結果」だけでなく「プロセス」を重視する

　目標・評価は、問われるものが「業務の遂行量」「結果としての金額」などの定量的に測りやすいものから、結果だけでは測れない「試行錯誤の量」や「中間アウトプットの質的変化を観察する過程そのもの」が評価として報われる制度に変える必要がある。

　あるメディア系のクリエイティブ企業では、TVからインターネットへのチャネル変化の中、答えがない領域で、探索的に市場開拓していくことが求められた。

これまでであれば、映画なら映画という決まった枠の中、映画館で放送され、一定期間を経てDVD化、TV放送という流れの中での業績が評価指標であったが、収益化チャネルのあり方が変わったため、指標の変化を余儀なくされた。

まだマーケットが確立されていない段階での目標は、「目指したい数字成果」を漠として掲げることはできても、具体的に個人の努力によって達成可能な目標数字を明確にすること、それを個人の責任として与えることは難しい。したがって、結果ではなく「中間成果」で測ることになる。

この会社では、「インターネットというメディアの特性に関する研究」「企画アイデアを探索的に繰り返し試行することで煮詰まっていく状況」といった、定性的な中間成果を目標・評価として活用することを考えた。

大切なのは、この「定性的な深まり」をしっかり上位者が評価することと、本人との対話を通じてフィードバックすることであると考え、その点を重視している。

創造性のために時間の「ゆとり」を持たせる

次に、時間の使い方を変える必要がある。オペレーション業務（定型業務）では、作業を定型化して時間単位工数を明らかにし、それらをより効率化させるように改善していく。時間は主として単位あたりの成果を見る指標として活用される。

これが創造的業務に変わると、時間と成果の相関性は低くなり、「時間当たりの成果」は非常に測りにくいものになる。時間をかけても目に見えるわかりやすい成果が出るとは限らないからである。

そうすると、時間あたりの労働成果を前提とする人事制度より、研究開発職などに見られるような、裁量労働に近い人事制度が適してくる。

勤務場所も集中して作業を効率的に進めることより、創造性が高まるような環境のほうが適しており、創造性を高めるために画一的な環境では

なく、さまざまな刺激があったほうがよいこともあるため、勤務場所の多元化も場合によっては必要であろう。

創造性の高い業務の中には、特に初期段階において、本当に価値があるかどうか全くわからない、成果にならない可能性が高い「探索的な活動」が必要とされることがある。そのため、決められた目標達成に直結しないことについても自由に時間が使える裁量が望まれる。

ある連続的な新商品開発を得意とするメーカーで、研究開発領域において「基本労働時間の15%を決められた目標達成以外で自由に使ってよい」というルールを採用している。

この制度を導入するにあたり、当初は「15%の余剰を与えたとしても、個人によっては必ずしも有効に活用するのではなく、単に怠けるだけではないか、それにより組織全体の目標達成値は下がるのではないか」という議論があったものの、研究開発領域は決めた目標を実行するだけではイノベーションにつながらないことがわかっていたため、思い切って導入に踏み切った。実は導入時の1年目は予測したとおり、部門全体の成果は下がったという。

しかし、これを2年3年と続けていく中、それまで出てこなかった商品アイデアが次々出てくるようになり、それが他の研究職への刺激にもつながった。最終的には15%への成果の出し方について、部門全体のコンセンサスが高まるまでになり、今では自社にとって不可欠なルールであるという。

社員が安心してスキルシフトに挑戦できるようにする

最後に、人材のスキルシフトを心理的安全性が担保された状態で実現できることが必要である。

「創造的な仕事をしてもよい」「時間をより自由に使ってよい」と言われても、長年、オペレーション業務（定型業務）を中心にやってきた人間に

とっては混乱以外の何物でもない。目標は与えられることが当たり前だし、時間を有効に使っていなければ「サボっている」と見なされる世界で長年過ごしてきた人にとって、「どうやって変えたらいいか」「何から変えていったらよいか」を思いつかなくて当然であろう。

したがって、会社は「仕事の創造性を支援すること」が極めて重要になる。このスキルシフトを成功できるかどうかは、効率化によって確保した余剰人材を活かせるかどうかにかかわるので、企業にとっては死活問題である。

ただ、このスキルシフトは極めて難しい取り組みである。どんなに意識の持ち方・動き方の教育、上司のマネジメントとOJTによる指導を繰り返しても、全員がスキルシフトできるということは、われわれの経験に照らしても極めて困難と言わざるを得ない。

ただ1つ言えることとして、スキルシフトは、「本人にとって前向きなもの」として捉えられ、安心して取り組める状態であることが、非常に重要になる。

あるSI系企業では、デジタル化のトレンドに応じて、組織における大規模な人数の人材を、決まった流れでパッケージシステムを開発するスキルから、探索的アジャイルにデジタルツールを導入するスキルへと転換させる必要があった。

事前に人材をリストアップすると、「シフト可能と想定される人」「シフト可能かもしれないが、難しいかもしれない人」「シフトが難しいことが想定される人」に分けることができ、大多数は「シフト可能かもしれないが、難しいかもしれない人」であった。

そのようにカテゴライズをされた人々のスキルシフトを成功させるため、組織・制度・教育を変え、充実した教育が受けさせ、成功実績を得やすいよう小規模なトライアルからスタートした。

最も重要視したことは、スキルシフトにはチャレンジするが、たとえう

まくいかなかったとしても元の領域に戻れるという「安全地帯」を設置したことである。これにより、従業員はリスクなく心理的な安全性を持って取り組み、スキルシフトへのチャレンジを継続でき、その結果として、徐々にデジタル人材の創出が進んできている。

3.　「画一性・標準化」から「差別化・個別化」へ

　3つ目の変化は、仕事のあり方を「画一性・標準化の重視」から「差別化・個別化の重視」にシフトさせることである。

　顧客ニーズの多様化・複雑化が進む状況下においては、社内での業務効率性に加え、市場における差別化の重要度が高まる。そのため、先に述べたように、領域に深く精通して情報を保持し、思考の深化を進めている個人・チームに裁量権を与え、先んじて市場に差別化された商品・サービスを送り出すことが何より重要になる。

　最初はこれを実験的に、プロジェクトのような形態で進めることも多いだろう。ただし、プロジェクトのような形態での仕事が組織内の多数派になってくると、組織全体の制度・ルールを変えていくほうが望ましい状況になる。

　先にふれたような、目標・評価制度の改定、個人・チームに権限を与える意思決定プロセスの整備、心理的安全性を持って柔軟に時間を活用できるルールなどが必要になる。この詳しい内容は本書の中核でもあり、第2章・第3章で詳しく伝えていくことにしたい。

　事業が多岐にわたる企業においては、事業の固有性を持って整えていくことも必要である。

　事業に応じて必要となる差別化・個別化は異なり、それに応じて必要な人材の定義、採用・育成・評価・報酬水準なども異なる。昨今ではこの違

いがますます拡大しているため、コングロマリットなどの大企業は画一的な人事制度に限界を感じている場合も少なくない。その結果、今後はますますホールディングス化、および分社化が加速していくだろう。

　規模が大きい会社においては、創造性を高める取り組みと、効率化・標準化のバランスをいかに確保するかも重要な論点になる。

　オペレーション業務（定型業務）量も相応に残る企業の場合、創造性追求に組織を寄せすぎると効率性を阻害することがある。望ましいのは、まずは一度、効率化・標準化をやり切ることである。十分にオペレーション業務を削減し、競合に対してコスト競争力を高めたうえで創造性の向上に臨むことが理想的である。

　ただし、多くの企業の実態として、きれいに順序立てて進める時間的な余裕はないことがほとんどで、同時に「オペレーション業務の効率化」と「創造性の向上」に挑むことになる。

　それゆえ、創造性が高い組織と効率化を追求する組織を両立できる仕組みが必要になるわけだが、その点は第4章で詳しく述べていく。

　業務については、標準化すべきものは徹底的に進めることがセオリーであるが、制度・ルールは標準化と個別化のバランスが重要になる。

　バラバラでは非効率だが、事業競争力上、個別化が必要な部分は速やかに人事制度を変える必要がある。

ネットワーク型組織として組成すべき対象組織

ネットワーク型組織として組成すべき対象組織を整理すると、大まかには以下の3つに大別できる。（図1-06）

1. 「事業創造」
2. 「商品・サービスのイノベーション」
3. 「業務などの継続改善」

図1-06　ネットワーク型として組成すべき3種類の組織

少数への集中的リソース・権限付与　◀━━━━▶　多数への自律性要求

	事業創造	商品・サービスのイノベーション	業務などの継続改善
組織構造	少人数のチーム（トップイノベーターをリーダーにして精鋭チームを組成）	特定組織に集約してチームを組成、もしくはCVC*などで募ってプロジェクト組成など	既存組織所属（所属を変えず各組織にて動き方を変化）
責任・権限	リソースを大きく集中投下してリーダーに権限を付与、失敗責任を追及しない	選定された特定のチームには権限を付与、失敗責任を追及しない	個人の主体的に改善する権限を付与、各組織長の責任で改善目標を掲げる
人事評価	中間的な成果を評価して、最終成果が出なくても大きく減点しない	中間的な成果を評価して、最終成果が出なくても大きく減点しない	達成した成果は原則加点

*CVC（Corporate Venture Capital）：事業会社がファンドを組成、自社の収益につながるベンチャー企業に投資

ここからは上記3つに関して、特徴とともに個別に掘り下げていきたい。

1.　「事業創造」の場合

1つ目は「事業創造」の場合である。新規事業の創造はどのパターンよりも成功が難しく、組織運営のやり方も難しい。

「新規事業が自社にとって全く関係ない飛び地の領域」ということはまずなく、顧客・技術・事業など、何らかの自社の強みを活かして進めるため、必要となるトップ人材を集結して推進することになる。

この組織を成功させるうえでは、3つのハードルがある

① エース人材の配置
② 権限の付与
③ スポンサーシップ（支援・保証）の獲得

①エース人材の配置

ハードルの1つ目は、各既存組織からエース人材を獲得できるかどうかである。新しい組織を立ち上げる際、新規採用でない限り、既存組織から人材を出してもらうことになる。新事業組織は難度が高いため、優秀な各所のエース人材を配置することが望ましい。

しかし実現には、「各組織の上長と本人それぞれからの抵抗」というハードルが存在する。

各組織の上長は「エース人材を出してくれ」と言われても、当然自部署の戦力ダウンにつながるため、全社的な優先事項とわかっていても、2番手、3番手の人材を出しがちである。これを防ぐには、新規事業組織長が欲しい人材を指名して一本釣りできることが必要になる。

ただし、この後の2つ目でふれるが「新規事業組織設立後に各既存組織から協力が得られるか」という問題にも関わるため、既存事業長からの恨みは買いたくない。

そのため、自分がその人材を指名して奪っていったと思われない仕掛けが重要になる。例えば、実質的に新規事業組織長が指名するが、表向きの調整は、経営トップクラスのスポンサーが行うという状況を作ることが解決策の1つである。

もう一点の「本人の抵抗」というハードルは、失敗した際のリスクに起因することが多い。多くの日本企業の場合、昇格や評価は加点主義ではなく、減点主義で行われている。したがって、失敗するリスクも高い新規事業領域には「評価を気にしないような、もともとの資質が高い人」しか希望しない場合が多い。既存事業で優秀な成果を収めている多くの人は、わざわざ失敗リスクが高い新規事業組織に、自分からは行きたがらない。しかしこれでは十分な質・量の人材を新規事業組織に配置できない。

　そのため、人事評価制度を加点式に変更することが肝要になる。全社の人事制度の統一性の観点から、新規事業組織だけの人事制度変更が難しい場合も多い。その場合、目標の掲げ方やコミットメントを、努力で達成できる中間成果・指標にするなど、減点されない運用上の工夫が非常に大切になる。

②権限の付与

　ハードルの2つ目は権限付与についてである。新規事業組織は、最初からすべての必要機能を具備するのではなく、探索的にトライしながら商品・サービスをプロトタイピングし、うまくいきそうなタイミングで組織内に追加機能を具備する。

　そのため、初期のプロトタイピングにおいて、研究・試作など既存事業側の設備や人的リソースを活用させてもらいながら推進することになる。

　新規事業は他社に先んじてマーケットを占有できるか、自社の情報が市場に出てからも他社に先んじられないよう、スピード勝負になることも多い。よって、既存事業より優先的に設備・人的リソースを使う権限が重要になる。

　そのため、新規事業組織立ち上げ時は、既存事業に勝る権限を設計する必要があり、規程を改定することになる。

　ただし、規程上、新規事業側が権限を持てたとしても、運用上の実行

性が不足する場合がある。実質的に売上の大きい既存事業長の声が大きく、権限規程どおり「新規事業優先の意思決定」とならないのである。

例えば、「リソースは活用してよいが、このタイミングは繁忙期なので1ヶ月待ってくれ」といった牽制・調整が入ることも少なくない。よって3つ目に述べる「スポンサーシップ獲得」が重要になる。

③スポンサーシップ獲得

ハードルの3つ目は、新規事業設立を成功させるうえでの「経営トップからの支援獲得」である。

前述のように、新規事業組織は他社に先んじる必要があり、マーケットを作りに行く活動でもあるため、スピードが重要である。それには既存事業から必要な協力をタイムリーに得る必要があり、既存事業とコンフリクト（衝突）することもある。そのため、経営トップクラスが新規事業側の優先度を担保する「スポンサー」を務めることが重要になる。新規事業組織は社長直轄型として設立されることが多い。

もしくは、新規事業組織のステアリングコミッティ（運営委員会）を設立し、議長を社長、参加者を各既存事業長とし、ステアリングコミッティでの意思決定において、既存事業長の承諾を得られる仕掛けを組む場合もある。

2. 商品・サービスイノベーションの場合

商品・サービスイノベーションの場合は、組織を変えるパターンと変えないパターンに分かれる。組織を変えるパターンは、既存組織の外で実施する場合である。

社員個人が持つアイデア・感性・情報を起点として、新しい商品・サービスを生み出していく。この場合、CVC（Corporate Venture Capital）といわれる新組織を設立することが多い。例えばソニーが有名だが、ソニーでは、

2016年にSony Innovation Fundと称するCVCを設立し、社員個々の「目利き力」をもとに、既存事業とのシナジー効果が見込めるサービス事業者を、世界各地から選定の上、投資・新商品開発を行っている。

このように、社員個人を起点として新商品開発を行う活動は、時限的なチームであるネットワーク型組織として行うのに適している。

組織を変えないパターンは、既存事業内で進める場合である。ただし、既存事業内で従来のR&Dが同じような探索をしたところで、大きなイノベーションは起こりにくい。

よくあるのは、事業と事業の間のホワイトスペースを探索した時、あるいは事業と事業の重なりにおいて、双方のよさの掛け算で生まれるイノベーションである。ある事業の要素技術を使って、別事業の顧客向けの新商品が生まれるといった事象が、その典型である。

これを行うには、事業の縦割り・サイロから出る必要があり、うまくできるかどうかで成否が分かれるが、縄張り争いで失敗することも多い。

そうならないためには、前述の新規事業組織に近い権限の整理や、スポンサーの獲得が必要になる。例えばプロジェクトを発足する際、社長直轄にするなど、既存事業長同士の取り合いにさせない仕組みが重要になる。

3. 業務などの継続改善の場合

最後は、事業・商品・サービスを大きく創造するわけではないが、業務改善を積み重ねていく場合であり、ほとんどの会社組織に当てはまる。

これは、既存組織において、ネットワーク型組織の要素を少しだけ組み込んで実装する場合が多い。

業務改善は、多くの企業において推進されている。ただし、会社主導で進められていることが圧倒的に多く、それゆえ持続しない結果になりがちである。これを防ぐには、個人の主体性を活かすネットワーク型組織の要素を取り入れることが必要になる。

業務改善はBPR（Business Process Re-engineering）とも呼ばれ、多くの企業でプロジェクトとして実施されている。コンサルティング会社の支援を得て推進することも多いだろう。多くの業務自動化・外部化が進み、社員は高付加価値業務に注力できるようになる。しかしながら、数ヶ月もすると徐々に揺り戻って、従来のやり方に近づくことも多い。それは、本人が腹落ちして主体的に改善していないからである。

　ネットワーク型組織的に業務改善を進める場合、本人の主体性と継続実施可能な状況づくりを優先する。業務における改善点を自身で出してもらう。その際、改善手法や着眼点の知識はコンサルタントが提供することもある。しかし、あくまでも本人の課題認識に応じて改善策を特定するようにしている。

　また、継続改善ができるよう10%程度を業務改善に継続的に充てられるような工数設計をする。イノベーション領域で研究開発員が新しい探索に15〜20%程度の工数を当てられる制度を導入している企業が増えてきているが、その発想をオペレーション領域にも入れていく方法である。

　本人が継続的に業務改善していけるし、業務繁忙期に工数が溢れないためのゆとり（バッファ）にもなる。さらに、業務改善成果を加点評価にすることで、本人のやりがい・モチベーション向上にもつながっていく。

　この際、重要になるのが上長の意識変革である。余裕がある人材に業務をパンパンに詰め込んだり、管理して仕事をやらせるのではなく、本人の主体性をコーチングで高めながら、優れた改善目標設定を一緒に考え、実行支援していくことが重要である。

　ネットワーク型組織を適応するケースについて3つほど見てきた。最後に、これらの組織を設立する際、既存組織にまぶして作るべきか、新しく特区のような形で設立すべきかについて見ていきたい。

ポイントになるのは、以下の3点である。（図1-07）

- 既存事業との乖離性

- 強い権限の必要性

- 独自評価の必要性

既存事業との乖離性が低い場合は、既存組織内に置くべきである。新事業であったとしても、既存事業本部との親和性が極めて高い場合、事業本部長直下に設立することが望ましい。

ただし、将来的には事業の枠を超え、他事業の内容も取り込んでいくような事業の場合は、事業本部外に社長直轄組織として設立しておいたほうがよい。そうでないと、将来的に大きく成長させるタイミングで、後から巻き込まれる他の事業側の協力が得られず、成長が鈍化することが多いからである。

既存事業との乖離性が高い、言い換えると1つの事業の枠に収まらず、親和性はあるが、将来の乖離性がある場合は、最初から既存事業から切り離しておいたほうがよい。

図1-07　既存組織内で作るべきか、新たな組織を新設すべきか（評価表）

	既存組織内で実施	既存組織外で実施	
	既存組織パターン	事業本部内新設パターン	事業本部外新設パターン（経営トップ直轄組織など）
A)「事業創造」の場合	✕	既存事業との親和性がある場合	強い権限／独自の評価が必要な場合
B) 商品・サービスのイノベーションの場合	✕	既存事業との親和性がある場合	強い権限／独自の評価が必要な場合
C) 業務などの継続改善の場合	◯	✕	✕

次に、**強い権限が必要な場合**は、経営トップ直轄にするなどの工夫が必要である。新規事業の塊が見えている場合は事業部として設立する。

　ただし、最初は立場も弱く、複数事業との調整が発生することが多いので、経営トップ直轄など強い権限を発動できる設計を行っておく。

　もう1つ、**社員個人のアイデア・感性・情報などを起点に商品・サービスイノベーションを促進するCVCなどを設立する場合**は、これも既存事業外に設立する。本人が希望した場合に、既存事業から牽制がかからないようにする必要があるため、これも社長直轄など、強いスポンサーシップ（支援・保証）が発揮できる形で設立することが多い。

　最後に、**独自評価の必要性、すなわち既存の人事評価制度から変える必要性が高い場合**は、別組織として切り出す。

　成功確率が低く、配属される社員本人が担うリスクが高い新規事業・サービス開発の場合、加点式・プロセス重視の人事評価制度が必要である。

　組織全体で人事制度を変更できればよいが、そうでない場合は、切り出した組織を特区として人事制度を変える、あるいは評価運用を工夫して本人が過度に減点されないようにする必要がある。

　特区として人事制度を変えることができるよう別会社にすることもある。ただし、別会社とすることで異動や協業のハードルも上がることが多いため、自社の特性に応じて慎重に決めたほうがよい。

　次節では、われわれが日々支援しているプロジェクト、および 実現できている企業18社へのインタビューから判明した重要要素や施策について事例を通して伝えていく。

02 | ネットワーク型組織を 体現する企業の特徴

1. ネットワーク型組織の調査

　ネットワーク型組織の具体的な特徴・メカニズムや施策はどのようなものか。これらを紐解くべく、われわれは実際にネットワーク型組織が実現できていると見られる企業18社へのインタビューを実施し、具体的な事例に基づいて特徴を洗い出すことを試みた。本節では特徴的な取り組みを実践されている数社の実例を紹介していく。

　インタビューに際し、ネットワーク型組織の特徴について、4つの観点から仮説を立てた。いずれも日頃のプロジェクトを通して、われわれが今後の組織変革に必要な要素だと考えているものである。

① 【遠心力】チームや個人が自由に発想し、新たに価値創造できるよう
　大きく裁量を委任されていること
② 【求心力】個人がそのチームで活躍したいと考える共通の価値観があ
　ること（ミッション・ビジョンやパーパスなど）
③ 【仕組み（ソフトの側面）】共通の価値観を体現し、新たな価値創造に
　チャレンジしたチームや個人が認められ、失敗しても心理的安全性が保
　たれる組織文化や人事制度が整備されていること
④ 【仕組み（ハードの側面）】チーム間・チーム内のオープンで迅速な情報
　流通を支えるITインフラが整備されていること

結果として、これら4つの特徴はインタビュー対象にしたどの企業でも色濃く発現しており、的を射ていたと言える。ただし、方向性は同一であっても、各企業における特徴の表出や軽重には違いが見られた。その違いは企業の規模や創業年数、目指す方向性の違いに依るものである。

企業が抱く既存組織への課題感

前節「01 ネットワーク型組織の必要性が叫ばれる理由」の内容から、「確かに時代の変化スピードの速さや社員の変化を感じ、今の組織でマネジメントの限界を感じている。けれども、何をどう変えれば新しい時代に適応できるようになるのか。そのために組織はどう変わるべきなのか」と思われた読者も少なくないだろう。

実際、われわれがクライアントへ組織に関するコンサルテーションを行う際にも、既存組織の限界に関する声を聞く機会が増えた。例えば以下のような声である。

- 上意下達の文化が染みついている。組織が大きくなる中でリスク回避が優先されるようになった結果、上位職の判断が慎重すぎて意思決定が進まない。中間管理職の承認階層が多すぎてスピードが上がらない。より優秀な社員には権限を与えたほうがビジネスとしてうまくいくことは自明であるが、それができる環境ではない。【遠心力に関する課題】

- 経営者が語るビジョンに対して、社員から共感の声が得られにくくなっている。時代背景に対する感じ方、世代格差などからギャップが生まれているのではないか。組織としての一体感や共通の価値観を持てる内容や伝え方に見直す必要があるのではないか。【求心力に関する課題】

- 有能な若手社員に活躍してもらうべく新規事業など、チャレンジングな役割に手を挙げて異動できる制度を作っているが、若手が失敗を恐れてチャレンジに消極的であり、せっかく作った制度がなかなか使われない。評価が定量的な成果目標になっており、自身の処遇に大きく影響があるため、失敗を恐れ、

なかなか手が挙がらない。失敗すると、その後の社内キャリアのデメリットになるといった経験則が染みついてしまっている。【仕組みに関する課題】

　現状の組織における遠心力・求心力のあり方や、マネジメントの仕組みへの限界を感じつつも、「どうすればそこから脱却できるかわからない」という悩みの声だ。この悩みを解消していくためには、従来の階層型組織モデルや組織運営の方法論だけでは対処が難しく、問題解決に向けて新しい組織モデルが求められはじめているように感じる。

　ここからは、新しい組織を設計し、組織転換に成功した企業事例を紐解くことで、ネットワーク型組織の特徴を探っていきたい。インタビューによって、われわれが得たい果実は以下の3つであり、これらを導出するために次の準備を念入りに行った。

　　① 企業の属性によって傾向や違いがあるのか
　　② ネットワーク型組織がうまく回るための要因は何か
　　③ 具体的にどのような施策を打っているのか

インタビュー対象企業の選定

　インタビューの対象企業として選定したのは、個人の活動が組織に制約されず、組織として一定の求心力を保っている状態で新たな成果を生み出している組織である。

　有り体に言えば、組織や役職が複数階層あり、上位階層に権限が集中し、上意下達の文化が根づくような階層型組織の対極にある組織イメージである。

　ネットワーク型組織は、個人をリーダーにし、その人物を中心に仕事を設計し、チームを組成できるような形の組織である。

年次を問わず個人が自ら目標を掲げ、名乗り出ることで責任と権限を獲得し、目標の実現に向かってチームをマネジメントしていく。社員の活動や想いが起点になって、その結果が企業の成果になる組織である。

　そのため、社員一人ひとりがいかに自律的に働いているか、イキイキしているかにも目を向けた。

　「働きがいのある会社ランキング」[1] を毎年発表している Great Place to Work によれば、働きがいは「働きやすさ」と「やりがい」である。イキイキとは、まさに社員が「やりがい」を持って仕事に取り組み、そのために「働きやすい」環境や制度が整備されている状態とも言えるだろう。

　このような基準で選定すると、IT関連、および近年企業したスタートアップ企業が多くなりがちだが、今回の目的は日本企業、それも歴史があり、人数規模も多い企業でも適応できるネットワーク型組織のモデルを探索することである。

　そのため、インタビュー対象企業は、業界・内資外資・設立年数・企業規模が、なるべく偏らぬようにリストアップした。

　具体的には新聞・雑誌といった情報媒体や、われわれがコンサルテーションをする中で耳目を集めた企業がインタビューの中心となった。各企業と交渉の結果、日本に拠点を置く18社からインタビューの了承を得ることができた。（図1-08）

1. 認定・ランキング｜働きがいのある会社（Great Place to Work® Institute Japan／hatarakigai.info）

インタビュー内容の設計

　次に、インタビュー内容として「何を聞くか」を検討した。われわれは第1節でも述べた「3つの変化」という仮説を立てた。

　前述のネットワーク型組織の特徴をもとに、以下、4つの観点からインタビューを実施した。

図1-08　インタビュー企業の概要

設立年数	社員数※			総計
	1〜99人	100〜999人	1000人〜	
1〜9年	4社	1社	―	5社
10〜19年	2社	1社	―	3社
20〜29年	―	3社	4社	7社
30年〜	―	1社	2社	3社
総計	6社	6社	6社	18社

※社員数はインタビュイーが属する組織の単位（連結／単体／部門など）に準ずる

①【遠心力】チームや個人が自由に発想し、新たな価値創造できるよう
大きく裁量を委任されていること

- 創造性の向上とリスクマネジメントが両立できるよう、具体的に、
どの程度の経営リソースに関して意思決定を任せているのか？

②【求心力】個人がそのチームで活躍したいと考える共通の価値観があ
ること（ミッション・ビジョンやパーパスなど）

- 優れた個人やチームが、他社ではなくその会社を選び、一体感を
持って新たな価値創造を推進できている秘訣は何か？

- ミッション・バリューをどのように明示し、共感につなげている
か？　組織やチームが空中分解せず、一体感を持てるようなメンバー
の求心力になるものは何か？

③【仕組み（ソフトの側面）】共通の価値観を体現し、新たな価値創造に
チャレンジしたチームや個人が認められ、失敗しても心理的安全性が保
たれる組織文化や人事制度が整備されていること

- 活躍している人材の性質・特徴は何か？

- メンバーの「創造性」を正当に評価するための目標・評価制度はどのようなものか？

- 新しい挑戦をやり続けるために心理的安全性をどう担保しているか？

④【仕組み（ハードの側面）】チーム間・チーム内のオープンで迅速な情報流通を支えるITインフラが整備されていること

- メンバーが裁量を存分に発揮できるよう、インプットとなる情報へのアクセスはどの範囲まで可能か？　具体的に何の情報を、どのクラスの人材まで共有しているか？

- 情報を管理するインフラはどのように整備しているか？

　ここから5つの企業の事例を紹介していきたい。はじめに紹介する2社の事例は、組織立上げ当初からネットワーク型組織を志向した企業であり、続く3社は階層型組織からネットワーク型組織への移行を実現した企業である。どの事例もこれら4つの特徴のいずれかを持つ。

　5社がそれぞれの特徴をどのように整備したか、各社が目指す組織や課題感を見ながら紹介したい。

2. 成功している企業事例（新興企業）

ケース1　株式会社アトラエ[2]

会社プロフィール

　株式会社アトラエ（以下略称：アトラエ）は創業19年、インテリジェンス出身の新居氏が設立した会社である。「世界中の人々を魅了する会社を創る」をビジョンに掲げ、インターネット業界に強い成功報酬型求人メディアGreenを筆頭に、組織力向上プラットフォームWevoxやビジネス版マッチングアプリYentaなどのサービスを輩出するHR Techに主軸を置く企業である。（図1-09）

　サービスの評判もよく、設立から20年弱、今も堅調に成長を続けている。従業員数は98名である。（2022年8月末時点）

2. アトラエ新居様インタビュー（2022/7/15）をもとに作成。コーポレートサイト（https://atrae.co.jp/）

図1-09　アトラエ社内風景

図1-10　アトラエ組織構成

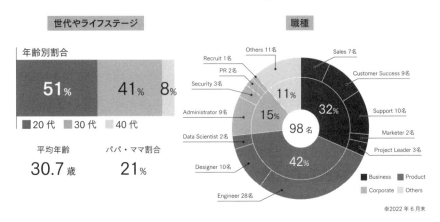

さまざまなメンバーが在籍

世代やライフステージ　　　職種

※2022年6月末

目指す組織のあり方

　アトラエは従来日本企業が形作ってきた年功序列や階層型組織とは異なる組織形態を取っている。アトラエ設立当初、まだホラクラシー組織やティール組織といった概念のない時代、新居氏は「アーティストやスポーツの世界におけるチーム」を参考にアトラエの組織を考えた。（図1-10）

スポーツチームを参考にした組織作り

　就職活動をしていた頃、「どこの会社の説明会に行っても、どうしても興味が湧かず、自分の人生の貴重な時間を投資して、本気で何かをともに目指したいと思えるような組織にもなかなか出会えない」。そのようなもどかしさを感じていた新居氏は、本気で夢や目標に向かって仲間とともに切磋琢磨しながら日々を過ごしているアーティストやアスリートたちのチームを参考に理想の組織を考えたという。

新居氏の思い描く理想の組織とは、中心に旗印（いわゆるミッション・ビジョン）があり、その旗印に共感したり、「自分も加わりたい」と強く思った人たちが集まることで作られるものである。ビジネスの世界ではそのチームがいわゆる会社と言える。

　会社での組織運営においては、そこに集まった人たちがどうパフォーマンスを発揮するかが重要になる。集まった一人ひとりがパフォーマンスを発揮できる組織とはどのような状態だろうか。

　例えば、サッカーチームで考えるとプレイヤーそれぞれのメインのロール（役割）はディフェンダーやミッドフィルダー、フォワードやゴールキーパーなどと練習中からすでに決まっている。しかし一旦試合が始まると、状況に応じた役割の交換や代替が瞬時に現場で生まれる。その考えや実行は、すべてプレイヤーの一人ひとりが状況に応じて自ら考え、導き出しており、監督の事細かな指示によるものではない。

　新居氏はこれこそが理想のチームだと考え、ビジネスの世界でも同様に、組織に属する一人ひとりが、自分自身の意思決定で自律的、かつ能動的に動ける自律分散的な状態を実現できると信じ、設立されたのがアトラエである。

同社が持つ求心力の源泉
組織作りの一丁目一番地は当事者意識

　アトラエというビジネスチームにおいて、社員一人ひとりが自ら意思決定し、自律的に動くために重要なことは何か。新居氏は「社員の当事者意識」だという。

　この「当事者意識」とは、社員の誰もがアトラエを「自分の会社」だと思い、会社のビジョン達成のために経営者目線を持ちながら、自分のリソースをどう割き、チームをどう導くのかを自ら考え、実行することを指す。

　例えば、アトラエの経理は現在3人体制で、日々の経理業務はもちろん

決算業務まで、この3人だけで実行されている。上場企業の経理としては非常に生産性の高い状態にある。この3人は普段の経理業務だけでなく、有志でワーキンググループ（組織課題の改善に取り組むチーム）にも属し、福利厚生のあり方や、働き方をよりよくするための活動にも取り組む。

　こう聞くと、かなり業務量が多くなるイメージだが、この3人は、あらゆる業務の生産性を高めることで、効率よく仕事を回している。自身のリソースをアトラエのビジョン達成のためにできるだけ多く配分することで、結果として3人は「アトラエという自分の会社をよりよくしている」という自負も生まれているという。

　どの仕事も同様であろうが、たとえ社員がイキイキと働くアトラエであっても、日常業務のすべてがやりがいに溢れているわけではない。「重要なのは、その仕事がビジョン達成にどういった影響を与えるかを、社員一人ひとりが心から理解しているかどうか」だと新居氏は言う。

　例えば、レンガ積みの仕事があるとしよう。ただレンガを積み続ける仕事はつまらないと思う人が多いだろうが、自分がこのレンガを積むことでその先にある立派な家を建てることにつながっている、そしてそこに住む家族の幸せに貢献できると心から信じることができていれば、このレンガ積みの仕事にも意義を持てるのではないだろうか。

　多くの会社でも日常業務のすべてがやりがいに溢れているわけではなく、場合によっては瑣末な作業も出てくるだろう。しかし社員の誰もが、自身の仕事がビジョン達成にどう貢献しているかを理解できていれば、意義とやりがいを持って働くことができる。結果として、当事者意識が高い組織は、仕事へのエンゲージメントも高い組織になる。

　社員が目の前の業務だけに留まらず、常にビジョン達成のための活動を考えられる会社はどれだけ強いだろうか。その問いに、新居氏は「そもそも、一般企業においては経営層のみがコストを下げ、いかに利益を上げるかという生産性について考えるが、社員にはなかなかその視点がない」と

答える。一般的な階層型組織で社員個人による生産性向上が難しいのは
なぜだろうか。階層型組織における社員の働く目的は、基本的に上の階層
へ行く「出世」になりやすい。出世して給与を上げることが第一の原動力
になっている社員が多いだろう。これは全社のための活動ではなく、個人
のための活動を優先させることを意味する。仮に、全社の生産性を高めよ
うと残業削減を謳う会社があったとしても、多くの社員は決して残業を
減らそうとはしない。なぜなら、一般的な企業では、定刻を過ぎて働く残
業は残業代を発生させ、報酬を上げる仕組みになっているからである。社
員からすると、自身の生産性を向上させ、残業を減らすと報酬が下がるこ
とにつながってしまい、そこに何のメリットもない状態なのだ。

　企業では生産性向上に向けた取り組みが多くなされているが、結果とし
て個人起因の生産性向上が一向に進まないという事象が散見されているよ
うに思える。では、アトラエは社員が経営者目線を持って自律的に考え、
意思決定するために、どのような仕組みを取り入れているのだろうか。

同社の仕組み（ハードの側面）

徹底した情報共有

　社員が経営者目線で物事を考え、意思決定するためには、全社の情報
を分け隔てなく把握できる状態が必要である。そのため、一般的な階層型
組織では上位階層にのみ開示される経営情報や社員の情報（個人情報除く）
も、アトラエでは基本的に全員が最新情報にアクセスできるよう整備され
ている。ちなみに、評価の高い社員の評価結果・報酬金額も場合によって
は開示されると聞けば、情報共有のオープンさがイメージできるだろうか。
「オープン」というのは情報共有において大事なキーワードである。アト
ラエでは社員間のやり取りにチャットツールを用いているが、そこでも
オープンチャンネル（誰でも閲覧、入退室可能なチャンネル）でのコミュニケー
ションが基本である。個人向けのダイレクトメッセージは原則禁止である

ため、個人的な会話であってもオープンな場でやりとりされ、セクハラや
パワハラの防止にもつながっているという。

同社の仕組み（ソフトの側面）

ビジョン達成への貢献度合が反映される評価制度（給与分配）

　社員が抱く仕事への矜持（誇り）や、注力度合い・貢献度合いは人によっ
て異なる。仮に同一個人であってもライフステージにおいて仕事に注力で
きるタイミングと、そうでないタイミングが生まれるだろう。だからこそ、
都度の状態変化も含め、個人の貢献度合いが評価に反映されるよう制度
をアップデートし続けているというのがアトラエの姿勢である。

　アトラエの評価制度は、社員の貢献度合で序列をつけ、その序列に応
じて給与のバジェットを配賦（経費を割り当てる）する仕組みである。

　貢献度合いは、被評価者が選定した複数の評価者による相対評価で決
定する。アトラエでは社員の出社率が高く（原則出社といったルールはない）、
複数プロジェクトの兼務や有志のワーキンググループに参加する社員が多
いことから、評価者も多面的な評価が可能になる。

　貢献度合いの高い者の評価や給与額が公開されることもある。それは単
なる称賛ではなく、上位者の評価・給与をモデルケースの一例として提示
することで、階段型の成長モデルがないアトラエでの中で、全体から見た
自身の貢献度合いや上位者の給与額になるための貢献レベルを、具体的に
イメージさせるためでもある。

盤石な組織カルチャーの構築を重視

　アトラエ設立当時、新居氏の考える理想の組織やアトラエの目指すビ
ジョンやカルチャーが、一般的な企業とは大きく異なっていたため、急速
な事業成長よりも、盤石な組織カルチャーを築き上げることに重きを置い

たという。具体的には、新卒採用を中心に展開し、まっさらな新卒社員にアトラエが目指すビジョンやカルチャーを浸透させ、理想のカルチャーが根付きやすい土壌を創り上げた。

　結果として、アトラエ設立後15年程度までは、社員の7割ほどを新卒社員が占めていた。アトラエでは役員を含む5名で構成されるボードメンバーで会社に関する大きな意思決定を行う会議体があるが、そのメンバーも、5人中3人は新卒社員だと言う。その後、徐々に中途採用も強化されたが、カルチャーがしっかりと根づいていること、そして採用時点からカルチャーに共感する社員のみを採用することで、結果として離職率も2%（年間2〜3人）程度に落ち着いている。けれども、多様な人間が多数集まれば、どうしても言語化の難しいカルチャーだけでは価値観や判断がブレることも

図1-11　アトラエスタンダード

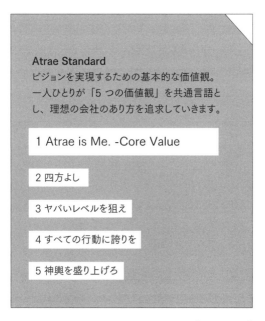

コーポレートサイト（https://atrae.co.jp/）

ある。そのため、アトラエの社員一人ひとりが意思決定する場合、意思決定の判断軸がずれないよう、アトラエスタンダードとして価値観が言語化され、整備されている。（前ページ・図1-11）

1 Core Value - Atrae is Me.

アトラエの当事者として、未来を他人に委ねることなく、自らの意志と責任で理想の組織を創ろう。アトラエらしさとは何か？ それは、全メンバー一人ひとりが、「会社が自分に何をしてくれるのか？ という考え方ではなく、自分が会社に対して何ができるのか？ という考え方」を常に持ち、自ら行動し、理想の会社創りに対して本気で挑み続けている状態を指す。これをアトラエらしさと呼ぶ。決して、誰かが誰かに依存したり、やらされ感を持って取り組んだり、他人任せに進むのではなく、「どうすればアトラエがもっと理想の会社になるか」ということを常に強く意識をし、考え、実現しようと挑戦している状態。これが「Atrae is Me.」である。

2 四方よし

固定概念や前例にとらわれず、関わる全員が「よし(Win-Win)」になる状態の実現に邁進しよう。わたしたちは「会社とは、関わる人々を幸せにする仕組み」だと考える。目の前の売上や利益だけを追い求めても、理想の会社に近づくことはできない。たとえ困難な道でも、「社員・顧客・株主・社会」の四方よしにこだわり、挑戦し続けよう。

3 ヤバいレベルを狙え

どうせやるんだったら「Wow」を生み出そう。ユーザーや仲間からの期待を理解し、その期待を遥かに超える「ヤバいレベル」への挑戦を楽しもう。ヤバいレベルのアウトプットは、周囲に驚きと感動を生み出し、ファンを創る。自分の限界を定めず、挑戦し続けることで自らを成長させ、アトラエに飛躍的な成長をもたらそう。

4 すべての行動に誇りを

カッコ悪いこと、ダサいことはするな。あらゆる状況において、大切な人に誇れる言動を心がけよう。一人ひとりの言動が、アトラエの信頼を築くことにも、壊すことにもつながる。アトラエの代表として、社会からの信頼と評価を獲得し、大切な人に誇れる会社であり続けよう。

5 神輿（みこし）を盛り上げろ

自分の力で、チームを強くしよう。会社というのは神輿によく似ている。一人ひとりが責任感と協調性を持たない限り、正しい方向に進むことも曲がることもできない。一人ひとりが肩にその重みを感じながら、お互いに声を掛け合い、励まし合い、助け合おう。全員の掛け算で、チーム・アトラエを最高に盛り上げよう。

会社プロフィール

LAPRAS株式会社（以下略称：LAPRAS）は、創業6年、前身である株式会社scouty（2016年設立）を2019年に社名変更して設立された会社である。

変更前のscoutyという会社名の「スカウト（scout）」という単語が採用サービスを連想させることから、採用領域以外への事業拡大を目指すに当たりLAPRASへと社名変更された。

現在、LAPRASはAIを活用した企業向けヘッドハンティングサービスLAPRAS SCOUTの累計導入社数が500社を超え、エンジニア向けのポートフォリオ自動作成サービスLAPRASは登録者数が2万人を超すなど、拡大期にある。従業員数は39名の企業である。（2022年7月末時点・図1-12）

図1-12 LAPRAS組織構成

LAPRAS は、多様なバッググランド・家庭環境を持つメンバーが働いています。

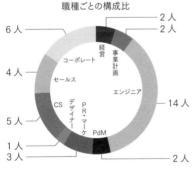

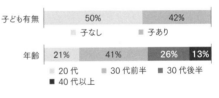

※データは2022年2月時点のものです。

目指す組織のあり方

LAPRASの前身であるscoutyは2016年の設立からわずか1年ほどで社員が3人から15人へ増員した。組織の拡大とともに、徐々に権限委譲が

なされるものの、一人ひとりの仕事の範囲は定義されていないため、ある社員は権限委譲されたものとして報連相なしに仕事を進めたり、仕事が三遊間に落ちたまま（ポテンヒット）、誰も気づかずに放置されたりしてしまうといった状況が発生していた。

　一般的には組織が拡大するとともに、企業は組織に階層を作り、レポートライン（指揮命令や情報共有の経路）で結び、マネジメント層による管理によって仕事の配分や報連相の指示をする構造を作る。いわゆる階層型組織の設計である。けれどもLAPRASは、上下関係が階層に反映される組織に違和感を覚える社員が多く、何か他の組織の形を取れないかと模索することになる。LAPRASの社員は、いずれもスペシャリティある人を採用して仕事を任せるというスタンスであり、「誰かの下に誰かがいる」という上下関係にはないという意識があったため、上位下達の組織構造やレポートラインに違和感を覚える社員が多かったためである。（図1-13）

図1-13　LAPRAS組織体制

LAPRAS は、日本で有数となる純ホラクラシー組織です。

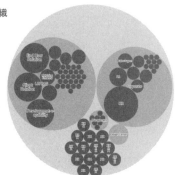

ホラクラシーは、アメリカで生まれた Purpose-Driven な組織を実現する新しい組織フレームワークです。

〈旧来組織〉		〈ホラクラシー〉
人中心	⟶	ロールと機能中心
「役職 - 人」が一対一	⟶	「ロール - 人」が多対多
中央集権	⟶	権限分散＋プロセスへの権限委譲
暗黙のルール	⟶	明文化された憲法とガバナンス

LAPRAS の組織図
https://app.holaspirit.com/pinlic/LAPRAS
から、ホラクラシー組織図が閲覧可能。

結果としてLAPRASは、上下関係ではない組織としてホラクラシー組織*
の導入を決定した。（図1-14）

ホラクラシー組織の導入を支援するHolacracy One[3] の考えを学び、2018
年には、LAPRASはホラクラシー組織のルールと言える最初の「ホラクラ
シー憲法」を作成した。

その後、LAPRASは「ホラクラシー憲法」を更新し続け、今は「組織
ハンドブック」[4] として広く公開している。

---

* **ホラクラシー組織とは**

ホラクラシー組織とは、ティール組織を実現するためのブライアン・ロバートソン氏が提唱したフレームワークを指す。

3. Holacracy Org. 公式ホームページ（https://www.holacracy.org/holacracyone/about）

4. LAPRAS組織ハンドブック（https://organization-handbook.lapras.com/）

図1-14　LAPRAS組織の特徴

ホラクラシー組織において、あなたは自分のロールの目的を達成するため、
自分の権限や責務といった組織構造そのものを書き換えることができます。

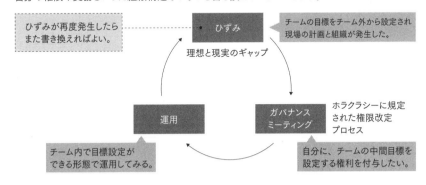

同社が持つ遠心力の内容
徹底的なロール・目的・責務・権限の規定による権限委譲

　LAPRASでは仕事を社員1人が担える程度の「ロール（役割）」に細分化し、そのロールごとに「目的」・「責務」・「権限」を細かく規定している。

　社員は自分が志向する、単一もしくは複数の「ロール」を担い、その「ロール」に紐づく「目的」を実現させる「責務」を負うと同時に、その実現に必要な「権限」を持つことができる。あらゆる「ロール」・「目的」・「責務」・「権限」がLAPRASの「ホラクラシー憲法」に規定されている。

　社員は他のロールが有する「権限」を侵さない限り、自律的に仕事を推進できる。新しい仕事が発生した場合は「ロール」が追加され、仕事をする中で「ロール」・「目的」・「責務」・「権限」の定義の曖昧さや不十分さが見つかった場合は、定義の見直しが、その都度、図られる仕組みを取っている。

　社内では誰がどの「ロール」を担っているかを常に共有しているため、マネジメントによる仕事（ロール）の差配は不要になり、その「ロール」の「目的」も組織全体で理解されているからこそ、仕事の方向性や具体的なアクションも指示出し不要になる。

　社員は階層型組織でよく見られるような、上位者からの指示や上位者への上申、複数人による意思決定が不要になるため、より早く仕事を進めることができる。結果として、社員は自分の「ロール」を自分主体で進めることで自律心が養われ、維持される構造になっているように見える。

同社の仕組み（ソフトの側面）

　ホラクラシー憲法により社員の「ロール」が定められ、自律的な働き方が可能になったとはいえ、組織である限り、他社員との連携は必要である。そのため、社員同士の関係性や組織風土といった、心理的に働きやすい環境の整備も併せて必要になる。

LAPRASは、「人は自律的な動機づけにしたがって、意欲的なテーマに没頭した時、最高のパフォーマンスを発揮する」と考え、成長は挑戦によって実現するものであると考えている。そのため、社員が最高のパフォーマンスを発揮できるよう、心理的安全性の担保された環境と、挑戦を後押しし、その結果がしっかり評価に反映される人事制度を作っている。

心理的安全性[5]を担保する環境づくり

LAPRASはエドモンドソンによる「心理的安全性」という概念をベースに、社員がよりよいパフォーマンスを出すためには、健全なプレッシャーは維持しつつ、それ以外の望ましくないプレッシャー（家庭が抱える制約・体調・人間関係の悩みなど）から来る不安や心配などは、可能な限り排除することを重視している。

5. 心理的安全性のキホン -心理的安全性の重要性とLAPRASでの実践について-/basics_of_psychological_safety - Speaker Deck

コミュニケーション上の誤解が生まれないよう、極力ローコンテクスト（組織文化に根差し、暗黙の了解になっているために言語化されないコミュニケーションを指す）会話にならないよう、組織として固まった方針や定義、運用ルールは徹底的に言語化、文書として残し、共通認識化している。

また、社員が悩み事を抱え込んだり、人間関係上の不満が組織の断絶や雰囲気の悪化につながったりしないよう、最低月2回のコーチを交えたフィードバック時間を意図的に設けている。

「攻撃ではなく意図を持った、前向きな修正的フィードバックはパフォーマンスを高める」という評語を打ち出すことで、相互の建設的なフィードバックを定着させる機会にもなっていると聞く。社員がフィードバック機会を通じてフィードバックの方法を学んだことで、日頃の仕事上でもフィードバックが活性化している。（次ページ・図1-15）

図1-15 LAPRASのフィードバックの6A[5]

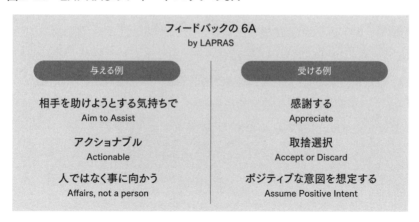

社員同士が率直にコミュニケーションを取る文化を作ることで、社員が自分の望ましくないプレッシャーに気づいたり、他の社員を望ましくないプレッシャーの状況から救い出すことにつなげている。

個人の挑戦を後押しし、納得いく評価を可能にする制度

LAPRASの人事制度のコンセプトは「チャレンジを推進するインセンティブ」と「安心して働き続けられる環境」である。

社員はさまざまな「ロール」に携わることがあり、自ら新しい「ロール」に手を挙げることができるため、安心してチャレンジできるよう、スキルの育成と失敗しても処遇低下が起きないよう配慮されている。

具体的に見ていこう。LAPRASでは評価に際し、被評価者が自ら評価者を最大4名選ぶことができる。この4名の選出基準は「あなたの仕事の具体的な価値を理解している人であるかどうか」である。被評価者は毎月、「定常業務」と「チャレンジしたプロジェクトの成果」を評価シートに記録する。評価者は評価シートに基づき、年4回被評価者の評価を行う。

選ばれた評価者4人は被評価者の「ロール」や日々の仕事ぶりを理解しているという前提があるため、被評価者は評価者の評価に納得を持って向き合うことができる。

　社員が「ロール」の期待を果たしていれば年に4回昇給し、積み上げ式で報酬も上がる。さらに、事業が成長すれば、全員の給与をベースアップし、事業成長から直接従業員が恩恵を受けられる仕組みもあり、社員のチャレンジを報酬で後押ししている。

　他方で、LAPRASは社員のパフォーマンスが出なかったとしても、直接減給にはつながらない（経営に近いGradeのメンバーが役割を果たしていない場合、降格の可能性は存在する）。「パフォーマンスが発揮されないのは、個人に起因帰結するのではなく、組織全体に課題がある」と捉え、「全社を上げてパフォーマンス向上に向き合う必要がある」とLAPRASは考えるためである（望ましくないプレッシャーの1つである経済的不安から社員を救い出すという目的も含まれる）。

　異なるロールに新たにチャレンジする場合、もし評価に応じて処遇が高低する場合、チャレンジを敬遠する社員も出てくるだろう。チャレンジが成功すれば報酬が上がり、チャレンジが失敗したとしても報酬に影響がない人事制度によって社員が積極的にチャレンジできる土壌が作られている。

　さて、ここまでアトラエやLAPRASの事例を通して、会社設立時からネットワーク型組織を模索し、立ち上げた組織の特徴を見てきた。

　他方、従来の階層型組織を形作ってきた企業が、途中からネットワーク型組織を目指す場合、どのような悩みがあり、どのようなアプローチを取り得るのだろうか。

　ここからは階層型組織からネットワーク型組織へ転換した企業、もしくはネットワーク型組織の特徴を一部取り込んだ企業の事例について見ていきたい。

3. 成功している企業事例（大企業）

　前述のアトラエやLAPRASのようなネットワーク型組織の成功事例を聞くと、「社員全員が何をしているかお互いが把握できる規模の組織でないと実現が難しいのでは？」「企業の価値観に心から共感する人を厳選して採用している企業でないと実現できないのでは？」という疑問を抱く方もいるのではないだろうか。

　本パートでは、「いわゆる大企業において、ネットワーク型組織を機能させることは可能なのか？」という疑問に対して応えていきたい。

「大企業においてネットワーク型企業を機能させることは可能なのか？」という問いに対する答えは「YES」である。

　当社が実施したインタビューを通じて、大企業においてもネットワーク型組織として（もしくは一部ネットワーク型組織的に）機能している企業が見受けられ、大企業ならではの成功要因も明らかになった。

　本パートでは、大企業における成功要因について説明するが、まずは、「大企業におけるネットワーク型組織の実現・運営の障害になる点は何なのか」という問いについて考えたい。

大企業における障害

　前述のとおり、大企業は、「人数」「組織の壁」「歴史」「組織構造」がネットワーク型組織の実現・運用における障害の原因になりやすい。

- **人数**：大企業では、企業としての価値観・考え方を統一しようとしても、経験、育った環境などが多岐にわたる人々が集まっているため、意思統一が難しい。また、人数が多ければ多いほど、人材掌握が困難になるため、すべての社員の働きぶりや人間性を把握することが困難になる。そのため、経営層が権限付与を信頼できる上位層に限定し、トップダウンで組織運営を行う方針が取られることも何ら不思議ではない。

- **組織の壁**：組織間で利害が異なるケースがあり、考え方のすり合わせ自体が非常に難しく、価値観・考え方の統一に多大な時間を要する。そのような場合、ヒト・モノ・カネの情報が組織間で断絶されていることも多く、ネットワーク型組織的な運営が難しい。

- **歴史**：企業の歴史が長いため、培われてきた固定観念の定着が強く、覆すことが容易ではない。また、世代や在籍年数に応じ、社員の変化に対する対応度合い・柔軟性にばらつきがあるため、歴史が長い企業であるほど、企業運営方針を変えることは困難になる。

- **組織構造**：組織規模拡大に伴い、オペレーション業務（定型業務）を効率的に進めるための組織設計が必要になるが、効率性を追求すると創造性と相反する設計を伴うことになる。このように、異なる性質・役割を持った組織を同一の価値観・考え方に基づいて運営することには難しさがある。また、各組織に定められた役割と社員個人の価値観・考え方が一致しないケースも大企業であれば往々にして発生しやすい。

とはいえ、組織の規模が大きくとも、さまざまな工夫をしながら、個人・チームに裁量権を渡し、共通の価値観に基づいた行動・判断を通じて、個人の力を最大限発揮させている企業がある。

「遠心力」「求心力」の観点で、株式会社サイバーエージェント、サイボウズ株式会社、デロイト トーマツ ベンチャーサポート株式会社の3社の事例を紹介したい。

ケース3　株式会社サイバーエージェント

会社プロフィール

株式会社サイバーエージェント（以下略称：サイバーエージェント）は、創業1998年、「21世紀を代表する会社を創る」をビジョンに掲げ、新しい未来のテレビ「ABEMA」の運営や国内トップシェアのインターネット広告事業、ゲーム事業などを展開している。従業員数は連結5,000人を超える大企業である（2021年9月末時点・図1-16）。

目指す組織のあり方

サイバーエージェントの特徴は、創業から20年余りが経過した今でも、社員主体で常に新たな事業が生み出されていることである。肩書も年次も関係なく、さまざまな社員がアイデアを持ちより、提案が採用されれば、発案者には権限が与えられ、スピーディに事業が進められる。

このような取り組みを通じて生まれた企業は累計32社、売上は3,000

図1-16　サイバーエージェント 社内風景

サイバーエージェントのオフィス

億円以上である（2021年9月末時点）。5,000人もの従業員がいる中で、サイバーエージェントはなぜ変化を生み出す組織であり続けられるのか？

ここでは、サイバーエージェントが【遠心力】【求心力】を実現させるための仕組みとして工夫している点について解明したい。

同社が持つ遠心力の内容

サイバーエージェントでは、業績だけではなく、人望や人間性を重視した人材の見極めを行っている。具体的には、役員自らが社員と積極的にコミュニケーションを取り、リーダーとしての適性を複数の視点から検証し、権限を委譲している。以下「年間約1,000人との面談を通した人材掌握」「若手の経営層登用を通じた人材育成」「変化を創り出す組織文化の醸成」について説明したい。

年間約1,000人との面談を通した人材掌握

サイバーエージェントでは、人事担当役員が年間約1,000人と面談・会食を行っている（インタビュー実施時期は2019年末であり、コロナ禍以前であることから会食を通じたコミュニケーションも行われていた）。

さまざまな部署のメンバーとの直接対話を通じて、役員は、どの部署にどのような人材がいるのか、それぞれがどのような志を持っているのかを把握する。具体的には、役員が業務の約3分の1程度の時間を使い、社員10名ずつ程度のグループと対話を行っている。その際、参加者は、要望に応じて複数部署から構成されることもある。

こうして役員は社員と直接会話することで、権限を与える人材を選定する際、その人物を具体的に思い浮かべながら検討できる。

一方、役員が面談を通じて社員の人となりを把握できたとしても、実際の働きぶりを知ることは難しい。そこで、役員は権限委譲の候補になっている人材の上司・部下・業務上関わりのある組織内外の人物とも、将来の

目標や、組織の状態、周りの活躍人材などについて話し、候補者の行動に関する情報を集める。そうして、複数の視点から集めた候補者に関する情報を踏まえ、リーダーとしての適性を検証するのだ。

若手の経営層登用を通じた人材育成

　権限を付与する機会があっても、それに見合う人材がいなければ意味がない。サイバーエージェントでは、「リーダーを育てたければ、リーダーをやらせること」という理念のもと、「Cycom（サイコン）」という新規事業提案コンテストが開催されている。

　参加者は年次を問わず（内定者でも参加可能）、審査を通じて提案が高評価を得た場合には、プロジェクトリーダーとして、さらには、新会社を設立したうえで、社長として事業を運営する経験が与えられる。アイデアと気概があれば、若手でもリーダーとしての経験を積むことができるのだ。そこには「順番待ち」という概念は一切存在しない。驚くべきことに、新入社員でも子会社社長に登用した事例もあると言う。

　加えて、登用後は人・カネに関する資源を与えるほか、本社役員がアドバイザーとしてサポートする体制を取っている。たとえ事業が失敗に終わっても、「失敗した」という理由だけで降格や減給することはなく、挑戦したうえでの失敗は必ず労（ねぎら）うようにしている。

　こうした取り組みにより、登用された社員は心理的安全性が担保される。そのため、登用された社員は失敗を恐れず挑戦でき、より多くの経験を積むことが可能になる。その結果、加速度的な成長を遂げられるのだ。

変化を創り出す組織文化の醸成

　サイバーエージェントは、人を育てるために、組織文化の醸成にも取り組んでいる。具体的には、年1回、「あした会議」（図1-17）という企画会議を行っている。この会議には役員と社員50人が参加する。1チーム役員1

名と社員4名で編成され、それぞれのチームが事業や会社のあり方に対する提案を行い、社長が審査を行う。

　企画の内容は、新会社設立、人事制度、役員人事などさまざまであり、この会議にて挙げられた企画から毎年、事業化や施策が実施される。

　そのため、社内で新たな取り組みが提案され、その実現のために会社が変わっていくことが常態化する。いわば、変化が何ら特別なことではないという組織風土が醸成されるのである。

　大企業は、従業員数が多いゆえ、権限を与える側が社員全員を把握できない、あるいは、業績指標や一部の人材からの偏った意見しか情報源がないという状況に陥りがちである。しかし、サイバーエージェントは、役員が時間と労力をかけて社員を把握・育成し、社員と深く関わる中で権限委譲をするにふさわしい人物を選定している。このように役員自身が丁寧に検証プロセスに関与するからこそ、リーダーとして選定した人材に対して、人材・資本に関する権限を大胆に与えることができている。

図1-17　サイバーエージェント「あした会議」の様子

同社が持つ求心力の源泉

　サイバーエージェントでは、価値観浸透に関する現状を正しく認識し、価値観の不一致に対する施策を講じることで、社員との価値観一致を実現している。具体的には、「組織の価値観浸透状況の可視化」「所属社員による組織目標設定」「価値観の不一致が見られる社員とのコミュニケーション」を行っており、詳細について説明したい。

組織の価値観浸透状況の可視化

　サイバーエージェントでは、月1回、全社員に対しアンケート（GEPPO）を実施している。アンケートでは回答者自身と組織のパフォーマンスについて評価をさせており、加えて組織において、どの程度価値観に基づいた行動が実践されているかについても質問している。

　例えば、企業の価値観を表す「ミッションステートメント」に「迷ったら率直に言う」という項目が追加された際には、「あなたの組織において『率直な対話』はされていますか？ その程度を教えてください」という質問を新たに設定した。

　この回答から、各組織の価値観の浸透状況が可視化され、全社にどの程度価値観が浸透しているのか、特にどの組織において価値観が浸透していないのかを会社が把握できる。そのうえで、対象組織においてさらなる現状分析・原因特定を行い、適切な施策の実施につなげている。

個人の要望を踏まえた適切な人材配置

　組織規模が大きければ大きくなるほど、配属について個人がどのような要望を持っているのかを把握することは難しい。しかし、サイバーエージェントは人材配置を検討する社内ヘッドハンターを置くことで、社員の要望を迅速に実現する人材配置を実現している。

　社内ヘッドハンターは「キャリアエージェント」と呼ばれ、前述の

GEPPOを通じて、毎月全社員に対し、配置転換に関するアンケートを実施している。アンケートを通じて明らかになった、配置転換を希望する社員には面談を行い、要望を詳細に確認したうえで役員に異動を提案する。5,000人規模の会社ともなれば、定期異動は年1、2回というのが一般的であるが、サイバーエージェントは専門部隊を設置することで、月単位で個人の要望を踏まえた人材配置を実現している。

所属社員による組織目標設定

多くの大企業では、事業目標からのブレイクダウンや経営層からのトップダウンにより組織目標を定めている。自身に与えられる目標が個人の価値観と乖離している、もしくは、つながりが見えにくい場合、社員は目標に対して心から共感することが難しい。

しかし、サイバーエージェントでは、組織目標を所属する社員が定める取り組みを行うことで、その課題を解決している。具体的には、事業部に所属する社員30〜40人程度で半期目標を定める。定められた目標は冊子・ポスターにて社内に公開され、社員投票を通じて優勝した事業部には賞金が与えられるようになっている。

この取り組みは強制ではなく、事業部を募って実施される。この取り組みを通じて、社員は組織目標を設定する過程に参画し、自身の価値観を組織目標に反映させることが可能になる。

価値観の不一致が見られる社員とのコミュニケーション

しかしながら、どうしても価値観が一致しない社員は一定数存在する。そのような社員に対して、サイバーエージェントは面談を行い、言動の改善を求めるコミュニケーションを行っている。

半期に1回、事業部長は、価値観の不一致が見られる／不一致の可能性がある配下社員を3%提示するように求められる。これは個人のパフォー

マンスとは関係なく行われる。

　実際に提示することは困難なケースも多くあるが、必ず3%提示させているため、わずかな違和感があった社員も価値観の不一致の検証対象になる。検証対象となった社員に対しては、全社人事・事業部人事の幹部が該当者の周囲の社員との面談などを通じて収集した情報を踏まえ、検証を行う。

　検証結果を踏まえ、価値観の不一致が実際に発生していると思われる社員については面談を行い、本人に対し、価値観の不一致が発生しているか確認し、言動の改善を求める。

　それでも言動が改善されず、価値観の不一致が継続する場合は、退職を勧める。過激な施策と思われるかもしれないが、面談を何度も重ね、社員・組織にとってベストな道を考えるため、最終的に対象者が退職することになっても感謝されることもあるのだという。こういった取り組み自体が、価値観浸透を重視しているという会社からのメッセージの発信になる。

　上記の他にも、採用時点で能力（学歴）よりも価値観の一致を重視していたり、社長のみでなく、複数役員からの社員への価値観に関する発信を通じて組織風土を醸成していたりと、さまざまな取り組みが行われている。

　このように、サイバーエージェントでは、大企業にありがちな「価値観を社員に伝えて終わり」をよしとしていない。

　組織において、どの程度価値観に基づいた行動が実践されているかを測定し、PDCAサイクルを回すことで、価値観の定着を実現することができていると言えよう。

ケース4 サイボウズ株式会社

会社プロフィール

　サイボウズ株式会社（以下略称：サイボウズ）は、1997年に「スケジュール」「行き先案内板」「掲示板」「施設予約」の4アプリケーションを搭載したグループウェアを手掛ける会社として創立された。

　今では、国内で高いシェアを誇るグループウェアの開発・販売・運用、さらには、「チームワークあふれる社会を創る」というパーパスのもと、チームワーク強化メソッドの開発・販売・提供まで、幅広い事業を手掛ける大企業である。従業員数は単体で737名、連結で969名になっている。（2021年12月末時点・図1-18）

図1-18　サイボウズ 社内コミュニケーションの様子

目指す組織のあり方

　サイボウズの特徴は、従業員にとって働きがいが高いことである。Great Place to Work® Institute Japanが実施している『日本における「働きがいのある会社」ランキング中規模部門（従業員100－999人）』において、8年連続ラインクイン、2019年～2021年は2位に選出されている。

　われわれが実施したインタビューの中で、従業員がモチベーションを高く維持している理由を探ると、前述の企業同様「遠心力」「求心力」を働かせながら、社員が主体的に行動できる環境を作っていることがわかった。

　個人に適切に権限を与える「遠心力」、企業と個人の価値観がすり合っている状態を維持する「求心力」があるからこそ、従業員は会社の中で自分がやりたいことをやり続けることができ、働きがいを感じることができていると考えられる。

同社が持つ遠心力の内容

　サイボウズでは、適切な人材に権限を与える工夫として、「情報開示を通じた、経営視点を持つ人材の育成」「対話を通じた判断基準の形成」を行っている。

情報開示を通じた、経営視点を持つ人材の育成

　サイボウズでは、経営に関する情報を社員とタイムリーに共有している。経営会議であれば、議事録のほぼすべてを翌日には公開しているそうだ。

　一般的に、会社の将来に関する情報が多く語られる経営会議では、不確実な内容が多く、中には組織編制など、従業員に不安を抱かせるような内容が含まれることもある。そのため、詳細な情報を共有するのはマネジメント層までで、下位社員には一部の情報や決定された直近の実施事項のみが共有されるというケースも少なくない。

　しかし、サイボウズはほぼすべての情報を従業員に共有することで、経

営層との情報格差をなくすことに努めている。さらに、投資状況も社員に公開しており、社員はどのような事業にどれくらいの金額が投資されているのかを把握できる状態になっている。

　こうした情報開示を通じて、社員は経営視点に立ちながら、自ら物事を考え、判断していく。この積み重ねが、権限を与えるにふさわしい人材の育成につながっていると言えよう。

対話を通じた判断基準の形成

　サイボウズでは、対話を通じて物事の判断基準が形成されている。具体的な事例として、社員が経営層に相談せず、社内研修制度を学会で発表し、Kindleで販売したケースを取り挙げる。

　経営層に相談せずに判断するという従業員の思い切りも珍しいが、それに対する経営層の対応がいかにもサイボウズらしい。

　経営層はこのことに対してはじめから「ＮＯ」を突きつけるのではなく、物事の是非を本質に立ち返り討議した。経営層はこの件を経営会議の議題として取り上げ、サイボウズにとって何らかの損失が発生するものではないことから、「問題ない」と判断した。後日、経営会議での討議内容を全社に公開し、社員に対して新たな判断基準が迅速に共有された。

　このように、サイボウズでは明確な判断基準がない事象について、都度、客観的に是非を討議し、会社としての判断基準を定めている。形成された判断基準を即座に全社に共有することで、社員は意思決定に必要な材料を持つことができる。常に判断基準の修正と共有が行われることで権限を与えられた社員は、最も新しく適切な判断基準に基づいて意思決定を行うことが可能になる。

　このように、サイボウズは経営視点を持った人材を育成し、権限を与えられた人材が適切な意思決定ができるよう判断基準を共有することで、権限委譲をより行いやすい土壌を作っている。

同社が持つ求心力の源泉

　サイボウズでは、価値観を一致させるための工夫として「会社・組織の価値観形成への社員参画」「社員の価値観の把握」「個人の希望に基づく迅速な人材配置」を行っている。

会社・組織の価値観形成への社員参画

　サイバーエージェントの取り組みでも見られたが、サイボウズでは、会社・組織の価値観形成に社員が参画している。

　会社・組織のミッションの策定にあたり、職位を問わず、社員が案を投げかけ、より多く賛同を得られたものがミッションとして定められる仕組みになっている。

　もちろん、ミッションを形成していく中で反対意見が出ることもあるが、反対意見が出る場合には、社員間の意見交換を通じて社員が納得できるものを形成していく。単なる多数決ではなく、対話を通じて理解を獲得していくことで、全社員が共感できる価値観が形成されていく。

社員の価値観の把握

　サイボウズでは、社員と上長との「ざつだん」という時間を通じて社員の関心事項を理解し、仕事のしやすさや業務のアイデアを探求している。

　また、社員の関心を浮き彫りにするための方法として、社長室では、ワークグラム（https://www.se-j.com/workgram/）を活用して、可視化したものを必要に応じてメンバーに共有している。（図1-19）

　このような取り組みを通じて、経営層は社員の価値観を把握でき、社員の所属組織や与える業務と個人の関心を一致させるためのインプットを得ることができる。

図1-19　サイボウズ 社内グループウェア

社内グループウェア上にて、個人の業務の進捗報告や気軽なつぶやきまで、
さまざまな情報を共有している

個人の希望に基づく人材配置

　社員のキャリアの希望に沿った配置を実現できるよう、サイボウズでは
社員一人ひとりがキャリアの要望を言える仕組みがある。

　例えば、人事の取り組みとして、「大人の体験入部」という制度がある。
この制度を通じて社員は興味のある部署をアプリに登録し、「体験入部」
できる。実際に異動を希望することになれば、受け入れ側と調整次第で、
異動を実現する。この取り組みを通じて、社員は自身の価値観により一
致した環境で働くことが可能になる。

　このような取り組みを通じ、サイボウズは、会社・組織と社員の価値観
の一致、社員のやりたいことと仕事の一致を実現している。そのため、社
員は日ごろの業務に対して心からやりがいを感じることができ、会社全体
で「求心力」が高い状態を維持している。（次ページ・図1-20）

図1-20　サイボウズ Cybozu Bar

社内に設けれらた Cybozu Bar 。サイボウズでは、
社員同士が気軽に会話できる環境が整備されている

会社プロフィール

デロイト トーマツ ベンチャーサポート（以下略称：DTVS）は、「挑戦する人とともに未来をひらく」をミッションに、ベンチャー企業支援・大手企業イノベーションコンサルティング・官公庁向け政策提言／実行支援を行う企業である。国内約30都市以上に15,500名を超える専門家を擁し、多国籍企業や主要な日本企業をクライアントとするプロフェッショナルファームであるデロイト トーマツ グループの一員である。（図1-21）

図1-21　DTVS 社員

目指す組織のあり方

DTVSでは、社員のやりたいことを中心とした事業運営・社員の働き方が実現されている。

インタビューを実施した2019年当時と比較して、2022年には2倍以上

に企業規模を拡大しており、その中で、社員の自立性*を高い状態を保つための工夫が講じられている。本パートでは、創業期からの変遷も含め、DTVSのメカニズムを読み解いていきたい。

<small>* DTVSは「自立」の表記を使用している。</small>

同社が持つ遠心力の内容

　DTVSでは適切な人材に権限を与えるための工夫として「社員の能力・成果を反映した登用」「情報開示を通じた経営視点の育成」を行っている。

社員の能力・成果を反映した登用

　DTVSでは、社員の働きぶりを最も把握している事業部長に、社員の評価・登用の権限を付与している。財政的なコントロールや社内公平性担保の観点から、社員の評価・登用の最終決定は社長や経営層としているケースが多い。一方、DTVSは、事業部長に社員の評価・登用権限を与えることで、能力・成果の適切なポジションへの反映を優先している。

　能力・成果がポジションに反映されることで、上位階層にいる社員は事業運営に適切な能力・成果発揮できる人材になる。

情報開示を通じた経営視点の育成

　加えて、DTVSでは月1回、全社員参加のもと全体会議を行っている。全体会議の中では事業計画や戦略など、会社の将来に関する重要な情報が共有されており、社員は経営に関する情報を知ることができる。

　また、部長以上で行われる「部長会」で討議された事項については、議事メモを通じて全社員に内容を共有している。

　サイボウズ同様、DTVSは情報開示に伴うリスクよりも経営層と社員の情報格差をなくすことを優先しており、社員が視座高く業務に取り組むことができるような土壌を作っている。

規模拡大期では、どのような工夫を行っているのか？

　DTVSでは、「自立的な人材の採用」「マネージャーが経営者目線でチーム運営できる環境づくり」により注力している。

自立的な人材の採用

　DTVSが「自立的な人材の採用」に注力しているのは、「持続的な成長のためには自ら考えて行動できる人材こそが重要だ」という考えに基づいている。日々スタートアップ企業の支援を行う中で、成長している会社ほど自立的な人材が多く、その人材の数が会社の成否を決めることを痛感したという。

　具体的には、転職サイトで転職希望者へのメッセージを年間数千件送り、キーマンとなる人材を採用するなどの方法を取っている。対象としては、コンサルティングや新規事業にバックグラウンドを持っている人材かつ、ベンチャー企業に興味のある人材に積極的にコンタクトを取っている。

　実際、採用されている人材に多いのは、戦略コンサルティングファーム・商社出身、かつ起業家精神のある人材だという。新卒採用においても、年間何十回と新卒説明会を行い、採用側との目線合わせを行っている。

　採用候補者に対しては、「起業家輩出企業」としての環境が整っている点を企業の魅力として訴求する。DTVSでは、1つの分野で日本・アジアのトップランナーになることを求め、育成・支援を行う。

　具体的には、入社時に不足している知識・スキルについて、毎週外部講師を招いて事業立ち上げ・インキュベーションの勉強会や、ベンチャー企業のメンタリングを社員全員に実施させることで育成している。

　人脈については、毎週実施している「Morning Pitch」（次ページ・図1-22）で多くのベンチャー企業・大企業とふれ合う機会により担保されている。

　また、卒業生が事業を成功させやすいよう、メディアへの取り上げや、外部コンテスト参加時のフォローも行っている。

図1-22　Morning Pitch

Morinng Pitch は毎週木曜午前7時から開催している、ベンチャー企業と大企業の事業提携を生み出すことを目的としたピッチイベント。毎週5社のベンチャー企業が大企業・ベンチャーキャピタル・メディアなどのオーディエンス約300名に対してピッチを行っている。DTVSと野村證券株式会社の2社が幹事になり、開催している。

　このように環境が整っている点を押し出すことで、創業者の個性に依存することなく採用候補者に魅力を伝えている。

マネージャーが経営者目線でチーム運営できる環境づくり

　マネージャーに対し、ヒト・モノ・カネの権限を与えることにも取り組んでいる。創業数年後からDTVSは事業部制を取っていたが、実態としては、社長を含む少数幹部で全体を見るという体制が続いていた。

　その弊害として、社員が会社に求めるものとのミスマッチが生じ、大量

離職に見舞われた時期もあった。そこで、マネージャー自身が売上を作り、デリバリーチームを組成して採用も行う形へと舵を切った。

　品質担保の観点では、経営層が適宜レビューを行うことで、マネージャーにすべて放任とならないようにしている。

　その結果、事業部長に紐づいた組織が真に実現され、社員の満足度調査における「経営の信頼」の点数も上昇したと伺っている。

　これらの仕組みはデロイト トーマツ ベンチャーサポート株式会社独自のものであり、デロイトトーマツグループ内の出身母体の会社の仕組みと大きく異なっている。新規事業として設立され、独立する変遷において、複数年かけて整備することで現在に至っている。

　さて、ここまで、大企業におけるネットワーク型組織の事例をご説明したが、どのような感想を持たれただろうか？
「これを実際にやるのは大変そうだ」と思われた方もいるだろう。そう感じるのは当然だ。大企業であれば、障害を乗り越えるための時間と労力はいっそう必要になる。

　しかし、その障害を乗り越えることができれば、さまざまなタレント・資金というリソースを活かして、多くの、大きな変化を生み出すことができるのも大企業ならではの利点である。

　以上、ネットワーク型組織を体現する企業の特徴についてふれてきたが、いずれの会社も「遠心力」「求心力」、それを実現する「仕組み」が作用し合って、ネットワーク型組織を実現していることがご理解いただけたのではないか。

　次章では、ネットワーク型組織を設計する具体的な方法論についてお伝えしたい。

第 2 章

組織設計編

ネットワーク型組織の
フレームワークと
アプローチ

01 | ネットワーク型組織を 構築するフレームワーク

ネットワーク型組織を作る7つの構成要素

前章の企業事例を通じて、ネットワーク型組織を機能させるためには、「遠心力」・「求心力」・「仕組み（フォーメーションの側面）」・「仕組み（ケイパビリティの側面）」の4つの要素が必要であることをよくご理解いただけたのではないだろうか。

遠心力・求心力の発揮はあくまで「結果」であり、遠心力・求心力を組織にもたらすための土台になるのが、「仕組み（フォーメーションの側面）」と「仕組み（ケイパビリティの側面）」である。（図2-01）

図2-01　ネットワーク型組織を機能させるための要諦

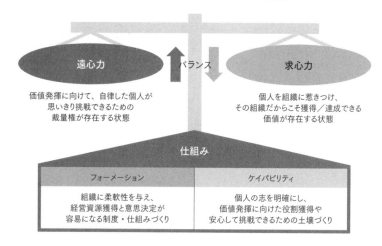

われわれがこれまで支援してきた数多（あまた）のプロジェクト経験をもとにしつつ、前章でのインタビュー結果、およびDeloitte GlobalのLeadershipチームが確立した組織変革モデルの考え方を織り交ぜながら、遠心力・求心力の高いネットワーク型組織を機能させるための仕組み（フォーメーション、ケイパビリティ）を「ネットワーク型組織におけるフレームワーク」として整理した。（図2-02）

　結論からお伝えすると、ネットワーク型組織を機能させるには、次の7要素が必要になる。

　フォーメーションの要素としては、「権限委譲」・「整合性」・「透明性」という3つの要素が必要になる一方で、ケイパビリティの要素としては、「共感」・「信頼」・「つながり」という3つの要素が必要になる。これら、フォーメーションとケイパビリティの両面を整えることで、遠心力・求心力をともに利かせることができ、結果として、「チーム」が新規事業創出やイノベーション促進に向けて自律的に取り組めるようになる。

　ネットワーク型組織では、各従業員がそれぞれ属する集団で活躍したい

図2-02　ネットワーク型組織のフレームワーク（再掲）

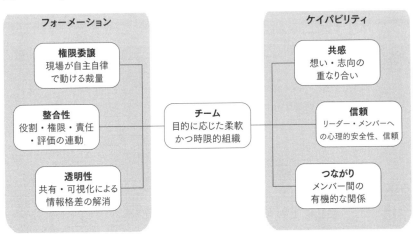

と思える想い・価値観（＝求心力）を備えながら、自律的に行動（＝遠心力）することが求められる。ネットワーク型組織の「単位」がチームであり、詳しい説明は後述（90ページ・「1.チーム 〜目的に応じた柔軟かつ時限的組織」）するが、ここでは「共通の想い・価値観を持った人同士で組成された、柔軟性のある（自律的な行動を阻害せず、目的に応じて組成・解体が行われる）小集団」としてご理解いただきたい。

各要素の関係性

　上記で示した、ネットワーク型組織を機能させるためのフレームワークにおいて、中心に位置づけられる「1. チーム」と、他各要素の関係性を詳細に述べていこう。

　まず、「**フォーメーションの3要素**」と「チーム」の関係については、チームが自律的、かつ柔軟にミッションを遂行するには、チームの構成員であるメンバーが自らの手で情報を掴み、考え、実行することが重要になる。フォーメーションの3要素によって、従業員の行動様式を定めることで、これらを実現している。

- 2. 権限委譲：個人/チームが必要な権限を有していることで、自律自考して動いていく（102ページ）

- 3. 整合性：個人/チームが裁量を持つこと（役割・責任・権限）と、適正に評価されること、および役割・責任・権限・評価が整合している（一貫性がある）ことで、自身の挑戦や成果が認められ、エンゲージメントが高まり、主体的な動きを続けていく（107ページ）

- 4.透明性：密度・精度・鮮度の高い情報に全従業員が垣根なくアクセスしており、チーム内に閉じず、チームを超えて周りとつながっていく動きを取っていく（112ページ）

このフォーメーションの3要素は、どちらかと言うと、人の「行動」に
アプローチする手法で、「行動を阻害する要因をなくせるよう、各種の仕
組みを整える」ということである。

一方で、「行動を阻害する要因をなくせば、人は自律的に動くのか？」
と問われれば、それは「否」である。
「自律的に動きたい」と思えるような意識を抱くことが必要であり、その
ような状態になるには、人の価値観や志向性といった「思想」に対するア
プローチや、「組織風土」に対するアプローチによって意識変革を行って
いくことが必要になる。

上記のような各種の仕組みを整えたとしても、個々人の「思想」がバラ
バラであったり、「組織風土」に統一感がなかったりすると、結果として
「行動」に一体感がなくなり、従業員同士の衝突が生じやすくなったり、成
果が限定的になったりする。これは特に、今まで別会社であった企業同士
の統合による組織再編（PMI：Post Merger Integration ＝合併・買収後の統合プロ
セスとマネジメント）後に起きがちである。

ただし、個人の「思想」や「組織風土」は直接変えられるものではない。
特に個人の「思想」を変えることは困難で無理に変えるべきものでもない。
むしろ会社としては、やり方・考え方を一方的に押しつけるのではなく、
個人の「思想」を汲み取る姿勢が重要になる。

同様に、「組織風土」も一朝一夕で変えられるものではない。「組織風土」
は、個々の従業員の1つひとつの行動の積み重ねによって、徐々に醸成さ
れていく。とはいえ、成り行きに任せるのではなく、一定の仕掛けを作り、
継続的に浸透させることで、「組織風土」の醸成をデザインすることが重
要になる。

これら「思想」・「組織風土」に対するアプローチが、**「ケイパビリティの
3要素」**となる。

- 5. 共感：各従業員が会社の思想・価値観に共感することで、個人／チームの動きや成果が、会社への価値貢献につながっていく（117ページ）
- 6. 信頼：リーダー・メンバー双方が、個々人の有する専門性や能力を発揮しやすい心理的安全性が確保されていることで、メンバーは日々の業務の中で感じ、捉えた事項をスピーディに行動へとつなげていく（123ページ）
- 7. つながり：対話による有機的なつながりを持ちやすい環境・風土を通じて、自身が思いついたアイデアを、多様な特性を持つ人に披露し、議論し、掛け合わせることで形にしていき、新たな価値を創出していく（130ページ）

以上、**チーム＋フォーメーションの3要素**（権限委譲, 整合性, 透明性）＋**ケイパビリティの3要素**（共感, 信頼, つながり）**の7要素が満たされた組織をネットワーク型組織**と定義する。

7つの構成要素の詳細

　ここからはネットワーク型組織を機能させるための7つの要素について、それぞれの「定義」「もたらされる価値・実現のポイント」「留意点・対処法」について詳しく述べていく。

1. チーム ～目的に応じた柔軟な時限的組織

　チームの定義は、「**自らのミッションに基づき発足し、共通の価値観を持つメンバーで流動的に構成された小規模の集団**」である。

チームによってもたらされる価値・実現のポイント

　チームを組成する際のポイントは以下の3つ。

図2-03　チーム組成のポイントと得られる効果

チーム組成のポイント	得られる効果
ミッションに基づき組成される	① 既存の部署や、業績に引っ張られずにミッションドリブンで課題に向き合える
	② 多様なスキルやバックグラウンドを持つ人材が有機的に組み合わさることにより、アイデアの創出が活性化される
共通の価値観を持つメンバーで流動的に構成	③ 目的達成に必要な専門家の工数を集めやすい
	④ 職位階層に関わらず、適切な人材をリーダーに配置できる
小規模の集団	⑤ メンバー間のコミュニケーションが密になる
	⑥ 事業推進スピードを担保できる

- ミッションに基づき組成される

- 共通の価値観を持つメンバーで流動的に構成

- 小規模の集団

　これら3つのポイントを満たすことで、どのような効果を得られるのか。図で表すと上図になる。（図2-03）

①既存の部署や、業績に引っ張られずにミッションドリブンで課題に向き合える

　ネットワーク型組織のチームは、個々人のミッションを起点として、ミッションに共感するメンバーで組成され、ミッションの実現を第一義とし、ミッションにしたがって意思決定がなされる（ミッションドリブン）。

　これは、「経営陣が決めた年度目標を細分化した目標値の達成責任」を担う形で部課、それ以下の組織が組成される階層型組織とは大きな違い

である。このようなチームを組成できるかどうかは、顧客やミッションを最優先に業務を遂行できる環境か否かにも影響を受ける。

　どういうことかと言うと、チームは上から細分化された目標値の達成責任を厳格に割り振られることがなく、ボトムアップ的にチームの目指す先・目指す像が決まっていく。

　そのため、割り当てられた目標を達成できず、他チームや上司から白い目を向けられながら未達理由と改善方針を報告することはほぼない。常に、ネットワーク型組織に在籍するメンバー一人ひとりが、「ミッション、ビジョン達成のため」自律的に業務を遂行していくことになる。

　一方、そのように組織内のチームが自由気ままに活動していたら、メンバーの怠慢な業務態度を招き、会社として衰退することを危惧する方もいるだろう。

　その対策として、詳しいことは第3章「03 ミッションに応じたチームパターンとチーミングのあり方」(257ページ)で後述するが、会社や部で達成すべき目標の達成率を気に掛ける役割を持った人を配置するのが効果的だが、その役割を担う人であっても、各チームに細分化した目標値を置いて、達成を強制する効力を持たせては「チーム」を作る意味がない。

　仮に、会社や部が目標に届かないことが予想される時は、「チームの代表者」(「代表」と表現しているが、チーム内の職位の高いメンバーというわけではなく、あくまで役割の1つである)と「目標値を確認する役割のチーム外の人」が対話して、チームの活動の方向性を調整できればよい。

② 多様なスキルやバックグラウンドを持つ人材が有機的に組み合わさることにより、アイデアの創出が活性化される

　前述のとおり、チームはミッションに共鳴し、実現のため自発的に行動できるメンバーで構成される。裏を返せば、「チームのミッションに共鳴」

する以外、チームメンバーになるための要件はない。職歴や専門性が同じである必要もない。

　むしろ、ネットワーク型組織で取り組むような、正解のない複雑性の高い課題に取り組むためには、職歴や専門性が違う多様なメンバーで構成されたチームのほうが適している。

　なぜなら、さまざまな専門性を持つメンバーで意見交換されることで、新しい視点が見つかり、アイデア創出が活性化されるからだ。

　例えば、新規事業を開発するとなれば、商品開発の経験があるメンバーだけでなく、市場の動向を最も理解しているマーケティング事業経験の豊かなメンバーや、顧客の声を最も聞いている営業経験豊富なメンバーも集わせる。そこで市場動向や顧客の声を分析することにより、商品開発の経験があるメンバーだけでは決して辿り着かなかったであろう仮説が導かれ、新たな商品開発につながっていく。

　このように、組織の枠組みにとらわれない流動性を持ちながらチームを組成することで、チームは新しいアイデアが生まれやすい環境になる。

　ただし、「組織の枠組みにとらわれない」と言っても、あまりに枠組みを横断してチームを組成すると工数管理が複雑になる点は留意いただきたい。

③目的達成に必要な専門家の工数を集めやすい

　ミッションに共感したメンバーが挙手する形でチームを組成した場合、ミッションを実現するにあたって、必要となる専門家がチームに存在しないかもしれない。

　ネットワーク型組織のチームであれば、柔軟に人員構成を変えることができる流動性を持ち合わせているため、限定した業務範囲・期間の中で専門家を集めやすい。仮に、階層型組織において専門家の力を借りようとすると、年度初めに決まっていた役割変更を各方面と調整する必要があり、時間や工数を要するだろう。

このように、チームの組成、メンバーの増減、チームの解散が流動的に行われることで、チームは目的達成のために、今、必要なリソースを集めやすくなる。

④ 職位階層に関わらず、適切な人材をリーダーに配置できる

ネットワーク型組織のチームでは、チームが目的を果たすため、最もリーダーにふさわしい人材がリーダーになる。職位や階層は関係ない。むしろ、先頭に立ってチームの向かうべき方向を率先して指し示すことが得意だったり、適切な判断を下すための知識・経験・センスを最も有していたり、目的を果たすことに誰よりも熱意を有している人だったりと、チームが担う役割の性質によってリーダーの選出における判断軸が変わる。

ただ、確かに言えるのは、チームにおいて職位・階層のみの判断軸でリーダーが決まることはないということだ。新卒1年目のメンバーであっても、チームが果たすべき目的や本人のパッションによってはリーダーになり得る。

⑤ メンバー間のコミュニケーションが密になる

実体験からも想像しやすいだろうが、集団が小規模であるほど、集団の中の一員同士のコミュニケーション量は多くなる。チームも全く同じで、小規模であればコミュニケーションは密になり、各メンバー同士で向き合う時間を確保できる。

先程の「成功企業18社」にて紹介した企業、サイバーエージェントも、チームの規模は5〜6人を上限としていた。1チーム5〜6人という人数感に至った理由は、マネージャーが月一で1on1を設定し、一人ひとりと向き合って意思の共有をできる限界の人数だったためだ。

ネットワーク型組織では指揮命令がない分、自律的に動くことが求められる。そのため、自律的行動の源泉となる従業員の意識を高め、逆に自

律的行動を委縮させるような空気は排除すべきで、各メンバーの当事者意識やチームの心理的安全性の向上につながるコミュニケーションの密度がチームに必要になる。

⑥ 事業推進スピードを担保できる

　指揮命令が基本的に存在しないチームでは、事業を推進するうえで合議が頻繁に行われる。しかしチームの人数が多いと合議の場を設定するまでに時間を要し、いざ合議となっても多様なチームメンバーの意見はなかなか着地点が見つからず、さらに時間を要するだろう。

　これでは後述する「2. 権限委譲」（102ページ）で期待される事業推進スピードも鈍ってしまう。事業を推進するうえで合議すべきテーマが生まれたらすぐチームで合議され、意思決定に至るスピード感を担保するためにもチームは小規模であるべきだ。

　ここまでチームの概要と期待される効果を述べてきて、階層型組織の部課とはメカニズムが違うことを理解いただけただろう。

　ただ、本書で示す「チーム」を正しく組成でき、機能していると、従業員の動きのレベルではどのような状態になるかについては、まだイメージしきれない読者も多いはずだ。

　そこでここからは、以下、4つの場面に切り取りながら、チーム内でのメンバーの動き方を具体的に述べていく。

　　A. タスクの洗い出し、役割分担

　　B. タスク遂行（連携）

　　C. 合意形成、意思決定

　　D. 進捗管理、改善、中組織（182ページ）への報告

A. タスクの洗い出し、役割分担

チームを効果的に機能させるためには、合議を通してタスクを洗い出し、役割分担を決める状態が理想的である。（図2-04）

そもそもチームは、上から降ってきた役割に責任を負う形で組成されず、チームメンバー自らのミッションに基づき発足されることは、これまでに示した。これはチームが目指すべき方向性、理想像は決まっていて、その理想像に共感したメンバーが集まっていることを意味する。

一方で、理想像に至るまでのステップ、タスクは洗い出せておらず、チームのさらに上位層からタスクを指示されることもない。そのため、まずはタスクの洗い出しをしていくことになる。

この洗い出し作業は、誰か特定のチームメンバーが行ったり、複数メンバーで分担したりと、やり方はさまざまである。

洗い出したタスクは各チームメンバーに割り振られていく。チームメンバー達はチームに参画する際、チームにおける自身の役割を把握している。その役割は、自らの希望や専門性が踏まえられたものだ。そのため、挙手

図2-04　チーム

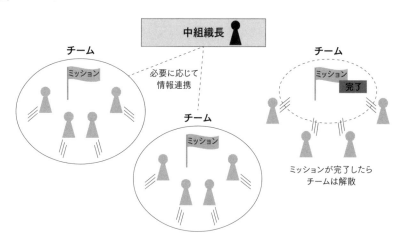

制であっても、ある程度のタスク量を分担することが可能だ。

　一方、余りものとなった、担当者不在のタスクは、メンバーで相談・合議しながら役割分担されていく。

　チームには指揮命令がない分、自律的に業務を推進できるよう、各メンバーが分担された自らの役割に納得している必要があるため、この「相談」という段階を踏むことが非常に重要になる。

B.　タスク遂行（連携）

　分担された自らのタスクはどのように進めていくか。チームに指揮命令は存在しないため、自分のタスクに対して、どのようにアプローチしていくかは自ら決断していく。ただし、知識や経験が不十分なチームメンバーたちは、独力で業務を推進していくことが難しいはずだ。

　メンバーたちが滞りなく業務を遂行していくために「アドバイスを受ける」というコミュニケーションが必要不可欠になる。

　例えば、階層型組織の場合は、直属の上司にアドバイスを求め、それに従いながら業務を遂行していくだろう。

　チームの場合は、アドバイスを受ける相手と、アドバイスを受けた後の考え方が異なる。

　まず、「誰にアドバイスをもらうか」だが、チームにおいて「上司」は存在しない（上下関係が存在しない）。それゆえ、最もよいアドバイスをしてくれそうな専門家をチーム内外から探し、相談することになる。

「アドバイスを受けた後の考え方」だが、ネットワーク型組織においては、アドバイスは参考情報に過ぎず、従う義務は一切ない。あくまで意思決定権は相談をした担当者（チーム）に存在するため、受けたアドバイスを必要に応じて参考にしながら業務を遂行していく。

C.合意形成、意思決定

　日々の細かいタスクにおいては、与えられた権限の中でチームメンバー自身がタスクを遂行していくだろう。しかし、チーム全体の方向性や他チームメンバーに影響するようなテーマであれば、適宜合議が設けられ、意思決定されていく。この合意形成、意思決定において、チームとして特徴的なのは、チームメンバーでの「合議」を経る点だ。

　ネットワーク型組織と言っても、権限がチーム全体に付与されていたり、最終的な決定権は特定のメンバーに付与されていたり、各チームメンバーに同様の権限が付与されていたりとさまざまだが、合議を経る点だけは不動である。階層型組織で行われているように、上位者だけが合議してチームの意思決定がされることはない。そのため、チーム全体に関わるテーマが生じた際は、チームミーティングに議題として組み込み、合議してチームの意思決定につながるという動きになる。

D.進捗管理、改善、中組織への報告

　チーム内の進捗管理は、チームミーティングの場で定期的に状況確認していく。進捗管理となると、しばしば「遅れが発生している部分をいろいろ突っ込まれるし、嫌だな…」と参加者が思っているような場になってしまう。しかし、チームの進捗管理の位置づけはそうではなく、「状況が芳しくないタスクを可視化して、みんなで解決策を考えよう」というスタンスになる。

　例えば進捗管理の場で、Aさんからうまくいっていないタスクが共有されたとする。すると、Bさん、Cさん…など、他のチームメンバーは自身の専門性や経験を活かしながら、Aさんに協力して改善のアクションプランを考えていく。そして、アクションプランからタスクに分解されていくわけだが、そのタスクをAさんだけで行う必要はない。Aさんの工数や、各チームメンバーの能力を踏まえて役割を決めていく。

このような一連のリカバリーも、Aさんと上位者間で行うのではなく、チームで合議しながら進めていくのがチームの特徴の1つと言える。

　他チームや中組織（182ページ）に対してはどうか。まず定期的に報告の場を持つ必要性はあまりない。後述する「4.透明性」（112ページ）を実現することで、チームの業務内容や状況、コミュニケーション内容が社内にオープンになっており、中組織長が気になるような数値状況は自身でアクセス可能だからだ。

　一方、チームで不明な点や、権限の範疇を超えた意思決定テーマが発生した場合、「相談」という位置づけで情報共有するケースは存在する。

　このように、組織で「チーム」が機能することで、体制面が変わるだけでなく、従業員レベルでも日々の仕事の動き方が変わることがイメージできただろう。ただ、新しくネットワーク型組織を作る場合でも、既存の組織をネットワーク型に変える場合でも、一朝一夕でチームが機能するわけではない。そこで、チームの説明を行う本項の最後に、チームを機能させるうえでの留意点と対処法を述べておく。

「チーム」を機能させるための留意点と対処法

●自らのミッションに基づきチームを組成することが最初からできるわけではない

　会社に限らず、学校にも言えることだが、世の中には上位者の指揮命令にしたがって行動するという仕組みの組織が圧倒的に多い。そのため、ほとんどの人が受動的に行動することに慣れてしまう（自律的に行動することに慣れていない）。

　つまり、既存組織をネットワーク型に変える場合や、ネットワーク型組織に対して階層型組織から入社者を募る場合において、従業員がいきなりミッションに基づいて、チームを組成して業務推進することは難しい。それゆえ、最初に会社は経験豊富な社員をアドバイザー役として用意したり、ある程度役割を絞るといったフォローが必要になる。

●初対面のメンバーと速やかに業務を行えるような社内ルールが必要

前述のとおり、チームは流動的であり、ミッションに基づいて組成・解散が繰り返される。つまり、「はじめまして」の人とチームを組んで仕事を推進する機会が多い。

その際、互いのメンバーで作成する資料のフォーマットや使用するツールが違うと、統一させるためにムダな時間を要してしまう。このような事態を避けるためにも、業務を推進するうえで最低限必要になるツールやフォーマットは、会社として統一されたルールを設ける必要がある。

上記のようなツール・フォーマットの話だけでなく、OKR（Objectives and Key Results: 目標と成果指標）や、意思決定の方法などもチーム内で目線合わせをすることで、チームはスピード感を持って業務推進できるだろう。

●チームが苦しい際の救済措置が仕組み化されている

ミッションに基づいて組成されたチームが、すべてうまくいくということは稀である。なかなか成果が出なかったり、業務過多に陥ったりと壁にぶつかるケースも多いはずだ。組織としてチームがそのような困難に直面した際、いかに救済措置を速やかに講じられるかが大事になる。救済措置の一例を挙げるなら、チームに追加でリソースを補充できる仕組みを設計することだ。

●メンバーのモチベーションを維持させるためにも中間目標を設定すべき

ネットワーク型組織のチームでは、正解がない課題に取り組むことになる。それは短期間で成果が出るケースもあれば、何年も仕込み期間を乗り越える必要があるケースもある。

後者の場合、いくら頑張っても成果が見えない、視界の先に光が見えない真っ暗なトンネルの中を走り続けなくてはならず、チームのメンバーはどうしてもモチベーションが下がってしまうだろう。

そのような事態を避けるためにも、中間目標や、より細かい粒度の目標をチームで定義し、定期的に達成感を得られるよう業務・目標を設計することが効果的になる。

●途中で他のチームの活動に興味が湧いた場合に移るプロセスを納得できるものに

　あるチームの一員として働く中で、他のチームに興味が湧いてしまうケースは想定できる。その際、チームを移動できるのか、どこまで流動性を担保させるかは組織として決めておく必要がある。

　流動性に関して、制度として正解があるわけではない。移動したい社員と周りが納得できることを大目標として、公平性の高い社内ルールの設計や、チームメンバーと人事権を持つ社員との密な相談が必要になる。

　ネットワーク型組織のチームは、個人の自主自律な動きを最大限に尊重し、会社としての制約を極力設けないようにしているため、しっかりと機能させることができた時の効果は大きい分、留意点も多い。

　これらの留意点を踏まえつつ、実際にどのようにチームを組成していくかのアプローチ論は第2章「02 ネットワーク型組織設計のアプローチ」（143ページ）を参照いただければと思う。

　ここまで、まずはネットワーク型組織で核となる要素、チームについて述べてきた。ここからは、チームを機能させるフォーメーション（権限委譲、整合性、透明性）とケイパビリティ（共感、信頼、つながり）の各要素ついて、詳細に説明していこう。

2. 権限委譲〜現場が自主自律で動ける裁量

本書において「**権限委譲**」とは、「**従業員が自律して動くために、彼ら・彼女らに必要な裁量が与えられている状態**」を意味している。

言い換えれば、ヒト・モノ・カネ・情報についての権限を、チームの誰か1人が持つのではなく、チームメンバーで分散して所有している状態である。（図2-05）

ポイントは、個人/チームが思い立ったらすぐに動けるための権限を有している点だ。これにより、ネットワーク型組織におけるチームに求められる事業推進スピードが担保される。

階層型組織であれば、部課などの小集団に必ず組織長が存在し、すぐに取り組みたい業務があったとしても、組織長にいちいちお伺いを立てな

図2-05　権限委譲

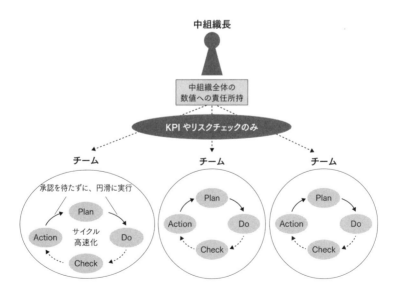

ければならない。そのお伺いに際しても、資料を準備したうえで説明し、組織長に理解・納得してもらってはじめて承認が下りる。この一連の動きに何日もかかることがあるだろう。

　このような業務推進スピードは、社会が目まぐるしく変化している現代では致命的である。準備⇒説明⇒理解⇒納得⇒承認がスピーディに進まないと、発案した従業員のやる気も削がれ、最終的には案が頓挫したり、消滅してしまうことも決して少なくない。

　チームが取り組む業務の性質上、特定の誰かだけが正解を知っているということがない点も、権限委譲の重要性を高めている。誰も正解を知らない業務への取り組むにあたっては、仮説を立て、トライしてみることが重要になる。

　逆に、今までの経験や知識が評価されて職位の高い人が、「これが絶対に売れる」と確信して売り出した商品が、「時代遅れ」とされる可能性も大いにある。もはや、準備⇒説明⇒理解⇒納得⇒承認というサイクルをじっくり回してから業務を遂行する効果は薄れてきている。

　ここまでの説明で、チームが柔軟に事業を進めていくには、権限委譲が効果的なことはご理解いただけただろう。一方で、各チームメンバーの動きがブラックボックス化してしまい、チームとしてのパフォーマンスを下げてしまわないか不安に思う方もいるだろう。

　この不安に対しては、後段で説明する「4. 透明性」（112ページ）を実現することで解消できる（透明性＝チームの業務内容や状況、コミュニケーション内容がチーム内、ひいては社内に公開されている状態）。

　権限委譲という取り組みは、チームメンバーの性格によっては「荷が重い」と捉えられるかもしれない。確かに、知識・スキル・経験・成果が不

足しているチームメンバーは、権限を使うにも悩みが尽きないはずだ。

　権限委譲というのは、不明点をすべて自分だけで解決しなければならないということではない。むしろ、知識・スキル・経験・成果を持っている他のメンバーに対して、アドバイスを積極的に求めることが推奨される。

　留意すべきなのは、アドバイスを受けたとしても、あくまで意思決定権は相談主であるチームメンバーが持っている点だ。相談主になるチームメンバーは、知識やスキルを持つ従業員のアドバイスどおりに動く必要はない。アドバイスは指揮命令ではないからだ。

　では、「権限委譲」が実現されると、どのような価値をもたらすのか。具体的に述べていこう。

「権限委譲」によってもたらされる価値・実現のポイント

●現場スタッフがより高速で施策を回すことができる

　ここまでの説明と重複するが、権限がチーム／チームメンバーレベルまで落ちてくることにより、施策を実際に打つまでに要する時間・工数は大きく減少し、上位者の承認を得るため、明確な論拠を押さえる必要もなくなる。

　そのため、やや「思いつき」レベル、あるいは、まだ仮説が緩い段階や、実現性の低い施策も「まずはやってみよう」と動くことができる。正解のない複雑性の高い課題に関しては、トライアル＆エラーを高速に回すことが重要になる。

●数値に対して責任を持つ従業員はKPIやリスクチェックのみで状況把握・リスクコントロール

　現場スタッフが前述の動きを取る場合、階層型組織における上位者にあたるような、数値達成に責任を持つ従業員が、どのような動き方になるのかも併せて述べる。

彼らはあくまでKPIやリスクをチェックするのみに留まる。状況が芳しくなかったとしたら、「なぜ達成できなかったのか？」と問い詰めるのではなく、「どうすれば達成できるのか」をチームで考えていく。決して、より重いノルマを課したり、すぐさま評価を下げることはしない。

　しかし、見方によっては「緩い」数値の管理方法で、果たして目標達成を担保できるのか？　と疑問に思われる方もいるだろう。

　答えは、目標を達成できたりできなかったりで、その時々によって違う。極端に言えば、目標を達成しようがしまいが、それは二の次だ。

　むしろ、現場スタッフが会社のパーパス・ミッションや顧客を考え、最善の手を打てる環境を用意することが最も優先されるべきで、チームメンバーのKPIやリスクをチェックするのも、目標達成度を把握することが主ではない。チームメンバーが抱える悩みやリスクを顕在化させるきっかけを作っているのである。

　検知された悩みやリスクに対して、「なぜ解決できないのか？」と担当者に問うのではなく、「どうしたら解決できるのか？」をチームで考える。これらの数値管理に関わる話は、7つの構成要素が揃った場合の組織図を説明するパート（134ページ）で、もう少し詳しく述べていく。

　「権限委譲」は、社員が自律的に業務を推進していく大前提になることはおわかりいただけただろう。

　しかし、いざ実現しようとなると、障壁があるのが実態だ。そこで、ここからは権限委譲を機能させるうえでの留意点と対処法を述べていく。

「権限委譲」を機能させるための留意点と対処法
●大損失を避ける仕組みの整備

　現場で最も先端的な知見や、多くの顧客の声を有している社員に権限

を委譲したとしても、うまくいく保証はない。

　階層型組織のように、経験豊富で評価の高い上位社員が権限を行使するより、大損失を被るような地雷を踏むリスクは高まる。

　加えて、先ほど紹介したとおり、各従業員の動きを目標達成率の観点で突っ込みすぎることは得策ではない。

　そのため、行使できる権限の範囲や、行使できる権限に期限をつけるなど、ルールを設けることで、大損失を被るリスクを回避すべきだ。つまり、チームが取り組むミッションを達成するために、必要な範囲のみ権限を付与し、必要以上の予算を使う権限は中組織長（182ページ）に持たせたり、普段は行使できないレベルの権限が必要になった際に、一定期間だけ上位権限を付与するほうがリスクヘッジの観点では望ましい。

●権限を行使する方法をレクチャーする必要あり

　既存の階層型組織からネットワーク型組織に移行した場合でも、ネットワーク型組織を1から作り上げた場合でも、はじめて権限付与される社員はいるはずだ。

　そのような人は、当然、付与された権限を使うこともはじめてなので、周りの社員が権限行使する方法をレクチャーする必要がある。

　レクチャーでは、権限を行使するにあたって、必要な社内手続きから、どのような判断軸を持って権限を行使するかという考え方の部分までをカバーする必要がある。

3. 整合性〜役割・権限・責任・評価の連動

本書のフレームワーク内で「**整合性**」は、「**役割・責任・権限・評価の整合性、一貫性**」と意味づけている。(図2-06)

例えば、チームの**役割**が「新規事業の立ち上げ」であったとしよう。この場合、**責任**として「X件のニーズ発掘、X件のビジネスモデル構築」が考えられる。

権限としては「社内の既存顧客のナレッジにアクセスできる権限」や、「社外のスタートアップとアライアンスを推進する権限」「初期投資としてX円まで使用できる権限」などが考えられる。

図2-06 整合性

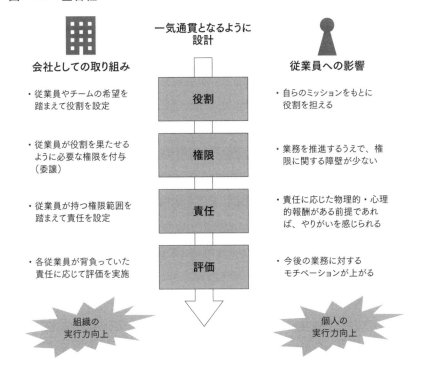

評価に関しては、特定の上司の意見に従うのではなく、市場や顧客の声を起点として権限を行使するという動きを担保するため、特定の上司だけでなく、関与する複数のステークホルダーにも評価権を設定する。

　このように役割・責任・権限・評価に一貫性があることで、個人/チームが自律自考して動くことが可能になる。この「役割・責任・権限・評価の一貫性」はネットワーク型、階層型といった形態に関わらず、すべての組織に求められる。違いがあるとすれば、一貫性を保つうえでの、統制の取り方だ。

　階層型組織であれば、「任せたタスクに対して、期待どおりに成果を出せているか？」という評価によって統制を図る。その評価によって役職が昇降し、役割や責任、権限が決まっていく。

　一方で、ネットワーク型組織においては、「この人に、○○程度の権限を与えて問題ないか？」という観点で統制を図る。

　ここでどれだけ権限を与えられるかにより、その従業員が担う役割・責任が変わり、結果として評価の体制や基準が決まる。

　どちらがよいというわけではなく、目的に応じて、統制を図るポイントが変わるということである。

　では、なぜネットワーク型組織を含む、すべての組織・チームにとって整合性が必要不可欠なのか？　一言で言えば、組織・チームの実行力を高めるためだ。理由は、役割・責任・権限・評価の一貫性がないという「逆のケース」を考えるとわかりやすい。

　例えば、責任に対して相応の権限がない場合、責任を果たそうとさまざまな施策を試みるだろうが、その際、いちいち権限を持つ人にお伺いを立てる必要がある。

　あるいは他の例として、たとえ責任・権限を与えられていたとしても、その責任・権限の「重さ」を考慮した評価が下されない場合、どれだけ

頑張っても会社から報われないのに、社員は責任を背負って働かなければならない。このようなケースでは、チームの実行力が発揮されることはないとわかっていただけるはずだ。

　役割に対して適切な責任が発生し、その責任を果たすために十分な権限が与えられ、背負う責任の重さや権限を担ううえで期待される動きが正しく評価される。そうした一貫性のある制度が組まれることで、組織・チームとして高い実行力を発揮できる。

　ここからは、役割・責任・権限・評価の「整合性」が実現されると、どのような価値をもたらすのか。具体的に述べていく。

「整合性」によってもたらされる価値・実現のポイント

●役割や責任に見合った適正な権限・評価・処遇により、各人がエンゲージメントの高い状態で業務に取り組める

　自律して新たな価値創出をなし遂げようとする時、大切なのは、それを後押しできる土壌が整備されていることである。せっかく、想いやアイデアの種を持っていたとしても、なかなか発揮することができないケースはよくある。特に、役割を与えられたものの、実際には責任の所在が不明確で、権限もないため、自ら差配できる事柄に限りが出てしまうケースはよく見られる。

　さらに、責任に見合った評価や処遇がなされないことにより、従業員の側から、新たな挑戦やイノベーション創出を起こそうという意欲が減退してしまうケースも散見される。

　このような状況を打破していくには、役割、権限、責任、評価が一貫性を持っている状態を、きちんと仕組みとして担保する必要がある。

　特に、評価に関しては、上司との相性や感覚によってつけられることがないよう、360度評価や、斜め上の上司からの評価など、周囲からの目線もきちんと取り入れながら、適正な評価をしていくことが有効である。

●レポートラインの整流化により権限委譲を推進する

　企業サイズが大きく、ポートフォリオが広い大企業になってくると、事業軸、機能軸、地域軸をまたいでレポートライン（指揮命令や情報共有の経路）が入り乱れ、複雑怪奇な状態に陥り、タイムリー、かつ精緻な情報共有がなされないため、正しく意思決定されないケースがよくある。

　実際、当社で関わっているクライアントでも、そのような声を聞くことが非常に多く、各所にサイロ化して個別最適で動いてしまい、全体最適での統制が効きにくくなっていることに対する悩みはとても大きい。

　事業×機能×地域における優先順位とガバナンスのあり方（責任、権限）を定め、それに見合った形で目標設定や評価のあり方を整えることにより、このような状態を解消することは可能である。

　同時に、レポートラインが複雑であるための多層化、多重化から脱却し、より各人に権限委譲し、自律的に動ける状態を作ることができる。

　整合性が実現できることで、ネットワーク型、階層型に限らず、組織に好影響を与えることがわかっていただけただろう。

　しかし、いざ整合性を実現させようとしても簡単ではない。本項の最後では、ネットワーク型組織において、「整合性」を機能させる上での留意点と対処法を述べていこう。

「整合性」を機能させるための留意点と対処法

●目標をブレイクダウンで置くべきではない

　ネットワーク型組織における各チームは、正解が見通しづらい課題に対して、ミッションドリブンで取り組んでいる。

　営業や生産のように、達成手段が明確なものばかりではない中、上位組織による目標からのブレイクダウンで、厳格に目標達成していこうとすると、実態との乖離が大きくなる。すると、期末時点での評価がつけづらいだけでなく、社員からの納得感も得にくい。そのため、目標は不確定かつ

曖昧で、その場の状況で臨機応変に変わることを踏まえたうえで設定する。

　チームという単位で成果を上げることを優先するのであれば、チームとしてのモチベーションが高まる状態を第一優先として、目先の数値にとらわれないことが重要である。

　一旦はチームとしての積み上げでの目標設定でよいので、多少高めに見積もっておくのが好ましい。新たなことをスピード感を持って進めていくにあたり、多少粒度が粗くとも、目標設定そのものに時間をかけないようにすることが重要である。

●制度改定や各所との調整完了を待ちすぎない

　役割、責任、権限、評価に一貫性を持たせるとなると、相応の人事制度改革が必要になる。と言っても、簡単には変えられないはずだ。さまざまな調整が必要になったり、人事制度改定のタイミングを待つ必要があったりと、かなりの時間を要することになる。

　この「整合性」を実現するための環境整備に躍起になって、膨大な時間を費やしてしまった結果、ネットワーク型組織としてのスタートが遅れてしまうのは大きな機会損失である。

　そのため、ネットワーク型組織としてチームを動かしはじめながら、整合性を実現する環境整備を並行して行っていくことが重要になる。

4. 透明性〜共有・可視化による情報格差の解消

本書における「**透明性**」とは「**会社の情報が可能な限り開示されており、全従業員が同じ情報にタイムリーにアクセスできる状態**」と定義している。

ポイントは「同じ情報」と「タイムリー」という点だ。情報格差には大きく2つの側面があり、「情報の量・質」と「情報取得までの時間」である。

この情報の量・質と、取得までの時間を、全従業員で同一にすることが求められる。（図2-07）

会社の情報は「すべて開示」されていることが、チームが有機的に動くうえで最も望ましいが、情報漏洩（持ち出し）やプライバシーなどのリスクの観点を最低限踏まえなければならないことは留意いただきたい。

そのため、個人情報や経営上秘匿性の高い情報（M&Aなど）は、階層型組織と同じように特定の人間までの開示に留めるケースは存在する。

では、情報の透明性はチームにどのような効果をもたらすのか？

図2-07　透明性

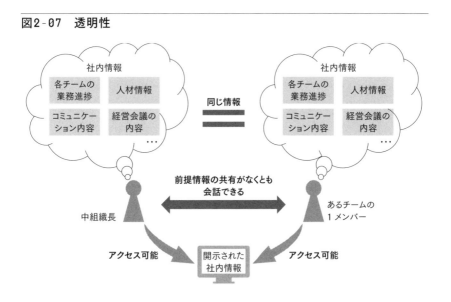

結論から言えば、経営層から新卒まで、全社員が同じ情報にアクセスできる状態になると、業務を進めていくうえで同じ土俵に立って物事を捉え、考え、議論できるようになる。

　前段の「2. 権限委譲」（102ページ）でも述べたが、チームで取り組むような課題は、経験や知識を有する人が必ずしも正解を持っているわけではない。むしろ、スキル・経験がまだ乏しい現場スタッフが、現場に近い立場にいることで見えるものが正解につながるヒントになるケースもある。

　しかし、現場スタッフが、次なる仕掛けやビジネスチャンスの「種」を認識していたとしても、仮説の構築・検証のために必要となる情報にアクセスできない状態だと、アイデアの種は種のままで終わってしまうだろう。

　この「アイデアの種に関連する情報にアクセスできない状態」が、上位者なら情報にアクセスできるという状態、つまり、情報の非対称性が存在する状態は非常にもったいない。せっかく、今後につながるようなアイデアの種を持つ現場スタッフが意思決定できるように権限委譲したなら、情報の透明性も担保しているほうが、権限委譲の効果も高まる。

　そういう意味で「透明性」は、権限委譲を効果的に機能させるための前提条件とも言え、権限委譲と連動させながら仕組みを構築していくとよいだろう。

　現場スタッフが情報にアクセスできると言っても、経営⇒本部長⇒部長⇒課長⇒係長⇒スタッフという流れで又聞きできる状態では効果が薄い。なぜなら、情報を伝達する人が増えることで伝言ゲームのようになり、情報の密度・精度・鮮度が失われてしまうからだ。

　上記の理由で、全社員がなるべく同じタイミング・同じ情報にアクセスできる状態が求められ、それが、現場からのアイデア創出、現場スタッフの権限行使のための判断材料獲得につながる。

　では、「透明性」が実現されると、どのような価値がもたらされるのか。具体的に述べていこう。

「透明性」によってもたらされる価値・実現のポイント

●ミーティング時間の内、多くを議論の時間に充てることが可能になる

透明性が実現されることで、現場レベルのスタッフであっても経営会議の内容や予算状況などの情報にアクセスすることが可能になる。

実現方法はさまざまだが、社内のコミュニケーションツールやサーバーに格納しておくことで、ミーティングの時間を使って情報共有・伝達をすることもなくなり、議論すべき内容に時間を割くことができる。チームでは積極的に相談や合議が行われるため、この点においても透明性はチームにとって理にかなっていると言える。

●社内の専門家・ナレッジに容易にアクセスできるようになる

透明化を図るべき情報は、経営やお金の情報だけでなく、人材情報も対象である。会社に属する各従業員がどのような経歴を持ち、どんな専門性を持っているかについて、全社員がアクセスできる状態が理想である。

人材情報まで透明化されることによって、従業員が何か新しい分野に取り組む際、その分野の専門家が社内に在籍しているか探しやすくなる。そして、探し当てた従業員に相談したり、チームに巻き込んだりしながら、業務を推進していくことが可能になる。

このような状態が、社内の情報システム上で実現できていることが理想である。しかし、あらゆる人材情報について、最新の状態を保ちながらシステム上で管理するのは、工数を要し、実現も難しいのが現状だろう。

そのため、理想像に向かうステップにおいて、どこの会社にもいる「情報通」を使うのがよいだろう。

具体的には、「情報通」の存在を把握するとともに、彼らが詳しい領域・分野・人脈を顕在化させながら、従業員と彼ら自身が気軽に情報共有できる関係性を構築するのである。

その他にも、過去、あるチームが取り組んでいた業務内容・事業の検討

内容を、ナレッジとして社内の従業員が見られる環境を整えておくことも重要になる。

　このように、人材情報や過去の業務内容・検討内容までを、全社員がアクセスできるように情報管理しておくことで、新しい分野に取り組む際の助けになる人材やナレッジにアクセスできるようになり、業務を推進しやすくなる。

　最後に、「透明性」についても、機能させるうえでの留意点と対処法を述べておこう。

「透明性」を機能させるための留意点と対処法

●社内ツールが混在しないようにする

　透明性を実現するためにデジタルツールを使うことは、最も効果的である。しかし、社内で使用するツールが混在してしまうことは避けるべきだ。

　資料の保存ツールやコミュニケーションツールが社内で統一されていないと、仮に参照権限が全スタッフに付与されていても、ツールの使い方がわからない社員は情報にアクセスできない。これでは透明性を実現しているとは言えない。

　情報共有ができるITツールは種々あるが、果たせる機能自体は似ており、どのツールであっても透明性をかなえることができる可能性が高い。

　また、直感的に操作できるツールも多く、慣れればどの社員でも使えるようになるため、社内の情報管理ツールはぜひ統一することを推奨する。

●情報を開示していても、社員が認識していない可能性あり

　無事社内の情報管理ツールを整備し、権限設定も行った結果、ほぼ、すべての社内情報に全従業員がアクセス可能になったとする。しかしこれだけでは不十分である。すべての社内情報を「プッシュ型」で従業員に届ける必要はない。しかし、社員自身がほぼすべての社内情報にアクセス可能

であること、およびその情報がどこに保存されていて、どのように参照できるのかについては継続的に発信する必要がある。そうでないと、環境が整備されていたとしても、情報格差は解消されない。

●情報を開示するなら、本音を開示する

　個人情報や経営上秘匿性の高い情報以外でも、経営会議の細かな議論内容など、開示に抵抗感を覚える情報もあるだろう。だからと言って、経営会議の議事録を、当たり障りのない内容だけ残して開示しても、情報の受け手にとっては意味の薄い情報である。

　機密情報ではないが、共有することに抵抗感があるような、経営会議での議論内容を知っているか否かが、情報格差につながるのであり、それらの情報を開示するからこそ、従業員レベルでの意思決定の判断材料が組織の上層部と一致していく（ズレが縮小されていく）のである。

　情報に加工して開示するというような中途半端なことをすると、却って従業員から「会社が従業員を信頼していない」と受け取られることもある。

　それゆえ、情報はなるべく開示されていることが理想ではあるものの、開示リスクに対して慎重な組織なら、無理に透明性の実現を求めすぎないほうがよいだろう。

5. 共感～想い・志向の重なり合い

　ネットワーク型組織の構成要素である「**共感**」は、「**組織の目指す姿や価値観に対して、各従業員がどこか共感している／親和性を感じていること**」と定義している。ここで言う「組織の目指す姿や価値観」というのは、「ミッション・ビジョン・バリューやパーパス」のことだ。組織によって呼称は違うだろうが、共感を機能させるには、まず組織の目指す姿や価値観を明確に打ち出す必要がある。（図2-08）

　各従業員が組織の目指す姿や価値観を理解したうえで「共感・共鳴できるポイント」があることも必要だ。当たり前の話だが、社員たちは世の中に数多ある組織の中から、今在籍している組織を選んで入社している。少なくとも入社時は組織の目指すべき姿や求める価値観の一部に共感・共鳴していただろう。その共感・共感の度合いを、いかに維持・向上させ

図2-08　共感

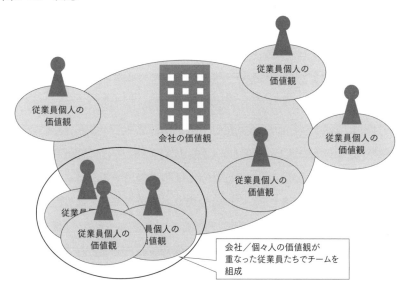

続けるかが鍵になる。加えて、各従業員同士が互いの想いや組織の目指す姿や価値観と、どう重なっているかを共有できている点も、ネットワーク型組織のチームにおいて重要になる。

このように、組織の目指す姿や価値観に共感し、従業員間で共有できていると、「この組織のために自分も何らかの貢献をしたい」という気持ちが芽生え、実際の行動に表出されることは想像に容易い。リーダーシップを発揮して業務を推進したり、フォロワーシップを発揮して他のメンバーを支援する行動などが挙げられる。ネットワーク型組織のチームにおいては、各メンバーがどちらの行動を取っても構わない。それぞれの属性を持つメンバーがチームを組むことでうまく業務が回るのである。

では、組織として「共感」が高いレベルで実現できていると、どのような価値をもたらすのか述べていこう。

「共感」によってもたらされる価値・実現のポイント

● **従業員の自律的行動が、会社が目指すべき方向性から逸れない**

ネットワーク型組織のチームでは、従業員の自律的行動で業務推進されていく。会社として目指すべき方向と、社員の自律的行動の方向は合致することが望ましい。こうした状態に至るには、源泉となる個人のミッションや価値観と会社の目指す方向が、できるだけ重なり合うことが必要になる。

会社としては「会社の目指す姿や価値観に共感しているAさんだったら、このプロジェクトを通して、会社の目指す方向性に向けて貢献してくれるだろう」という安心感が持ててはじめて権限委譲できる。

ネットワーク型組織では、人が目的のために集まり、達成すると解散する、流動性の高い組織運営が取られるようになる。つまり、「はじめまして」の状態から、いかに早く円滑に意思疎通を行えるようになり、業務を推進できるかが大事になる。

さらにネットワーク型組織では、メンバー同士の知見を掛け合わせた時、新たなアイデアの種が生まれるように、チームメンバーの能力・バックグラウンドなどは多様であることが望ましい。

多様なチームメンバーがいち早くチームとして調和し、業務推進できる状態になるには、会社の価値観が各人の「考えの軸」になる必要がある。

チームメンバーが会社の目指す姿や価値観に共感できる部分が似通っていると、共通のテーマになり、議論の拠り所にもなる。

●従業員が自律的行動を続ける「内発的動機」を担保できる

前述のとおり、従業員が会社の目指す方向性に沿う形で自律的に行動するには、「内発的動機」が必須になる。言い換えれば、「自分と価値観が合う」「この会社に貢献したい」「この会社で自分も結果を出したい」「やりがいを感じたい」と従業員に思わせる必要がある。

「従業員の自律的行動」と言うと、つい「いかに役割を自発的に行わせるか」に着目しがちだが、新たにチームを組成する面でも、自律的行動を重視すべきだ。なぜなら、多様なアイデアを生み出すために必要となる高いエンゲージメントは、「ボトムアップ」で組成されたチームでこそ発揮されるからだ。詳しく説明すると、会社や上司が事細かに定めた役割や業務内容を遂行していくだけでは、上位層の創造性・企画性に委ねられる。これは、アイデア・創造の幅が狭まる要因となり、ネットワーク型組織で向き合うような業務には悪影響である。

多様な価値観を持つ各従業員が、もともと個々人が持っている志を自覚し、想いやアイデアを表出させ、形にしていきやすい組織形態が必要である。それには、ミッションは会社から与えられたり、示されたものではなく、従業員個人からボトムアップで掲げられ、そのミッションに対して他の従業員が賛同することにより、自律的にチームを組成する動きを作っていく必要がある。このような形で組成されたチームにおいてこそ、各人

が想いやアイデアを自由に表出させ、形にしていくという、高いレベルの
エンゲージメントがかなえられるのである。

　では、実際に各従業員と会社の価値観や想いが深く重なり合っている
チームがどのような状態なのか、具体的な特徴を列挙してみよう。

● **価値観が似通ったメンバーが集ってチームが組成されている**

　従業員は自身の価値観と重なり、共鳴できる価値観を掲げる組織に属
する。前述のとおり、ネットワーク型組織のチームは、ミッションドリブ
ン的にチームメンバーの自発性に基づいてチームが組成される。

　もう少し詳しく説明すると、ある従業員が掲げたミッションに対して共
鳴し、解決に高い意欲を示すメンバーでチームが組成されるということだ。
似通った価値観を持つ従業員が集うことが、ネットワーク型組織におい
て、自律的に組織が機能していく前提条件になる。

　各従業員同士の価値観や、重なり度合いを共有することが重要になる
理由は、チームがミッションドリブン的に組成されるためであるが、ここ
で留意いただきたいのは、「価値観が似通ったメンバー」といっても、決
して似たような専門性、スキル、経歴を持つメンバーでチームを構成する
わけではない点だ。むしろ、「価値観」が共通の言語・ゴール・ルールに
なるため、専門性、スキル、経歴が異なる人材が、ともに業務を推進する
ことが重要になる。価値観の重なり合いこそが、多様なバックグラウンド
を持つ、人材の有機的な組み合わせを作るのである。

● **チームの意思決定の判断軸が、経営陣の意思決定の判断軸とほぼ一致している・**
　矛盾していない

　経営陣とチームの視座に違いがあるため、意思決定の判断軸を完全に
一致させることは難しいが、一致度が高ければ、価値観の重ね合わせは高
いレベルで達成できていると言える。

逆に、経営陣とチームの意思決定における判断軸があまりにも違うと、会社が目指したい姿の実現に、従業員の自律的行動が貢献しない可能性がある。現場では「顧客第一優先」で意思決定されている一方で、経営陣においては「利益第一優先」で意思決定されているようなケースだ。このようなケースでは、会社として進みたい方向性にチームの自律的行動は寄与しないだろう。

加えて、チームの意思決定の判断軸がチーム全員で共有できていることも、「共感を実現できている状態」と言えるポイントになる。

ここで言う「共有」とは、単に判断軸を情報として共有できているだけでなく、チームメンバー一人ひとりが意思決定する際にも同様の判断軸を用いられることを意味している。

この状態が実現できているなら、各チームメンバーが抱く「組織の価値観に対して共感できる部分」が近いということであり、高いエンゲージメントを期待できるだろう。

● 会社の目指すべき方向性や価値観に対して主体的に意見を述べ、全従業員でボトムアップ的に作り上げている

階層型組織では、経営陣のみで会社のミッション・ビジョン・バリューやパーパスなどが決まり、従業員に下りてくるケースが多いだろう。このような決め方の場合、従業員の価値観と大きく乖離したものができ上がるリスクがある。

一方、ネットワーク型組織を実現している会社では、従業員が会社の目指す姿や価値観について話す機会が多く設けられている。そのため、従業員同士で会社の目指す姿や価値観に対して意見を述べながら、自らの価値観との重なり度合いも高めていく。

このような場で従業員から挙がった意見を集めて、会社の目指す姿や価値観を作成・更新していくボトムアップ的な動きを取っているケースが

存在する。これはあくまで例に過ぎない。しかし、言葉として定められるものの、あまり社内に浸透できていないミッション・ビジョン・バリューやパーパスとは明らかに別物だということはご理解いただけるだろう。「共感」が実現できた状態をある程度イメージしていただけただろうか。

本項の最後に、そこに至るまでの難しさ・留意点と対処法について述べたいと思う。

「共感」を機能させるための留意点と対処法

● 一致を目指しすぎない、価値観を押しつけすぎない

従業員の自律的行動が会社の目指す方向性に沿うことは確かにベストだが、価値観の押しつけには注意が必要だ。当然ながら、人間は千差万別の価値観を持っているため、各従業員が会社の価値観に対して共感できない部分は出てくる。しかし、その状況を悪とし、無理に価値観を一致させようとすると、却ってエンゲージメントを下げてしまう。

そのため、会社が最終的に目指す姿や最も大事にしている価値観など、「会社の幹となるような部分だけ共感できていればよし」とするような、一定の価値観の違いを認められる会社と従業員の関係性がよいだろう。

加えて、自律的行動として、「どんどん自らリーダーシップを発揮して、業務を推進する」というスタイルのみを称賛し、促進させることにも注意が必要だ。前述のとおり、一種の起業家精神に近いようなリーダーシップを発揮できる人だけが、組織にいるわけではない。

会社の目指す方向性や価値観に共感しているが、自分がリーダーシップを発揮しながら貢献していくよりも、「価値観に共感できるこの会社で働くメンバーをサポートしたい」というフォロワー的な志向性を持つ人もいる。そのような人材もチームには必要不可欠であり、画一的なスタイルを組織が押しつけることによって、組織から人材流出するような事態は避けなければならない。

6. 信頼～リーダー・メンバーへの心理的安全性

「信頼」はフレームワークの1要素として存在しており、ネットワーク型組織に重要な要素である。

チームにおいて「信頼が実現できている」とは、階層や年次などでの上下関係（パワーバランス）がなく、誰もが一人のプロフェッショナルとして対等な関係を築き上げているということだ。（図2-09）

この関係性によって、安心感を持って発言したり、自律的な行動を取ったり、協力の依頼を出せる。そして、表出された各々の持つ多様な考え・アイデアを、皆で議論・磨き上げることで新たな価値創出につなげる。

この「信頼」を高いレベルで実現するためには、「組織にありがちな従業員の自律的発言・行動を阻害する心理的要因をいかになくすか」が大事である。この心理的阻害要因として主たるものは、「失敗に対する恐怖」

図2-09 信頼

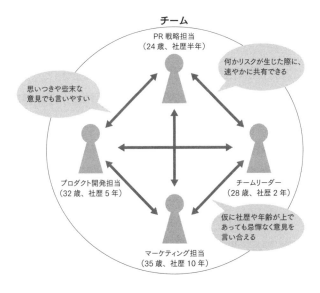

と「頑張ってもムダ」マインドである。ここからはそれぞれの心理的阻害要因にフォーカスを当てながら、実現のポイントを述べていく。

「信頼」によってもたらされる価値・実現のポイント

● 失敗に対する仕打ちへの恐怖をなくす

「失敗に対する恐怖」とは「自分が失敗をしたら、受けることが予期される仕打ちに対する恐怖」である。

ここで言う「仕打ち」とは、報酬のカットや昇格の遅れといった物理的な仕打ちだけでなく、人間関係の悪化や叱責を受けるといった心理的な仕打ちも意味している。

これまでは皆が同質の業務を行っていたため、各タスクにおける正解/不正解が明確だった。業務には必要要件があり、それを全方位的に満たすことこそ正であるため、減点がないことが求められていた。

しかしこれからは、先行きが見えない中、会社として進むべき道を切り開いていくことになる。これには各人の多様性を強みとして活かしながら業務を進めていくことが不可欠で、各々の専門性を認め、評価することが必要になる。

こうした時代背景において、ある従業員の行動・結果を断面的に捉えて、「失敗」という烙印を押し、叱責したり、悪い評価を下してしまうとどうなるだろう。おそらく、ほぼすべての従業員が失敗に対する仕打ちへの恐怖心を芽生えさせ、「次は失敗しないように」「次は怒られないように」と行動するだろう。これは、「正解がある程度見えている仕事を行う（＝挑戦しない）」ということだ。

正解がある程度見えている仕事というのは、方法論が世の中に出回っているアイデアであり、ネットワーク型組織に期待する創造性の高い仕事には当てはまらない。加えて、正しさが保証されるまで意思決定を先延ばしにする動きも想定される。

しかし、「昨日の正解が、今日は不正解かもしれない」と表現できるほどに変化の早い今の時代で、そのような動きは社会の変化から遅れを取ることになる。これでは、ネットワーク型組織に期待される、常に先手を打って創造性の高い成果を上げることは実現できない。

　まとめると、失敗に対する仕打ちへの恐怖が組織に存在すると、挑戦が生まれなくなったり、スピード感が鈍くなってしまう。失敗に対する仕打ちへの恐怖がない組織を作ることが、従業員の自律的行動を促進することにつながるのである。

● 「頑張ってもムダ」マインドをなくす

　ネットワーク型組織では、時限的に組成されるチームの中で、協力し合いながら仕事を行っていく。年次・経験に関係なく、プロジェクトリーダーを任されることも多い。

　そうした中、ネットワーク型組織のリーダー（例えば、Aさん）は、階層型組織のリーダーのような指揮命令ではないコミュニケーションで、他メンバーに動いてもらうことが必要になる。そのような時に他メンバーが、「Aさんはまだ経験が浅いから信用ならない」と言って非協力的な姿勢を取ると、どうなるだろう。

　まず、そのプロジェクトは、協力者（＝人手）が不足し、うまくいかないだろう。影響はそれだけでは済まない。

　Aさんは、「いくら自分が会社の想いを実現するために自律的に動いても、誰も協力をしてくれない。だったら、もう自律的な行動なんて疲れるだけだからやめてしまおう」という思考に陥ってしまう。つまり、「どうせ私が自律的行動をしてもムダだ」というマインドが醸成され、自らの行動を自制するという影響が出てしまう。

　このような事態を防ぐため「信頼」は不可欠になる。本ケースにおいても、Aさんの能力や性格を認識し「彼はまだ経験が浅いものの、どうにか

協力できるように、まずは話をきちんと聞いてみよう」と、年次や経験に関係なく相手をリスペクトする姿勢があれば結果は大きく変わる。人手不足は解消され、プロジェクトも円滑に進めることができるようになる。

　しかし、それよりも大きな結果が生まれるのは、Aさんが「この組織では年次や経験に関係なく、自分がしっかりと考えた意見や行動は、他メンバーから尊重され、協力しようとしてくれる」と感じられる点だ。

　こう感じてもらえることで、次にAさんが課題意識を持った際も、率直に意見し、自律的に行動することができ、他メンバーに協力を仰ぐことができる。これは、仮に他メンバーが話を聞いたうえでプロジェクトに協力できなかったり、結果的にプロジェクトが途中で頓挫してしまっても同様だ。

　まとめると、「信頼」があることで、従業員の自律的発言・行動を阻害する心理的要因をなくすことができるため、ネットワーク型組織には必要な要素になる。

　では、「信頼」が高いレベルで実現されていると、どのような価値がもたらされるのか、具体的な特徴を列挙してみよう。

●ミスをした可能性を認識した時点で他メンバーへ報告される

　これは「失敗を叱責されることがない」という安心感と、「失敗を報告したらチーム全員で責任感を持って対策の検討を支援してくれる」という2種の安心感が社内に浸透してはじめて実現される。

「ミスの被害をどれだけ抑えたか？」というリカバリー力は、当事者の会社・個人の信用に大きく関わる。ミスの被害を最小限に抑えるには、早期に対策を講じる必要があるため、早めの報告が必須になる。

　ミスに関する報告した際には「誰が悪いのか？」と責任の所在を探すようなコミュニケーションのみが取られる状態はよくない。「どうすれば被害を最小限に抑えることができるか」がすぐに合議されるべきだ。

●経歴や年齢、役割などに関係なく意見が言える（会議で全員が忌憚_{きたん}なく発言している）

「上位者は正しい」という幻想がなく、社員全員の意見に対するリスペクトを各従業員が有し、意見を言いやすく感じさせる「聞く態度」が浸透して、はじめて全員が忌憚_{きたん}なく発言できる環境を作れる。

このような環境を形成するためには、上位者に意見しても、その後の仕事（役割、責任、権限、評価）・人間関係に何らかの悪影響が及ぼされる心配がないことが重要だ。

●目の前の業務・タスクに留まらず、将来起点のビッグビジョンや夢想話ができている

「信頼」が高いレベルで実現されているチームでは、社員同士が互いの意見を尊重し合っている。それは業務に関わることでも、プライベートな話でも同様だ。後者の趣味嗜好といった話はもちろんのこと、自らの価値観も自然に開示できるくらいの信頼関係を築くことができれば理想だ。

そうすることで、互いにどのようなモチベーションで仕事をしているのかが把握でき、より円滑にコミュニケーションを取りながら仕事をすることも可能になる。

さらに、互いの深い部分を語り合えると、そこから将来起点でのビッグビジョンや夢想話も対話できる。このようなビッグビジョンや夢想話は、チームが取り組むべき課題とマッチしたり、新しい課題の発見につながったりすることもある。

「信頼」はどの組織にも重要な要素であるが、ネットワーク型組織において、とりわけ重要な要素であることは理解いただけただろう。ただ、自組織で信頼を高めようとする場合、これから述べる点に留意しながら推進していただきたい。

「信頼」を機能させるための留意点と対処法

●無理に焦って信頼を高めようとしない

　ネットワーク型組織に限ったことではないが、人間同士の信頼関係は一朝一夕で築けないことはおわかりいただけるはずだ。

　大前提として、信頼を実現するにはコミュニケーション量が必要になる。そのため、公私ともコミュニケーション量が少ないまま、無理に距離を縮めて信頼を築こうとしても逆効果で、コミュニケーション量の多さという前提を踏まえたうえで、チームの現在地を認識する必要がある。

　その際、用いる軸は各社で差が生まれるだろうが、例えば、タックマンモデルに用いられるステージ定義を意識することが有効だろう。つまり、形成期（フォーミング）⇒混乱期（ストーミング）⇒統一期（ノーミング）⇒機能期（パフォーミング）⇒散会期（アジャーニング）の中で、自チームがどのステージにいるのか明確にしておくのである。

●年長者や経験者によるサーバントリーダーシップの発揮が効果的

　ネットワーク型組織では、チームが組成を繰り返す中で都度、プロジェクトをリードする役割を持つメンバーが変わる。決して、年長者や経験者が優先してリードするわけではなく、経験の浅い人がリードすることもある。その際、年長者や経験者は「サーバントリーダー」として周りの能力を引き出すように振る舞うことで、上下関係を感じにくい空気を醸成できる。その空気感が充満してようやく、目指すような全員が相互に忌憚ない意見を言い合える状況が作れる。

●適度な緊張感もある関係性を構築する

　心理的安全性という言葉が流行したタイミングでよく話題に挙がったが、経歴や年齢、役割などに関わらず、自らの意見を発言できる環境というのは、怠惰な業務姿勢や低質な成果物が見過ごされるという「甘い」環境

を言うのではない。お互いを信頼しながら、不適切な業務姿勢や成果物は見過ごさない、適度な緊張感が必要になる。

　適度な緊張感を醸成する工夫として例を挙げるなら、OKR（Objectives and Key Results: 目標と成果指標）をチームで開示する施策が効果的だろう。

　自らが立てたOKRに見合うような活躍をしているか否かは、他メンバーもはっきりとわかる。

　他メンバーはそれに対して叱責などはしないが、アドバイスという形で支援できる関係性を構築できているとよい。そのような職場環境においては、社員が一定の危機感・緊張感を保ちながら仕事に取り組むことが期待できるだろう。

7. つながり〜メンバー間の有機的な関係

　本書では、「**つながり**」を「**メンバー同士のつながり**」と定義しており、部署・階層・会社を超えて、従業員同士が「対話」によって有機的につながっている状態がネットワーク型組織では重要になる。

　ここで言う「有機的につながっている」とは、社員が感じる現場の感覚値（アイデアのきっかけになるような1次情報）やアイデアが自由に交換されているということである。

　具体的には、アイデアの種を持っている人、それを種として認識し、議論の俎上に上げられる人、種を芽にしたり花を咲かせたりするための道筋を描ける人など、多様な特性を持つ人が掛け合わさる環境だ。このような特性を持つ人や意見が掛け合わさる環境が用意できてはじめて、新たな価値創出が可能になる。（図2-10）

　実際に、Googleでも自分の仕事とは関係ない人との会話が、優れたアイデアを生むきっかけになることがあると考えている。そのため、「食べ物

図2-10　つながり

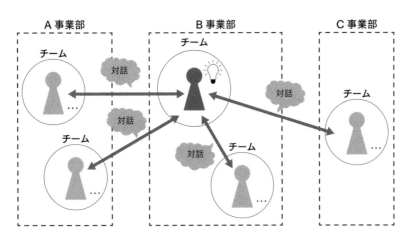

まで150フィート」というルールを作り、会話が生まれやすい「食」のスペースにオフィスのどこからでも150フィート以内でたどり着けるよう、オフィスをデザインしている。「食」のスペースでは、ただアイデアや意見を交換するだけでなく、プライベートの話もしながら関係性を深めているだろう。公私を問わず、対話を濃い密度で交わすことが大事なのだ。

　では、「つながり」が、創造性の高い組織で必要になる理由は何だろうか。それは、情報として正式にチームで共有するに至っていない現場の感覚値やアイデアが、特定のメンバー間で自由に交換されることで、創造性が刺激され、イノベーション創出のきっかけになるためだ。

　そもそもアイデアというのは、全くの0から作られるものではなく、複数の考えが融合されて生まれるものである。USJを再建したことで有名な森岡毅さんは、「すべてのアイデアはよく分析してみると、過去に自分がふれてきた人様のアイデアの『断片』の組み合わせでしかない場合が多い」とおっしゃっているが、まさにそのとおりだ。

　デジタル化以前の時代では、人様のアイデアや自身の経験を組み合わせてアイデアを生み出したり、意思決定したりする仕事は、年長者・上位者が行っていた。なぜなら、階層型組織の構造上、彼らにアイデアの源泉や意思決定のヒントになる情報が集まるからだ。

　しかしデジタル時代に突入すると、情報過多になり、上位者は変化の最前線の情報を追いきれなくなった。一方、デジタルツールが普及したことで、もともと変化の最前線の情報を持っていた従業員は、必要とあれば、より多くの情報にアクセスできるようになった。

　こうして、各人の持てる情報の量・性質に違いが生まれる中で、各々の専門性が形成されていく。そんな多様な専門性を持つ人材同士が、対話・交流することで、専門性（エッジの効かせ方）の異なる意見が組み合わさり、

結果として、新しいアイデアが生まれる。

　この「対話・交流」である「つながり」が、創造性の高い業務に取り組む組織には必要不可欠になる。

　では、「つながり」が高いレベルで実現されると、どのような価値がもたらされるのか、具体的な特徴を列挙してみよう。

「つながり」によってもたらされる価値・実現のポイント

●チーム内外問わず「各従業員が何に詳しいか?」「どのような仕事をしているか?」という情報が、対話を通して常にアップデートされている

　前述のとおり、「透明性」が実現できると、各従業員の経歴や専門性がある程度把握できる。しかし、より細かい粒度の情報が対話を通じてやり取りできている状態こそが、「つながり」の理想である。

　具体的にやり取りされるべき情報としては、対話相手が直近で取り組んでいる業務内容や困りごと、生まれている仮説などだ。

　これらの情報はまだ、情報としての妥当性が不確定な一方、ネットワーク型組織で取り組むような、正解がない課題には有効なものになり得る。そうした感覚的な情報の中にアイデアの種が眠っているからだ。

　まとめると、「つながり」は創造性の高い業務を行ううえでの起点になり、アイデアを思いつく段階で重要な要素になる。そして、より幅広い範囲で、感覚値レベルの細かい情報まで頻繁に交換されている状態が望ましい。

　最後に「つながり」を実現するための留意点と対処法を紹介しよう。

「つながり」を機能させるための留意点と対処法

●会社として、つながりが醸成されるような仕掛けを設ける

　「つながり」はあくまでメンバー間同士の良好な関係性の上に成り立つため、最終的には個々人同士の価値観が合う・合わないの話になってくる部分である。

しかし、「最終的には」に至るまでの段階、つまり「はじめまして」から互いの人となりを知るに至るまでの仕掛けは、組織として促進するべきだ。

　やり方は各社で取り組まれているが、社内の懇親会だったり、コミュニケーションツールに趣味を語る場を設けたりするのが有効だろう。

　ただし、一定の関係性ができ上がると、特定のメンバーを囲い込むような人が出てくることにも注意が必要だ。

　つながりは、多様な専門性を持つ人材が対話することによってはじめて、高い価値を発揮するものであり、対話は複線化されればされるほど、そこから生まれるアイデアのバリエーションも増してくる。

　この点に留意しながら、従業員が多様な人材とつながりを築けるよう、組織として支援していけるとよいだろう。

ネットワーク型組織の実例イメージ

　ここまで、ネットワーク型組織を組成するうえで重要な7つの要素それぞれについて、詳しい定義から、効果、理想の状態、留意点まで述べてきた。

　では、これら7つの要素が網羅的に機能すると、組織としてどのような状態になるのかを本章の最後に示していく。

ネットワーク型組織の体制例

従業員の動き方の例

　各構成要素の説明で状態像を語ってきたが、すべてが実現されたネットワーク型組織（図2-11）のチームの一員として働くとなると、仕事のやり方がどうなるのかをイメージしやすいよう、実際にネットワーク型組織のチームで行われる会議の様子を紹介しながら、特徴を解説していく。

　前述（90ページ・「1.チーム」）のとおり、ネットワーク型組織を機能させるには「小集団でのスピーディ、かつ柔軟な動きを社内でいかに多く作るか」

図2-11　ネットワーク型組織の組織図

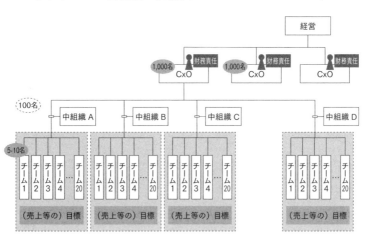

がポイントになる。身近な会議の例を通じて、その一端を感じ取っていただきたい。

　一見すると単なる「会議におけるテクニック」のように思えるかもしれないが、テクニックだけでうまく会議が進まないことは皆さんもよくご存じだろう。上下関係なく積極的に意見交換され、自律的に業務を進められるようにするには、表面的な「テクニック」ではなく、裏側にある「メカニズム」を理解することが重要だ。本ケースワークを通じて、そのメカニズムにもふれていただきたい。

ケースワーク

　Aさんは『ゲームを通して、すべての人に知的好奇心に溢れた日常を届ける』というミッションを掲げたゲーム会社に入社し、現在2年目。

　会社には大小さまざまな約50のチームがある中で、Aさんは『主婦向けの新しいゲームコンテンツを生み出す』という目的で組成された『主婦向けゲーム企画チーム』に所属している。

　チームメンバーは5人。全員が会社の目指す姿や価値観に共感して入社し、チームの目的にも共感している。

　例えば、Bさんは自らも子育てをしている主婦だが、家事・育児と仕事を両立しながら取り組んでいると、知的好奇心を促進させるような自分の時間は取れずにいた。そのような自身の体験を踏まえ、時間がなかなか取れない主婦でも簡単に知的好奇心を満たせ、人生を豊かにできるようなゲームの開発に興味を持っていた。

　Cさんは最近転職してきたエンジニアだが、これまでゲーマーが好む操作の難しいシューティングゲームの運用保守を主に経験していた。しかし、本人としては「より一般受けするゲームの企画をしてみたい」ということで『主婦向けゲーム企画チーム』に参加している。

そして当人のＡさんも「短時間で楽しめる、わかりやすい操作性を備えたゲームを生み出すことで、そのゲームを起点として、年代・価値観を超えたコミュニケーションを活性化させたい」という想いがあり、まずは経験を積むべく『主婦向けゲーム企画チーム』に参加している。

その他にも、キャラクターデザインに豊富な経験を持つＤさんや、営業経験のあるＥさんがチームメンバーだ。このような多様な人材が集まる『主婦向けゲーム企画チーム』では、毎朝１回、定例ミーティングがある。今日もその定例ミーティングが開催されるため、早速参加する。

Ａさん：「お疲れ様です」
Ｂさん：「Ａさん、お疲れ様です」
Ｃさん：「Ａさん、お疲れ様です。そういえば、昨日なんですけど…」

ミーティングは、いつも５分程度のアイスブレイクから始まる。この日はＣさんから「帰宅途中の出来事」についての話があった。

Ｄさん：「それではそろそろ議論をはじめましょう。Ａさんお願いします」

Ｄさんの仕切りでアイスブレイクが終了し、議論が始まった。Ａさんのチームの定例ミーティングでは情報共有の時間はかなり少なく、すぐ本題に入る。この日の議題は、Ａさんからの相談事項の討議だ。

Ａさん：「はい、投影した資料をご覧ください。今日、皆さんに相談したいのは…」

この日、Ａさんがチームメンバーに相談したかったことは、先日、他チームのメンバーとオフィスで会話した時に挙がったアイデアをもとにし

た、主婦向けゲームの広告戦略だった。Ａさんから相談事項の説明が終わると、次は議論時間だ。チーム最年少のＡさんがリードする広告戦略に関して、各チームメンバーがそれぞれ専門とする領域の観点から質問やアドバイスを行う。

Ｂさん：「主婦の目線から言うと…」
Ｅさん：「マーケティングの観点から言うと…」

これら、年次や経歴が上のメンバーから上がる意見に対して、Ａさんはすべて「はい」と受け止めるのではなく、不明点は質問したり、違和感があれば異を唱えたりしながら議論がなされた。

Ａさん：「今、いただいた意見を踏まえると、キャッチコピーの素案を作成していただける方の協力が必要ですね」

Ａさんの言葉に、チームメンバーのＣさんが反応した。

Ｃさん：「今、社内の人材を探してみたら、Ｆさんという方がコピーライターとして過去いくつもの案件に携わっているようです」
Ｂさん：「Ｆさんは、部門が違うので一緒に仕事をしたことはないのですが、ちょうど先週の社内イベントでお話しましたよ。期間限定でチームに協力していただけるか、私からＦさんに打診してみます。そう言えばその時、今抱えている仕事が来週で一息つきそうと仰っていました。本人から了承をいただければ、来週から早速チームに参加していただきましょうか」

Ｂさんにメンバーは「ありがとうございます、お願いします」と反応する。

Ａさん：「念のため、広告代理店にも問い合わせてみます」

Ｄさん：「ありがとうございます。おそらく今回のケースで言えば、100
　　　　万円程度ではないでしょうか。それであれば、われわれで決裁
　　　　可能ですし、コスト的にもギリギリ大丈夫だと思います」

Ａさん：「その他のタスクに関して役割分担はどのようにしましょうか。
　　　　市場調査やゲームショップの声の集約化も必要でしょうし」

Ｅさん：「ゲームショップの声の集約化は私がやります。営業として働い
　　　　た経験があるので、顧客がどのような想いを持っているか肌感
　　　　覚でもよく理解しているつもりです」

　Ｅさんが役割を自ら引き受けたことに続くように、他メンバーも挙手制
で担当役割が決まっていく。そのうえで余った業務に関しても、相談のう
えで担当者が決められていく。

Ａさん：「ありがとうございます。各担当で作業した結果は来週の定例
　　　　ミーティングで持ち寄って議論しましょう。私は皆さんからい
　　　　ただいた意見をもとに、案のコンセプトを決めたいと思います」

　Ａさんがこのように発言したタイミングで、ちょうど定例ミーティング
の終了時間が来た。

Ｄさん：「それでは今日のミーティングは以上です、ありがとうございま
　　　　した」

　短い例だったが、いかがだっただろうか。自社のミーティングと比較す
ると、近い部分もあれば、そうでない部分もあるだろう。

次に、今のミーティング例から、ネットワーク型組織のチームならでは
のポイントを抽出して、それがなぜ実現できているかを確認していく。

ネットワーク型組織としてのポイント

●『主婦向けの新しいゲームコンテンツを生み出す』という目的で組成された『主婦
向けゲーム企画チーム』

　これはまさに、「1. チーム」組成のされ方が明確に示されている。メン
バーも、チームの目的に共鳴する人で構成されており、人数は5名と小規
模だ。

　さらに、「期間限定でチームに協力していただけるか、私からFさんに打
診」という文中の言葉にも、チームの特性が含まれている。目的に応じて
組成されるのはもちろんのこと、必要に応じてチームの規模が大きくなっ
たり小さくなったりと、柔軟に変化できているからだ。

　このようにチームの柔軟性が高いからこそ、変化の激しい現代において
も柔軟に対応できるのである。

●全員が会社の目指す姿や価値観に共感して入社し、チームの目的にも共感している

　これは「5. 共感」の要素が実現できているからこそ生まれる特徴である。
各メンバーが異なるバックグラウンドを持っていたとしても、この会社の
目指す姿や価値観への共感という部分でつながっていることが重要だ。

　これにより、チーム全体での意思決定の判断軸が共通認識化できている
状態が生まれ、チームとして進むべき方向性を見失わずに議論できるので
ある。

●Aさんのチームの定例ミーティングでは情報共有の時間は少なく、すぐ本題に入る

　これは、「4. 透明性」が実現できているからこそできる。すなわち、チー
ムや組織で共有されるべき情報はすべて社内のコミュニケーションツール

や情報保管ツールで全社員がアクセス可能ということである。そのため、オンライン上の共有で十分な内容を、チーム全員が参加するミーティングの場で共有するというムダな時間を省ける。

　全員に共有すべき情報をオンラインで共有しただけでは全員が確認したかどうか不安な場合、共有した情報について、スタンプや返信を返すことをルール化すれば効果的だろう。

●年次や経歴が上のメンバーから挙がる意見に対して、Aさんはすべて「はい」と受け止めるのではなく、不明点は質問したり、違和感があれば異を唱えたりしながら議論がなされた

　ここは「6. 信頼」が実現できていることがわかる内容だろう。年次、経歴、役割に関係なく、忌憚(きたん)なく意見が出せるのは、意見を出すことによって評価が下がったり、人間関係が悪化する不安がないチームであるからだ。

●「今、社内の人材を探してみたら、Fさんという方がコピーライターとして過去いくつもの案件に携わっているようです」

　これは「4. 透明性」が実現できている証だ。社内人材の経歴や取得資格がオープンになっており、従業員が社内の人材検索ツールでアクセスできる状態になっているということである。

　このように、適切な人材がタイムリーに検索できると、後続の動きもスムーズになり、チーム全体としての俊敏性も高まる。

●「Fさんは、部門が違うので一緒に仕事をしたことはないのですが、ちょうど先週の社内イベントでお話しましたよ」

　この発言は、「7. つながり」を作れるよう会社が尽力しているからこそできたことだろう。社内イベントを実施し、部門横断でのコミュニケーションを促進させることで連携につながる。

●Eさんが役割を自ら引き受けたことに続くように、他メンバーも挙手制で担当役割が決まっていく。そのうえで余った業務に関しても、相談のうえで担当者が決められていく

　これは「3. 整合性」が効果的に機能していることを現している。役割・責任・権限・評価が一貫しているため、主観・客観のどちらにおいても、「誰が、どのようなタスクを行うか」が明確なのである。

　挙手の末に余った業務に関しても、相談の時間を設ければ担当が決まっている。これは「個人よりもチームの成果が評価につながる」という制度が組めていると、より顕著に表出される行動だろう。

●「期間限定でチームに協力していただけるか、私からFさんに打診してみます。そう言えばその時、今抱えている仕事が来週で一息つきそうと仰っていました。本人から了承を頂ければ、来週から早速チームに参加いただきましょうか」
「おそらく今回のケースで言えば、100万円程度ではないでしょうか。それであれば、われわれで決裁可能ですし、コスト的にもギリギリ大丈夫だと思います」

　これは、両者ともに「2. 権限委譲」の特徴が表れたフレーズだ。

　前者は「ヒト」についての権限委譲を表している。

　ヒトのアサイン・異動の権限がチームや個人にあることで、当人同士のコミュニケーションでアサインが決まる状況を生み出せている。

　場合によっては、中組織長（182ページ）との調整が必要になることも考えられるが、柔軟なチーム編成の組み換え（人的リソースの融通）をチームメンバー主導で行えている。

　後者は「カネ」についての権限委譲を表している。

　一定範囲内の金額においては、チームや個人で決裁可能ということだ。ただし、決裁可能だからと言って湯水のごとく予算を使ってよいわけではない。適正な支出かを自己判断できるよう（支出に対する「ブレーキ」を利かせられるよう）、「カネ」についての権限と「コスト責任（P/L責任）」はセットで与えることが重要だ。

本節では、ネットワーク型組織を有効に機能させるためのフレームワーク、およびフレームワークを構成する各要素の詳細を述べてきた。

　ここまで読まれてきて、フレームワークの各要素の内容や必要性は十分に理解したものの、「実際に自社の組織に、どうすれば取り込んでいけるのか」と思われているのではないかと推察する。

　次節では、ここまで述べてきた要素を取り込んだネットワーク型組織の実装方法について述べていく。

02 | ネットワーク型組織設計の アプローチ

組織設計概要

　ここまで、新規事業創出やイノベーション促進のための、ネットワーク型組織に求められる要諦を見てきた。ネットワーク型組織による価値の生み出し方や日常の動きの変化について理解していただけたと思う。

　同時に、「果たして、このような状態を実現していくためには、どのようにしてネットワーク型組織を構築していけばよいのだろうか」という疑問が生じたのではなかろうか。

　ネットワーク型組織を設計するにあたって、大きな進め方の流れとしては一般的な組織設計と同様であるものの、押さえるべき点をしっかりと捉え、実装していくことが重要である。

　そこで本節では、ネットワーク型組織を導入するための手順や、注力すべきポイントを見ていきたい。

　実際、ネットワーク型組織を構築していくにあたっては、課題感の大きさや現行組織からの変化の度合いに応じて、取り組むべき順番や内容の程度感はさまざまであるが、ネットワーク型組織として組織設計するうえで押さえるべきポイントは、本手順に沿って進めていただければ、きちんと押さえられるようになっている。

設計アプローチの概要

　前節で示した、フレームワークの各要素を取り入れてネットワーク型組織を構築するうえで、フォーメーション面とケイパビリティ面に分けて検討・実装していく必要がある。（図2-12）

　フォーメーション面では、組織を形作るための組織構造や権限・責任などを構築していく。続いて、ケイパビリティ面では、構築した箱の中で各人がイキイキと働くことができるよう、人にフォーカスした考え方や、チームとしての人材の組み合わせ、人材マネジメントや人事制度などの仕組みを設計する。（146ページ・図2-13）

　まず、フォーメーション面における組織づくりは、以下、5つのパートによって進める。

図2-12　フレームワークとの対応関係

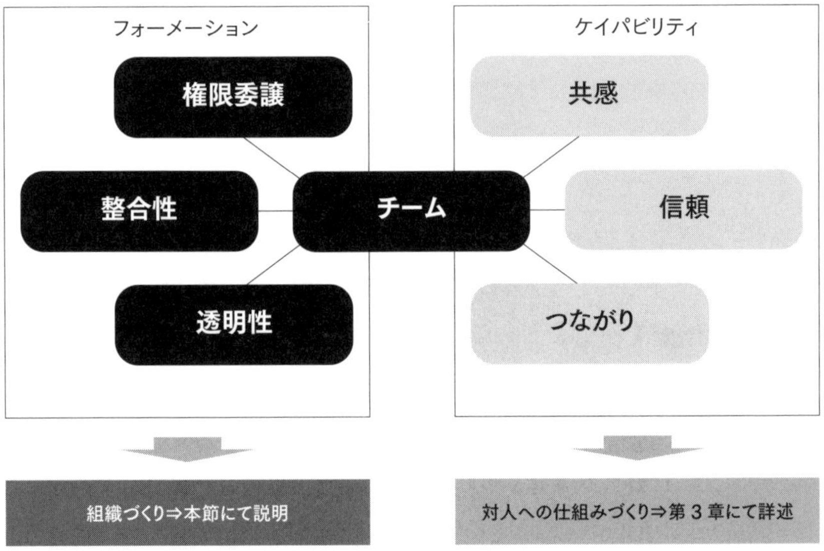

フォーメーション		ケイパビリティ
権限委譲		共感
整合性　チーム		信頼
透明性		つながり
組織づくり⇒本節にて説明		対人への仕組みづくり⇒第3章にて詳述

パート1：目的の明確化

　組織設計によって得たい果実（目的）と、目指す組織の姿（ビジネス・業務・人の動き方など）を明確にするとともに、組織設計のアプローチ・論点を特定する。

パート2：組織構造設計

　前提になる事業・機能・地域の関係整理と機能配置を行い、目的が実現できるようチーム組織の配置・体制・レポートライン（指揮命令や情報共有の経路）を設計する。

パート3：権限設計

　チームが各々のミッションに向かって自由闊達に動けるため、委譲されるべき権限の整理と、その際のヒト・モノ・カネ・情報の取り扱い方を明確にする。

パート4：責任・評価設計

　組織・チームの実行力を高めるため、チームや個人への責任の持たせ方や、一貫性ある役割・責任・権限・評価のあり方を構築する。

パート5：情報基盤構築

　スピード感ある付加価値創出に向け、情報の対称性（一部の当事者だけに情報を偏在させない）を担保するために、必要な時にはリアルタイムで情報にアクセスできる仕組みを整備する。

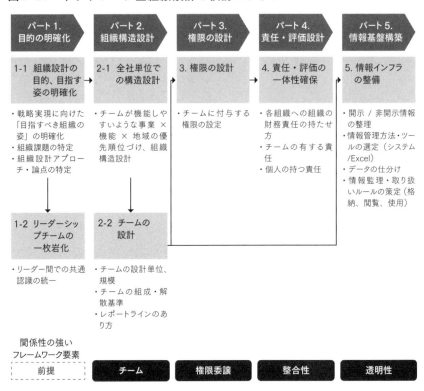

図2-13 ネットワーク型組織設計の検討ステップ

各パートの構成

以下の構成に則り、各ステップにおける実装方法について説明する

- ポイント
- 目的・アウトプット
- 検討・作業の流れ
- 作業手順
- 留意点

パート1. 目的の明確化

　まずはじめに検討すべきは「なぜ今、このような組織改革を行うのか」という目的を明確化し、きちんと言語化しておくことである。組織を変革することは、企業においてとても大きな変化である。

　従業員個人の視点から見ると、頭では、「世の中や社会の変化に対応していくため、会社として一定の変革をしなければならない必然性」を一定程度理解しつつも、自身の労働環境や処遇への影響も小さくないため、変革自体に不安や疑問を抱いてしまうことはよくある。

　変革を進めていく中で、さまざまなステークホルダから組織改革の必要性を問われたり、現状維持を志向し、変革へ抵抗する動きを取られたりする局面もたびたび生じてくるであろう。

　こういった人々に対して、単に「組織を変革する」という説明のみでは理解・納得してもらいづらく、変革に巻き込むことは難しい。

　そうした状態に陥らないためには、「ネットワーク型組織への変革をなぜ今、行う必要があるのか」「ネットワーク型組織へ変革することによって会社や従業員（あるいは自身）はどのように変わっていくのか」「変革を推進していくにあたって、わかりやすい御旗は何か」に対して、きちんと見解を定めるとともに、明文化しておく必要がある。

　組織変革は、導入してから成果として目に見えるまでに一定の時間を要するため、途中で検討目的や方針がブレてしまわないための拠り所となる骨太な意義がとても大切になる。

　組織設計の目的を言語化するにあたっては、経営戦略・事業戦略を「インプット」としながら、戦略実現に向けた、組織として、包括的な変化の方向性を示す形で記述することが重要である。「組織は戦略に従う（アルフ

レッド・チャンドラー）」とも言うとおり、世の中の環境変化に適応するための戦略遂行が、組織としての存在意義そのものであるため、「組織変革の目的」を定めることは必須である。

一方、組織の「箱」を変更すること自体が目的として語られることや、組織変更をはじめから所与のものとして議論が進むケースが多く見られる。

そうなると、小手先の変革に終始してしまい、結局、何のために多大なるコストを費やして組織を変えたのかよくわからなくなりがちである。

そうならないために、「組織を機能させる各構成要素が、どのような状態になるか」という視点で目的を定義することが重要である。

パート1-1 組織設計の目的、目指す姿の明確化

ポイント

・「組織改革の目的」を明確にし、言語化する
・経営層をはじめとした社員が持つ「将来目指すべき姿」に対するWILL（意志）を引き出す
・検討開始時にキーマイルストン・スケジュールへ、組織課題や検討優先順位づけ、主要論点を落とし込む

目的・アウトプット

前述のように「なぜ今、このような組織改革を行うのか」という目的を明確化し、きちんと言語化しておくことが重要である。

今回のネットワーク型組織における「目的」とは、大きな成果・価値創造に向けたものを指す。

目先ではなく、壮大で達成できるかわからないものの、達成した時のインパクトが大きい目標やゴールであり、いわゆるOKRで言う「ムーンショット」に近い。それを「目的」として抱えると同時に、「5. 共感」（117

ページ）で述べたように、会社の中で偶発的なつながりを持続的に発生させていくには、組織の目指す姿や価値観に対して、各従業員が共感・親和性を持つ状態を作る必要がある。

それには、会社が最も大事にしている価値観など、「幹」になる部分を共感できていればよしとする、会社と従業員の価値観の違いを一定程度認められる中間的な目標を置いておくことが好ましい。

組織改革の「目的」を定めるうえで、「ビジネス上の必然性」と「既存の組織とは違うやり方である必然性」の2つが示されることがポイントになる。例えば、

- 近い将来、既存事業の成長限界が見えており、今から新しいビジネスを作る必要性が明確である
- これからの従業員の動き方として既存の枠を超えて、個人の発想力を主として動く必要がある
- 社内での有機的なつながりの促進には、縦割りの部署を超えた横串横断的な活動が必要である
- 日本ではなく、シリコンバレーでベンチャーとアライアンスしながら進める必要がある

といった形で、誰が見ても「必然性」が明らかなことが大切である。

イノベーション創出というと、どうしても新規事業創出にフォーカスして考えがちであるが、実際には既存事業をもとに、自主的な活動による展開余地を模索した上で、新たなサービス・事業が生まれることもよく生じている。

このようなケースを包含した形で、イノベーション創出に向けた基盤を形成していくことが必要である。

本検討を通じたアウトプットイメージ：①組織設計の目的

　中長期を見据えたビッグビジョンやメガトレンドを踏まえ、「組織設計の目的」および「組織がどのように機能している状態を目指すか（目指すべき組織の姿）」を明文化する。（図2-14）

図2-14　組織設計の目的

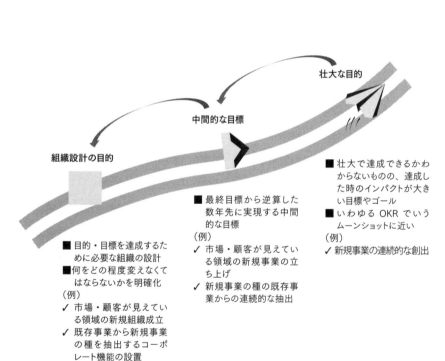

本検討を通じたアウトプットイメージ：②組織設計のロードマップ

　抱えている組織課題の大小、過去の課題解決プロセスや改革局面における、進め方の特徴（成功・失敗事例）、組織の意思決定の癖などを踏まえ、組織設計アプローチを作成する。

　各課題に対する主要な論点を特定し、次パート以降で詳細検討するうえでのインプットとして活用する。

　こうした組織設計アプローチや中長期的なマイルストンを踏まえて、ロードマップとして整理する。（図2-15）

図2-15　ネットワーク型組織設計のロードマップ

		202x年度											
		4月	5月	6月	7月	8月	9月	10月	11月	12月	1月	2月	3月
目的の明確化	組織設計の目的、目指す姿の明確化	戦略実現に向けた「目指すべき組織の姿」の明確化		組織課題の特定　組織設計アプローチ・論点特定									
	リーダーシップチームの一枚岩化			リーダー間での共通認識の統一									
組織構造設計	組織全体の構造づくり				事業×機能×地域の優先順位づけ、組織構造設計								
	チーム				チームの設計単位、規模	チームの組成・解散基準　レポートライン							
	権限付与							チームに付与する権限の設定					
	責任・評価設計					各組織への財務責任の持たせ方	チームの責任　個人の持つ責任						
	情報基盤構築								開示/非開示情報の整理　情報管理方法・ツールの選定	データの仕分け　情報整理・取り扱いルール			

検討・作業の流れ

① 経営インタビューの実施
②「目指すべき組織の姿」の明確化
③ 組織課題の特定
④ 組織設計のアプローチ・論点の特定

作業手順① 経営インタビューの実施

目的と概要

　会社として、新規事業やイノベーション創出を通じて生み出したい価値や目指すべき方向性に関する、経営層をはじめとした社員の想いを引き出す。

　数年単位での目の前の課題感ではなく、十年単位で物事を捉えた自社の位置づけや、世の中への価値貢献のあり方など、既存のリソースやナレッジでは困難であったとしても、各々が持つWILLを引き出すことが重要になる。

インプット

・ 社会、業界の動向を示すメガトレンド、社外情報機関が発信しているレポートなど

手順詳細

　まず、ネットワーク型組織を構築するにあたり、方向性を示すのに必要なステークホルダを選定する。選定の際には、会社として目指すべき姿を抱いている可能性が高いことを判断軸とし、選定していく。

　具体的には、会社の中枢に存在し、将来のことを構想しているであろう役員層や、目先の業績や施策に捉われずに物事を考えやすい経営企画などが該当する。

次に、選定したステークホルダにアポイントメントを取り、インタビューを行う。フォーマットにしたがって、まとまった答えを聞き出すのではなく、対話をしながら、できるだけざっくばらんに彼・彼女らが思っていることを語ってもらいたいので、時間は最低でも1回あたり1時間は確保したい。インタビュイー（インタビューされる人）が心を開き、本音をさらけ出してもらうのが目的なので、インタビュワーの人数や人選も重要になる。

　公私ともにインタビュイーと距離感の近い存在、もしくは日頃、業務上の関係性がない外部人材を活用することで、社内ではなかなか言いづらいことを語ってもらえる環境を作る工夫も必要になるだろう。

　事前にインタビュイーに対して議事録や報告書にどこまで残すかを明確に伝えておくことも重要である。

　経営層に対しては、後で「リーダーシップチームの一枚岩化」（165ページ）を図るが、この時点でも大きくズレないよう、個々にインタビューすると同時に、経営ワークショップなどを開催し、集中討議の時間を作ることも有効である。日頃、どうしても眼前のビジネスを推進し、成長させることが中心になってしまう中、あえて将来構想を切り出して、膝詰めで話せる場を持つことにより、互いに思っていたことを共有しながら、会社として目指すべき姿を紡ぎ出していくことができる。

　そうして得られた各人の想いを、価値観/ビジネス/組織/人ごとに整理し、以降の検討インプットとして活用できるようにしておく。

作業手順② 「目指すべき組織の姿」の明確化

目的と概要

　手順②では、中長期を見据えたビッグビジョンやメガトレンドを踏まえ、「組織設計の目的」および「組織がどのように機能している状態を目指すか（目指すべき組織の姿）」を明確化する。

「目指すべき組織の姿」は、組織を構成する要素（経営体制、事業×機能×地域の構造、機能配置、レポートライン、KPI、権限、人事評価など）ごとの目指す状態を定義・記述しておくことで、手順②で実施する「組織課題の明確化」において、現状組織とのギャップを分析しやすい状態にしておく。

インプット

・ 中長期を見据えたビックビジョンやメガトレンド、各調査機関からのレポートなど

※新規事業創造やイノベーション促進に向けては既存の延長線ではなく、非連続な成長を志向するため、従来の外部環境分析のフレームワーク（例：3C分析、SWOT分析、5force分析など）といった一般的なインプット手法は適切ではない

・ 経営として目指すべき方向性や自社で生み出したい価値（作業手順①のアウトプット）

手順詳細

まず、新規事業創造やイノベーション促進に向けて、中長期を見据えたビッグビジョンやメガトレンドなどをインプットとしながら、手順①で集めた、経営として目指すべき方向性や、自社で生み出したい価値との関連性を明確にする。

ここで重要になるのは、中期経営計画や事業計画などの経営戦略・事業戦略だけではなく、より視野を広く、高くし、既存の状態に捉われず「あるべき姿」を構想することである。

どうしても既存の事業や組織、人材の延長で思考しがちであるが、そうすると視野が狭まり、結果としてできることも限られてしまい、イノベーションが生まれにくくなってしまう。いかにフラットに考え、定義できるかが肝になる。

具体的には、2030年や2050年といった10年超のポジティブ/ネガティブ両面を含めた世界の大きな流れを想定し、そこからバックキャストで

考えるとか、「未来のありようについて、どうなっていてほしいか」「どういうように作っていきたいか」から考えるなどの手法がある。

　次に、インプットした情報と手順①で集めた、「経営として目指すべき方向性や自社で生み出したい価値」をもとに、「あるべき姿を実現していくうえで、なぜ組織設計が必要か」「組織設計を通じて実現したいことは何か」といった「組織設計の目的」を改めて明確化する。

　目的を検討するに際しては、事業・機能・地域のうち、どの軸を中心とした経営・事業運営を行うべきかを検討することが、組織設計にあたっての事業・機能・地域軸の優先順位づけになる。

　業界や事業の特性（B to C / B to B、地産地消型ビジネス、バリューチェンが国をまたぐなど）と自社が抱える組織課題に応じて優先すべき軸を変える。

　最後に、「組織設計の目的」に照らし、組織構成要素フレームワーク（次ページ・図2-16）を活用しながら、組織を構成する8要素（①役割・責任 ②KPI・目標設定 ③レポートライン ④人事権・評価権 ⑤意思決定プロセス ⑥理念・バリュー ⑦組織風土 ⑧人材・ケイパビリティ）のうち、どの要素を検討すべきかの当たりをつけるとともに、各要素がどのように機能している状態が望ましいかの方向性を検討し、目指すべき組織の姿の素案を作る。

　これらの整理を行うことにより、結果的に「組織機能・構造ではなく、他の要素を見直すことを優先すべき」という結論が導かれることもあり得ることに留意する。

　目的だけでなく、構造・責任・権限などの大枠を初期討議することで、大きな方向性に対する経営メンバーのコンセンサスを、もう一段具体的に作っていくべく、本タイミングにおいて、概観でもよいので議論して決めていくことが重要になる。

図2-16　組織構成要素フレームワーク

組織設計の目的	顧客のニーズに基づくスピーディな PDCA サイクルを回すための現場への権限委譲と、調達・生産の最適化やコンプライアンス遵守のためのグローバルガバナンス強化の両立

	組織機能・構造	●各事業において地域ニーズに対応した顧客対応・商品設計が進むような組織フォーメーションになっている ●バーチャルな事業組織でも一気通貫の活動ができるよう、機能組織が事業組織に対応する構造になっている
組織を構成する要素	役割・責任	●事業・機能組織の役割・責任が定義されており、事業・機能の各組織間における役割の棲み分けが明確になっている ●事業で迅速に顧客対応を進めるチームリーダーの役割が明確になっている
	KPI・目標設定	●事業組織は P/L 責任を追求する KPI、機能組織は個別管理指標と P/L に寄与する KPI がそれぞれ設定されている ●事業・機能の各組織の KPI が階層間で整合している
	レポートライン・評価	●マトリクス組織で発生する指揮命令系統（縦軸）とサービス受給関係（横軸）の関係性が明確化されている ●縦軸の評価を"主"とし、横軸での満足評価も取り入れられている
	意思決定プロセス	●各事業間、事業・機能間、各機能間で発生し得るコンフリクトに対する調整プロセス・ルールなどが明確になっている ●事業で顧客対応を進めるチームに必要な意思決定権限が与えられている

作業手順③　組織課題の特定

目的と概要

　手順②で検討した「組織設計の目的」および「目指すべき組織の姿」に照らして、現状の組織状態を評価し、ハイレベルな組織課題を特定する。

　現状の組織を評価して課題を抽出するとともに、各要素間のつながりや根本原因を明確にする。本手順を通じて、組織課題の解決における優先順位をつけやすい状態にすることで、手順③でアプローチ・ロードマップを検討する際のインプットとして活用する。

インプット

・組織設計の目的・目指すべき組織（作業手順②のアウトプット）

- 各組織の中期経営計画など
- （過去に組織課題について検討したことがある場合）インタビュー結果や当時の検討資料など

手順詳細

　まず、手順②で作成した「組織設計の目的」と「目指すべき組織の姿」をインプットとして、思考の対立軸のフレームワーク（次ページ・図2-17）を活用して、現状の組織を評価・チェックする観点を整理する。

　業界における組織設計上のトレンドや他社事例なども踏まえ、課題抽出の観点を追加する（例えば、顧客ニーズに迅速に対応できる体制になっているかなど）。

　次に、組織課題抽出フレームワークに記載した評価・チェックの観点に照らして現状の組織を1つずつ評価し、各組織が抱えている課題を抽出する。必要に応じて、各組織のトップにインタビューを行うことで、当該組織が抱えている課題を抽出する。

　これらのインプットをもとに、組織課題の抽出・整理（159ページ・図2-18、160ページ・図2-19）を行う。

　特に、抽出された課題のうち、複雑なものについては、「組織を構成する要素がどのように関係しているのか」「課題の根本原因になっているのはどの要素か」などを明確にする。

　組織課題の抽出方法としては、組織を構成する要素から行う方法以外にも、「組織における特定のキーポストに対して、どのような人材が入り、その人材が周囲とどのようにコミュニケーションやコンフリクトを経て業務を行っていくか」というエクスペリエンス面から行う方法もあり、特に、ネットワーク型組織では、「人」を軸として組織の動き方を設計していくため、このようなアプローチが非常に有効になる。（161ページ・図2-20）

図2-17　思考の対立軸のフレームワーク

上段：「現状」に当てはまるものに“●”
下段：「ありたい姿」に当てはまるものに“○”

大分類		#	小分類	対立軸					
				A	選択肢				B
					Aである	どちらかといえばA	どちらかといえばB	Bである	
権限		1	メンバー選定/アサイン	チームメンバーは会社・上司が決定		●			個人の意志で所属するチームを選択
							○		
権限		2	予算や投資の意思決定	階層・ポジションに応じた権限ルール（上限金額）あり	●				階層・ポジションに応じた権限ルールなし（自由に予算を使えるものの、説明責任はあり）
							○		
人事制度	等級	3	等級有無・等級数	等級 / 階層が存在し、数が多い（等級数：4段階以上）	●				等級 / 階層がない、あるいは数が少ない（等級数：3段階以下）
					○				
人事制度	等級	4	等級と役割の関係性	等級に応じ、役割を付与する	●				資質・能力・経験等に応じ、役割を分担する
						○			
人事制度	等級	5	等級とマネジメントの関係性	マネジメントは“上”の等級の役割	●				マネジメントは必ずしも“上”の等級の役割ではない
							○		
人事制度	評価	6	評価目的	評価・フィードバックは給与決定のためにある	●				評価・フィードバックは社員の成長支援のためにある
							○		

全30問

ネットワーク型組織においては、人の組み合わせや、情報流通・交流に向けたハブ人材の特定などが重要になる。そのため、公式/非公式の組織間や個人間情報の流れ・つながりと状態（混ざり度合い、ハブ人材、孤立者など）を可視化し、それに伴う課題を顕在化・特定する「組織のネットワーク診断」を行うことも同様に有効である。（162ページ・図2-21）

図2-18　診断結果と要因・課題の特定

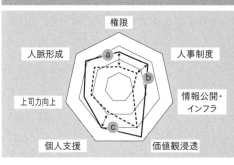

診断結果

※ 受領資料分析とインタビューをもとに、前ページの評価・診断を実施した結果をレーダーチャートで図示

※「現状」と「ありたい姿」の差分が大きな観点を対象に、課題を深堀し、基本的な組織・マネジメントの仕組みの骨格を設計する

Ⓧ：「現状」と「ありたい姿」の差分が大きな区分

―― ありたい姿

----- 現状

ギャップの要因、主要な課題・対策

a 権限	b 人事制度	c 個人支援
■ チーム / 特定の個人に権限を委譲したネットワーク型組織を志向しているものの、現状は予算・投資権限が管理職以上に集中しており、メンバーが主体的に事業を推進する機会が持てない ⇒ チーム / 特定の個人に予算を与え、自由に使える権限を与える（ただし、予算の使い方についてモニタリングできるようにする）	■【等級・役割】マネジメントは "上" の等級の役割と決まっているため、必ずしもマネジメント適性・志向のある社員がマネジャーを担うとは限らず、組織がうまく回らないケースがある ⇒ マネジメントは "上" ではなく、"役割の 1 つ" とすることで、スペシャリストとして価値発揮できる制度とする	■ 上位者 - メンバー間のコミュニケーションは、上位者からメンバーに対する「業績達成のための KPI 管理」が中心となっており、メンバーが歯車として 扱われがちであり、主体性を育めない ⇒ 社員の自律化を促進できるプログラムを実施するとともに、結果を踏まえた 役割の付与や、会社の目標と個人の価値観とをすり合わせるコミュ ニケーションを実施する

図2‑19　組織課題と対応の方向性

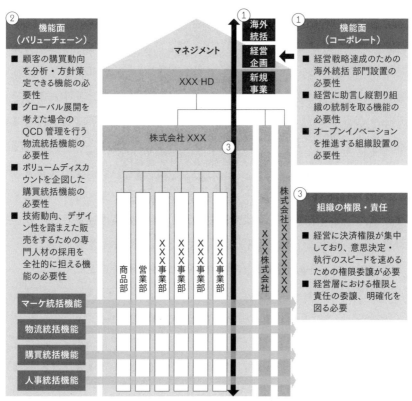

QCD管理：「品質・コスト・納期」管理

図2-20　エクスペリエンスから紐解く組織課題

開発は既存領域や内製技術にこだわる傾向が非常に強く、各事業の計画に対して難色を示すケースが多いため、市場のニーズに対応した製品供給が実現されないうえ、製品ポートフォリオも広がっていかない

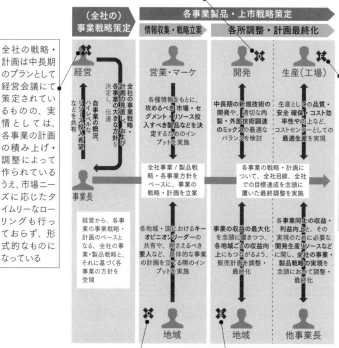

全社の戦略・計画は中長期のプランとして経営会議にて策定されているものの、実情としては、各事業の計画の積み上げ・調整によって作られているうえ、市場ニーズに応じたタイムリーなローリングも行っておらず、形式的なものになっている

各工場が自らのP/Lに対する責任を持たされているうえ、"地域色"が強く、事業の計画実現や、全社としての最適生産という視点がほとんど働かない（地域トップの意向が色濃く反映される）

地域が地域内のP/L責任を100%負っているため、あくまでも各地域の収益の最大化を念頭に置いた情報しか上がってこないうえ、事業長にも適切な判断をするための情報・能力が不足しているので、結局"声のデカイ"欧州・北米の要望実現に偏重し、グローバルレベルでの最適な計画にならない

事業と同じく地域もP/L責任を持っていて、どちらが最終決定権限を持っているのか決まってないので、結局、地域の声に対して事業が折れるパターンが多い

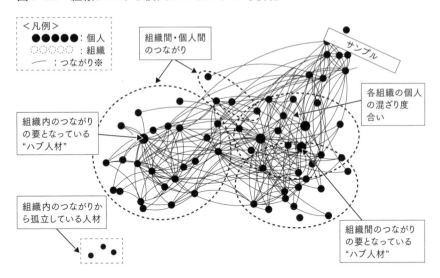

図2-21　組織における個人のつながりの可視化

\<凡例\>
●●●●● : 個人
○○○○○ : 組織
─── : つながり※

組織間・個人間
のつながり

サンプル

各組織の個人
の混ざり度
合い

組織内のつながり
の要となっている
"ハブ人材"

組織内のつながりか
ら孤立している人材

組織間のつながり
の要となっている
"ハブ人材"

作業手順④ 組織設計のアプローチ・論点の特定

目的と概要

　手順②で抽出された組織課題を踏まえ、検討対象とする範囲（経営体制を含む／含まない、全社 or 一部の組織など）と検討の優先順位を決定し、検討範囲内における主要論点を設定する。

インプット

・ 組織課題と対応の方向性（作業手順②のアウトプット）

・ アプローチを検討するうえで参考になる情報

　自社において過去に実施したプロジェクトのアプローチ（成功事例・失敗事例）、役員の巻き込み方、従業員の組織再編に対する意識、意思決定する際に見られる「癖」などの手順詳細

図2-22　課題の優先順位づけフレームワーク

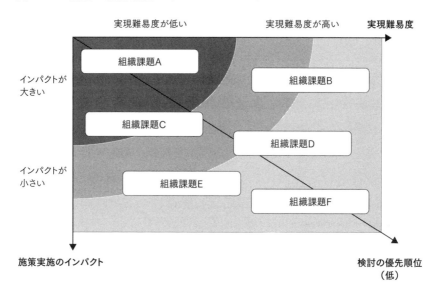

まず、検討範囲の特定と検討の優先順位づけの素案を作成する。この際、基本的には全社を検討範囲とし、経営執行体制⇒事業⇒機能⇒地域の順番で上位から検討することが一般的であるが、特定の役割を持った組織の新規立ち上げなど、特別な目的がある場合はこの限りではない。

検討順位づけが難しい場合、最終化した組織課題をインプットとして、主要論点の関係性や課題の優先順位づけフレームワーク（図2-22）を活用しながら、検討範囲・検討順位を策定することが望ましい。

次に、組織変革の主要ステークホルダを集めて、上で作成した検討範囲・順位を確認・議論しながら最終化する。この際、自社における過去の課題遂行プロセスや改革局面における進め方の特徴（成功・失敗事例）、組織の意思決定の癖などを踏まえ、組織設計アプローチを最終化する。

これらを踏まえ、手順②で実施したインタビューやディスカッションを

もとに、各組織課題に対する主要論点を洗い出し、パート2以降でのインプットに活用できるよう、資料として整理する。

留意点

　組織変革を検討する序盤では、「組織設計の目的」や「目指す姿」を簡潔で明快に示せるかが非常に重要である。

　ネットワーク型組織構築の目的は、新規事業創出やイノベーション促進であることが多く、既存のビジネスや組織形態から大きく形を変えるものである。

　同時に、時間軸としても短期では成果が見えにくい、中・長期視点の将来を見通した変革になる。

　その「将来像」を具体的、かつ簡潔に明文化できないと、多様なステークホルダが携わる組織変革において検討を進める中、必要性や意義をたびたび問われたり、現状維持バイアスが働き、場合によっては抵抗勢力が発生することも少なくない。

　事業側の視点から見ると、「業務が大きく変わらないのに、余計な手間が増える」と感じたり、局所的に見ると痛みを伴う場合があったりするからである。

　同様に、従業員にはなかなか変革の意義・目的が伝わらず、変革に対しての熱量が経営層と従業員間でずれてしまうと、従業員の動きが変わらなかったり、積極性が高まらず、想定していたほど変化しないという状態になり、結局、当初描いていた目指すべき姿へたどり着かない、あるいは到達スピードが大きく遅れてしまう可能性がある。

パート1-2 リーダーシップチームの一枚岩化

ポイント

- ステークホルダに目的を共有し、理解を勝ち取るとともに、協力を得る
- 「総論賛成各論反対」を避けるべく、対立軸で議論してコンセンサスを作るとともに、新規事業が生み出した価値の、既存事業への還元のあり方を明確にする

目的・アウトプット

　パート1-1（148ページ〜）で「組織設計の目的および目指す姿」を明文化したが、明文化された組織変革の目的が、経営の間できちんと合意されることも同じぐらい重要である。

　現場で変革への抵抗勢力が発生した際、改革に太い軸が通っていることに加え、経営が先導を切って進めていることが「御旗の錦」として掲げられれば、強い推進力を持って各所に、着実に、組織を変革させていくことができる。

　個々の従業員に対して、組織変革の必要性を理解・納得・実行してもらえるよう、先手を打って然るべき対応策を仕掛け、浸透させていくチェンジマネジメント（236ページ）を行うのと同時に、経営層からの発信やコミュニケーションを実施することにより、改革をスムーズに推進・実現していくことができる。

　一方で、経営者レベルでは、事業成長の方向性や必要な組織のありようについて、個人の信念、ポリシー、考えを、各々は強く持っていることが多い。そのため、全社最適に変革しきれず、どうしても自身の管掌領域を優先的に考えてしまう人間心理も働きがちである。

　全社最適で物事を進めようとした時、経営層の一枚岩化が実現できていないと、必ずと言ってよいほど個別最適で物事を推し進めようとする

経営者と従業員の間にコンフリクトが発生してしまう。

　経営層は個々人の想いが強く、自身のキャリアの源泉となる過去の成功体験もあり、譲れない部分も多い。そんな中、役員間での完全合意を得ることは、ほぼ不可能であるが、「大目的だけは一致する」「ポイントとなる要素3つのうちの2つまではきちんと合意する」など、検討のスタートとなるタイミングにおいて、可能な限りすり合わせ、一致させられるものは、この段階でやりきっておくことが重要である。

　そういった確認をしておかないと、後工程において必ずコンフリクトが顕在化し、炎上・遅延・頓挫することになるため、ワークショップをしっかりと複数回持ち、役員間での議論を重ねて方向性を定める必要がある。

　単に目的を理解してもらうだけでなく、変革をリードする人たちをきちんとプロジェクト化して取り込むとともに、コミットしてもらう必要がある。

　例えば、今後、ネットワーク型組織を立ち上げて動かしていく中で、今までのリソースや権限を棄損される可能性があることから、抵抗勢力になりそうな既存事業のトップや、社内でパワー・権限を持っている人に関しては、あらかじめ理解を迫っていく必要がある。

　場合によっては、あえて巻き込み、プロジェクトチームの一員として内側に入れることで、懸念材料を排除するのに加え、逆に推進力を高めるように動いてもらう試みも考えられる。

　一口に「ネットワーク型組織構築」といっても、さまざまなパターンがあることは、第1章「01 ネットワーク型組織の必要性が叫ばれる理由」（14ページ）でお伝えしたとおりだが、これ以降では、多くの企業において、今後、組成が想定される「特区としてのネットワーク型組織の構築パターン」として、設計アプローチを述べていきたい。

　なお、「全社としてネットワーク型組織へ変革するパターン」における独自のアプローチや留意事項に関しては、その都度補足していく。

検討・作業の流れ

① 対立軸を活用した経営内ギャップの特定

②「経営の一枚岩化」に向けた方針と阻害要因の解消策を特定

③ ステークホルダ別アプローチ

作業手順① 対立軸を活用した経営内ギャップの特定

目的と概要

「思考の対立軸のフレームワーク」（158ページ・図2-17）を活用した経営ワークショップによって、役員間で一致している「そぶり」と本音のギャップを可視化し、コンセンサスを作る。

インプット

・ 組織設計の目的、目指す姿（パート1-1 アウトプット）

手順詳細

「思考の対立軸のフレームワーク」を用いて、とことん議論しながら、役員間での現状の組織に対する認識ギャップ（一致しているところ、ずれているところ）を特定し、一定のコンセンサスを作る。

　ここでは、戦略・戦術ではなく、志向性や意識面での認識統一が目的であり、例えば、将来の姿に対して、「確実な成果」と「リスクある挑戦」のどちらが大事かを追求し、本音のギャップを特定することが重要である。

（次ページ・図2-23）

図2-23　役員間での認識ギャップの特定とコンセンサス

上段：各役員の「現状」認識をプロット
下段：事務局で議論した「ありたい姿」に“○”

大分類		#	小分類	対立軸 A	選択肢 Aである	選択肢 どちらかといえばA	選択肢 どちらかといえばB	選択肢 Bである	対立軸 B
権限		1	メンバー選定 / アサイン	チームメンバーは会社・上司が決定	xx さん、xx さん	xx さん、xx さん	xx さん、xx さん	xx さん	個人の意志で所属するチームを選択
							○		
権限		2	予算や投資の意思決定	階層・ポジションに応じた権限ルール（上限金額）あり	xx さん、xx さん	xx さん	xx さん、xx さん		階層・ポジションに応じた権限ルールなし（自由に予算を使えるものの、説明責任はあり）
							○		
人事制度	等級	3	等級有無・等級数	等級 / 階層が存在し、数が多い（等級数：4段階以上）	xx さん、xx さん				等級 / 階層がない、あるいは数が少ない（等級数：3段階以下）
					○				
人事制度	等級	4	等級と役割の関係性	等級に応じ、役割を付与する	xx さん	xx さん、xx さん		xx さん	資質・能力・経験等に応じ、役割を分担する
						○			
人事制度	等級	5	等級とマネジメントの関係性	マネジメントは“上”の等級の役割	xx さん、xx さん	xx さん	xx さん	xx さん、xx さん	マネジメントは必ずしも“上”の等級の役割ではない
							○		
人事制度	評価	6	評価目的	評価・フィードバックは給与決定のためにある	xx さん、xx さん	xx さん、xx さん	xx さん		評価・フィードバックは社員の成長支援のためにある
							○		

作業手順② 経営の一枚岩化に向けた方針と阻害要因の解消策を特定

目的と概要

　特定された経営内ギャップをもとに、経営の一枚岩化に向けた方針と阻害要因の解消策を特定する。特に、「総論賛成各論反対」を避けるべく、対立軸で議論してコンセンサスを作るとともに、新規事業が生み出した価値の、既存事業への還元のあり方を明確にする。

インプット

・役員間での現状の組織に対する認識ギャップ（作業手順① アウトプット）
・各役員の管掌範囲（組織図）

手順詳細

　まず、特定された経営内ギャップをもとに、経営の一枚岩化に向けた方針を明確化する。前項でも活用した「思考の対立軸のフレームワーク」をここでも用いながら、どちらの方向に進んでいくべきなのかを明確にする。

　次に、定めた方向性と現状とのギャップをつまびらかにする。特に、現状からの変化点が大きい部分に関しては、どうすれば目指す姿を実現できるかの「当たり」を、具体的にイメージできるようにしておく必要がある。そうでないと、意識としてはよいものの、いざ進もうとした際に、具体的事項の検討が捗らず、机上の空論と化してしまう。

　その際、既存事業vs.新規事業という対立軸だけでなく、新規事業によって生み出された価値が、既存事業に対して、どう還元されていくのかという論点をきちんと作り、すり合わせる必要性は非常に高い。

　なぜなら、こうした論点を明確にせず、曖昧なままで進めてしまうと、総論賛成各論反対状態になり、その場は収まるものの、結局、検討が詳細化していく段階、もしくは導入されて実行しはじめた後で、役員や既存事

業からの反発や抵抗が生まれてしまうことが往々にしてある。そのため、こ
れを事前に避けるべく、本タイミングにおいて論点化し、役員間できちん
と議論、すり合わせていく必要がある。

作業手順③ ステークホルダ別アプローチ

目的と概要

　手順②で経営の一枚岩化に向けた方針は定めたものの、各役員に対し
てきちんとコミットしてもらうため、それぞれに対してのアプローチを個
別に検討・実行していく必要がある。特に、抵抗勢力になりそうな既存事
業のトップや、社内でパワー・権限を持っている人に対しては、重点的に
取り込み方を検討していくことが成功へのカギとなる。

インプット

・ 経営の一枚岩化に向けた方針と阻害要因の解消策（作業手順② アウトプット）
・ 役員間での現状の組織に対する認識ギャップ（作業手順① アウトプット）
・ 各役員管掌範囲（組織図）

手順詳細

　まず、手順②にて経営の一枚岩化に向けた方針と、作業手順①の役員
間での現状の組織に対する認識ギャップをもとに、各役員の立ち位置を
明確化する。

　次に、ステークホルダ分析として、成功の鍵を握る利害関係者を網羅
的に把握する。「本検討の推進の中核となる人材」「適宜関与していけばよ
い人材」「抵抗勢力になりかねない人材」の3パターンに識別する。識別
する際は、会社内の序列や既存事業への影響度合い、発言力の強さなど
も考慮しておく必要がある。（図2-24）

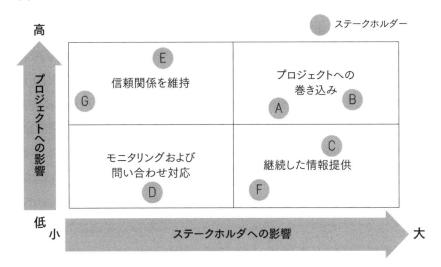

図2-24　ステークホルダ分析

　分析によって各役員の立ち位置が明確になると、パターン別にステークホルダへアプローチし、本改革に対して適切なポジショニングを取ってもらえるよう働きかけていく。

「本検討の推進の中核となる人材」には、強力な後ろ盾とすべく、プロジェクトオーナーや推進リーダーになってもらうよう働きかける。会社内でパワーのある役員が後ろ盾にいることは、プロジェクトを進めていくうえで非常に円滑、かつスムーズに推進できる。

　それと同様、あるいはそれ以上に懇切丁寧なコミュニケーションが求められるのは「抵抗勢力になりかねない人材」である。

　プロジェクトを進めるうえで、よりスムーズに推進していくには、「彼らをどのように理解させ、前向きになってもらえるか」にかかっていると言っても過言ではない。

　ネットワーク型組織を立ち上げ、動かしていく中で、今までのリソースや権限を棄損される可能性があるため、抵抗勢力になりそうな既存事業の

トップや、社内でパワー・権限を持っている人に関しては、あらかじめ理解を勝ち取る必要がある。場合によっては、プロジェクトチームの一員として内側に抱き込むことで、懸念材料を排除し、推進力を高めるよう動いてもらうことも考えられる。

ステークホルダ分析のアプローチは、従業員に対しても、後々必須、かつ有効である。全社をネットワーク型組織に変革するパターンにおいては、どうしてもネットワーク型組織の考え方や、動き方にそぐわない人材（既存の組織のほうが輝ける人材）が生じるため、そのような人材に対して、どう対応するかについて簡単にふれておきたい。結論から言うと、

A. 考え方を刷り込み、マインドチェンジさせる
B. 動き方だけを迎合させる
C. 変革を妨げないよう別の道を探してもらう

の3パターンの対応方法によって対処することが望ましい。

実際にはA.は変化の度合いも大きく、変革に多大な時間を要するため、ほぼこれだけでの改善はなく、B.のように考え方はそぐわないものの新たな動きに迎合させていくことで、日々の動きから意図や考え方を掴んでもらう形を取ることになる。

そういった試みを通じても改善しなかったり、そもそも相いれなかったりするような人材には、居ても互いに不幸になることをきちんと伝え、新たなキャリアへ羽ばたいてもらうことも必要になる。

パート2. 組織構造設計

　本パートでは、組織の骨格となる構造の設計を行う。組織の枠組みが定められていなければ、誰がどのような単位で業務を行い、下位組織を管理するのかが不明瞭になってしまう。業務の担当範囲や管理監督、評価の担当者を明確にするには、機能配置を含む組織構造、レポートライン（指揮命令や情報共有の経路）の設計を行う必要がある。

　実際の作業としては、まず、次ページからの「パート2-1　全社単位での構造設計」で、ネットワーク型組織と外部の組織（既存の階層型組織）との関係を明らかにする。併せて、ネットワーク型組織のトップから、階層型組織における部・課にあたる「中組織」までのレベルで、ネットワーク型組織内の機能配置を決定する。その後、「パート2-2　チームの設計」（182ページ）で中組織内部に組成されるチームについてのルール・プロセスの設定や、チームを含むレポートラインの設計を行う。新たにネットワーク型組織を作る場合のパターンとして、

　　①既存の組織には手を加えず、特区的に組織を新設し、その中身をネットワーク型にするパターン（子会社化する場合を含む）
　　②既存の組織をすべて解体し、会社全体をネットワーク型組織として作り直すパターン

が考えられる。パターン②は、トラディショナルな階層型組織のほうが適しているオペレーショナルな業務を行う組織についても、すべてネットワーク型組織に転換する、例外的なパターンである。

　パターン①を採用する場合、はじめはネットワーク型組織の動き方を想像しやすいイノベーションや新規事業開発を担う組織・メンバーのみがネットワーク型に転換され、他の大多数のメンバーは階層型組織に所属

する状況になることが考えられるが、最終的にはオペレーショナル業務の多い間接部門についても、半数程度のメンバーが「働き方改革タスクフォース」のような形で、部署を超えた「チーム」として動く状態を目指すことが望ましい。ネットワーク型組織を作るために必要な手順は、どちらのパターンでも基本的には同じである。実際にネットワーク型組織を作る際には読者の多くがパターン①を選択すると思われることから、このパートでは主にパターン①を前提とする記載や例が多くなっているが、会社全体を作り直すパターン②特有の留意点についても、都度、明記する。

パート2-1 全社単位での構造設計

ポイント

- 既存組織との関係性を整理し、既存組織の中でのネットワーク型組織の配置を明確にする
- 管理や業務の基本単位を明確にするため、組織の骨格となる組織構造を決定する
- ネットワーク型組織が持つべき機能を明確にしたうえで、ネットワーク型組織内の機能配置を決定する

目的・アウトプット

本パートでは、ネットワーク型組織の目的達成に向けた活動を行いやすい環境を確保するとともに、適切な組織の枠組みを作るため、全社の中でのネットワーク型組織の立ち位置（配置）を明確にする。

その後、新組織に必要な人員数や人員要件を明らかにし、最後にネットワーク型組織の目的を達成するために必要な機能の仕分けを行い、ネットワーク型組織内の機能配置を決定する。

検討・作業の流れ

① 組織の配置場所を決定し、組織に必要な人員を特定する

② ネットワーク型組織内の構造（機能配置）を決定する

作業手順① 組織の配置場所を決定し、組織に必要な人員を特定する

目的と概要

　手順①では、既存組織に対して、ネットワーク型組織をどのように配置するべきかを整理する。これにより、新組織が活動をするうえで必要な社内コミュニケーションを取りやすい環境を整備し、新組織に対して既存組織の事業がカバーしている範囲や、社内リソース状況などの情報がきちんと回ってくるようにしたり、新組織の活動において既存組織・事業との調整が必要になった時、スムーズに行えるようにする。

　特に、既存組織・事業との調整において、まだ売上や利益を上げていない新組織が既存の組織に対して相応の発言力を持つには、「ステークホルダとなる既存組織に対して、組織の位置づけが同程度以上であること」「会社の中での新組織の目的の重要性が明確になっていること」の2点が重要である。

　組織の位置づけが同程度以上であることを示すには、社内で強い発言権を持っており、既存組織とリソース調整ができる人を新組織の責任者や後ろ盾にすることも有効だ。

　例えば、ステークホルダが他事業の本部レベルとなる新規事業組織を作る場合、他の本部と同格以上となる社長直下に配置することで、経営トップが新組織に関するリソース調整などをサポートし、「会社として本気で新規事業を創出しようとしていること」を伝えられる。

インプット

- ネットワーク型組織の目的（パート1-1のアウトプット）
- 全社（既存組織）の組織図

手順詳細

　まずは、既存事業に対する新組織（ネットワーク型組織）の配置パターンを決定する。新組織の配置方法として、

　　1）既存事業本部から独立して新設するパターン
　　2）既存事業本部の中に新設するパターン
　　3）既存組織にネットワーク型組織の要素を組み込むパターン

の3つがある。各パターンに当てはまる例として、それぞれ以下のようなケースが挙げられる。

パターン1）：デジタル戦略に基づき、既存の事業から独立してデジタルの観点から新規事業創出を目指す「デジタル組織」を設立するケース

パターン2）：既存事業の技術を用いた新製品開発・イノベーション創造を目的とする組織を設立するケース

パターン3）：特定の目的を持つ組織ではなく、業務の一部の時間を自由なイノベーションの探索に充てる制度を作るようなケース

　次に、新組織が活動をするうえで必要なコミュニケーションを取りやすい環境を作るため、どのような組織と関連していくのか、「新組織のステークホルダ」を明確にする。

ステークホルダが明確になったら、会社全体の組織の中で新組織をどう位置づけるかを整理する。基本的に関わりを持つ組織と同程度、またはそれよりやや高いレベルに新組織を位置づけることで、既存組織と対等な発言力を獲得できる。

　新組織がどのような組織と関わりを持つことになるかは、組織の目的や影響が及ぶ範囲によって特定できる。

パターン1）：既存の事業や戦略と独立して活動する組織が多いと考えられ、全社のリソースを使用する場面があることが想定される。この場合、新組織が関わる、あるいは新組織との調整が発生する既存組織は、本部レベルの組織が多いと考えられる。そのため、社長直下、または他の本部と並列に配置する。

パターン2）：既存事業との関連性が高い活動を行う組織が多いと考えられ、特定事業（または機能）のリソースの一部を「間借り」する形になることが多く、その他の事業・機能との調整が必要になる場面はあまりないと思われる。この場合、新組織が関わる、あるいは調整が発生する組織は特定事業部内の他の組織が多いと考えられる。そのため、本部長直下、または本部内の他の部・課と並列に配置する

パターン3）：既存の組織内でメンバーの動き方を変えるレベルに留まることが多いため、特に他組織との調整が増えることは考えづらい。そのため、現在の配置のままとする

　新組織の配置が決定したら、次の「パート3. 権限の設計」（202ページ）で、新組織と既存組織間での情報共有や調整を行う会議体を設定し、ステークホルダとなる既存組織と定期的な関わりを持たせられるようにする。

作業手順② ネットワーク型組織内の構造（機能配置）を決定する

目的と概要

　手順②では、ネットワーク型組織内部の構造を決定する。まずは、ネットワーク型組織の目的に準じて、必要となる事業・直接機能・間接機能を明らかにする。また、ネットワーク型組織が個別で持つべき機能、全社横断で持つべき機能を、機能の発揮度と効率性の両側面から検討して特定する。

　その後、ネットワーク型組織の目的を達成するために必要な人員数、および要件を明らかにする。これにより、組織の大きさが決定し、人員調達方法の方針を検討できるようになる。（人員の調達についてはこのパートで扱わない。第3章・234ページ〜参照）

　さらに、社内の多くの組織をネットワーク型に転換する場合や、全社をネットワーク型組織に変更する場合は、機能分担とともに組織構造についても検討する必要がある。

　すばやい事業展開の実現や、地域を超えたグループガバナンスの強化、製品品質・効率性の向上など、業務を遂行するうえでの課題解決・目指したい姿が異なれば、適した組織構造も異なってくる。例えば、すばやい事業展開を実現したい場合には、事業単位での意思決定スピードを向上させる必要がある。そのような企業が、機能単位でCxOを置き、事業の意思決定をCxOの横断会議によって行うような組織構造を選択すると、事業単位での意思決定スピードを向上させることは難しくなってしまう。

　そのため、それぞれの組織構造の特徴を理解し、自社にとって適切な組織構造を選択することが非常に重要になる。

インプット

- 詳細機能一覧（図2-25）

図2-25 詳細機能一覧のイメージ

大分類	中分類	小分類		
……	xxx	xxx		

大分類	中分類	小分類		
経営企画	1. 企業戦略	ミッション・ビジョン・中長期方針策定		

大分類	中分類	小分類		
財務・経理	1. CFOオフィス機能	財務機能戦略策定		
		財務リスク管理		
		……		
	2. 予算・業績管理機能	予算策定		
		業績の分析と支援		
		……		
	3. 資本最適化機能	長期的な資本政策の立案		
		運転資本の最適化		
		……		
	4. 税務機能	タックスプランニングの計画・実施		
		税務		
	5. 報告機能	決算報告（連結／単体）		
		IR対応		
		……		
	6. 経理オペレーション機能	売掛／債権／債務／固定資産管理		
		一般会計		
		……		
	7. ファシリティマネジメント・購買機能	購買戦略・計画策定		
		契約管理・取引先管理		
		……		

一般的な機能分類を整理したリスト。なお、大分類は一般的に、経営企画、経理・財務、人事、総務、法務、コーポレートコミュニケーション、情報システム、コンプライアンス、監査、環境・安全、CSR、R&D、調達、物流、製造、営業、マーケティングなどが挙げられるが、（特にフロント機能においては）各社に応じて状況が異なる。

手順詳細

　まずは、ネットワーク型組織の目的を達成するために必要な事業・機能の要素を洗い出す。その際、詳細機能一覧、および事業一覧を用いてチェックをつけていくことで、網羅的に確認できる。

　その後、ネットワーク型組織が個別に持っておくべき機能の仕分けを行う。基本的に、組織を設立する段階では、個別に持っておかなければならない機能は最低限にしておくことが望ましい。特に、人事などの間接機能については、特別な理由がなければ、全社横断で持てばよいと分類できるだろう。

　逆に、戦略立案や研究開発のような、組織としての方向性を決定する機能、および組織の目的を達成するコア機能については、個別で持つべき機能として分類する。

　次に、既存組織の中で役割に変更が生じる組織を整理し、調整を行う。新組織が個別に持たない直接機能・間接機能については、該当する既存組織のカバー範囲や役割を、新組織設立に合わせて変更する必要が出てくる可能性がある。例えば人事に関しては、役割として「新組織の管理」が追加され、「第3章 人材要件と制度設計」(234ページ〜)において設計する、ネットワーク型組織独自の人事制度に則って新組織に関する業務を行ってもらうことになる。

　管理対象となる組織が増えるだけでなく、制度内容もこれまでとは一部違ったものになることから、場合によっては人員を追加することになるかもしれない。新組織設立後の運営をスムーズにするため、あらかじめ調整を行っておくことが重要である。

　最後に、必要機能の整理と合わせて、組織の目的を達成するために必要な人員について整理する。

具体的に整理する内容としては、以下の項目が挙げられる。

- 職種
- ランク（等級）
- 経験
- 各職種・ランクの人数

全社をネットワーク型組織に変更する場合は、併せて「組織構造」を選択する。

主な軸としては「事業軸」「機能軸」が挙げられ、いずれの軸を重視するかにより、大まかな組織構造が決定する。例えば「事業軸」を重視したい場合は「事業部制組織」、「機能軸」を重視したい場合には「機能別組織」といった形だ。その他にも、目指したい姿に応じて、研究開発を重視する場合の「技術軸」、顧客課題の解決を重視する「顧客軸」などによる組織設計も考えられる。

重視したい軸が複数ある場合には、「マトリクス組織」にすることも選択肢の1つである。

マトリクス組織を選択する場合には、交差する部分の責任分担や意思決定方法・主体の設定を、後のパートで適切に行えるようにするために、軸同士の主従関係を明確にしておく必要がある。

例えば、事業展開のスピード向上を実現するため事業軸を重視したいが、各事業部に対して人事・予算配分などを通じた牽制が必要と考えられる場合は、事業軸（主）と機能軸（従）のマトリクス組織を選択することが考えられる。

このような組織では、事業軸と機能軸で意見が対立した場合の最終的な意思決定権は事業軸が持つことになる。（意思決定権の詳細は「パート3. 権限の設計」・202ページを参照）

ポイント

- 組織トップと、最小単位の組織であるチームをつなぐ組織として「中組織」を設置する
- メンバーが自発的に掲げたミッションに基づいて活動するチームを作れるようにするため、チームの組成基準やプロセスをはじめとした「チーム」の作り方および管理方法を定めておく

目的・アウトプット

「パート2-1」の検討を通して、ネットワーク型組織を既存の階層型組織の中にどのように配置するかを決定した。しかし、ネットワーク型組織の内部については、メンバーが自由にミッションを掲げてチームを組成するため、組織の中身すべてをあらかじめ設計し、配置しておくことはできない。

ただし、チームを作る際の最低限のルール・プロセスをあらかじめ設定することで、手挙げによりチームを組成する段になった際、強いチームをスムーズに組成できる状態を作っておくことは可能である。

本パートでは、中組織とチームとの関係性を整理したうえで、「チームの作り方」を定め、それらが明らかになったら、最後に人事権・評価権のレポートラインを設計する。(図2-26)

なお、このパートの内容は、第2章「01ネットワーク型組織を構築するフレームワーク」(86ページ〜)で述べた「チームメンバーの自発性に伴って組成される」という特徴に当てはまるチームを前提としている。

アサインにより組成されるチームについては、手順に相違がある場合のみ記載する。

図2-26　中組織・チームを置いたネットワーク型組織図イメージ

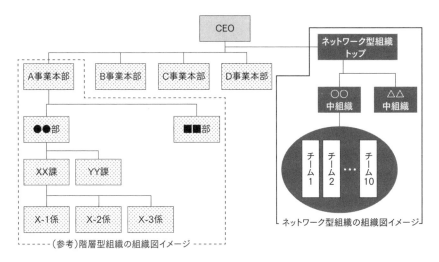

検討・作業の流れ

① 中組織・チームの位置づけを整理する

② チームの作り方を規定する

   1) 組成・解散基準（チームとして申請できる要件）

   2) 組成プロセス

   3) チームメンバーのリクルーティング

   4) ミッション・活動計画のメンテナンス

   5) 解散決定プロセス

③ チームからネットワーク型組織トップまでのレポートラインを設定する

作業手順① 中組織・チームの位置づけを整理する

目的と概要

チームは本来、自律的に活動・活躍する組織だが、チームに対する支援・アドバイスを提供する上位者が一定の割合で関与することにより、ミッション達成の可能性を高めることができる。

そのため、1つの上位組織が管理するチームの数は、独自のミッション達成のために動くチームに対して、適切な関与（支援・アドバイス）が可能な程度になっている必要がある。

ここでは、適切な管理スパンでチームの管理を行うため、階層型組織の「部・課」に近い概念である「中組織」を設置する。

ただし、組織のサイズがそれほど大きくなく、ネットワーク型組織トップが直接チームを管理できる程度である場合、必ずしも中組織を設置する必要はない。

手順①では、組織構造の観点から、チームの自由な活動を促進し、適切な評価を行う基礎を整えるため、チーム・中組織のそれぞれの役割と関係性を整理する。

インプット

・新組織の人数、人材要件一覧
・新組織に持たせる機能一覧

手順詳細

まずは、組成させたいチームの種類・人数規模を整理する。チームの種類として、「ネットワーク型組織の中で、チームがどのように活動してほしいか」によって、以下の3パターンが考えられる。

パターン1： ミッションの達成に向かって、完全に自走するチーム

ミッション達成に必要な、企画を含む、ほとんどの活動をチームメンバーのみで行えるチームのこと。

パターン2：実際の業務は、自走して行うチーム

ミッション達成のための方向性策定（企画）については上位組織の関与が必要なものの、業務遂行に関しては、ほとんどの活動をチームメンバーのみで行えるチームのこと。

パターン3：業務遂行についても上位組織の関与が必要なチーム

ミッション達成のための方向性策定（企画）から実際の業務遂行まで、ほとんどの活動に関して中組織の支援を必要とするチーム。ネットワーク型組織では多く見られる形式ではないが、組織内のメンバーの成熟度によっては、このようなタイプのチームしか組成できない可能性もあるだろう。

　次に、チームの種類に応じて、チームの上位組織である中組織が関与する内容・量・種類を整理する。

　パターン1の場合、基本的にチームの活動についてはチームに任せることが望ましい。

　中組織の関与としては、定期的、またはチームから求められた際のアドバイスの提供がメインになるだろう。ただし、このような場合であっても、チームの活動がうまくいっておらず、会社全体にとって損害となる可能性がある場合には、中組織が実際の業務の詳細まで入り込んで舵取りをする必要が出てくる。

パターン2の場合は、チームの方向性策定（企画）段階、つまりチーム組成の申請前からチーム組成直後には中組織の関与を厚くし、その後活動がスタートしてからは、徐々に関与を減らしていくことが考えられる。

　パターン3の場合は、中組織が各チームと常に一定の量の関与を持つ必要がある。企画から実際に遂行すべきタスクへの落とし込みまで、チームメンバーと一緒に検討する。

　いずれのパターンであっても、メンバーの成長支援（必要に応じてアサイン管理）のための関与は一定量必要となる。

　その後、支援を適切する管理スパン（間隔・範囲）を設定する。パターン1のように都度アドバイスをする程度の関与であれば、管理スパンは十数チーム、パターン2のように企画段階は手厚い関与が必要な場合には5〜10チーム、パターン3のように最初から最後まである程度の関与が必要な場合は3〜5チームほどが適切な管理スパンとなると考えられる。

　中組織がそれぞれのパターンに求められる役割を果たし、問題が発生した際に対応できるようにするには、中組織のトップが配下のチームのミッションを十分理解し、個々のメンバーの顔と働きを詳細に把握可能な程度にする必要がある。それが可能な最大人数は100人程度と考えられるため、最大でも100人程度になっていることが望ましい。

　中組織の種類としては、事業系や機能系の2種類が考えられる。IT系の企業であれば、事業系は官公庁、製造業などの業界単位、機能系はアカウント営業、SE、プログラマーなどに分解される。事業単位のほうがイメージしやすく、事業系の中組織が作られることが多いが、例えばチームリーダーとなるアカウント担当が任命され、アカウント担当を軸に、機能系の各中組織を横断してチームを組成することも考えられる。

作業手順② チームの作り方を規定する

目的と概要

「パート2-1」から「パート2-2」手順①までは、ネットワーク型組織のトップ〜中組織レベルの大きな箱を設計してきたが、手順②では、組織の最小単位であるチームについて検討していく。第2章「01ネットワーク型組織を構築するフレームワーク」（86ページ〜）のパートで述べたとおり、チームは有機的に作られ、自発的に掲げたミッションに基づいて活動する組織である。流動的な組織形態であることから、組織設計の段階で、あらかじめチームを設計・配置することはできないが、ネットワーク型組織転換後はスムーズ、かつスピーディにチームを組成することができるよう、チーム組成の基準やプロセスをはじめとする「チームの作り方」を、ルールとしてあらかじめ明確に定めておくことが非常に重要である。

チームの作り方が定められていない、もしくは曖昧な状態のままだと、メンバーが成し遂げたいミッションを持っているにも関わらず、チームの組成方法が明確でないために申請されなかったり、チームを組成するうえでの最低限の要件が定められていなかったりするため、不明瞭なチームが乱立し、チームとしての自律性はおろか、組織としてコントロールが効かず、想定していたような価値創造が生み出されにくくなってしまう。

前述のとおり、このパートの内容は「チームメンバーの自発性に伴って組成される」という特徴に当てはまるチームを前提としている。「アサインにより組成されるチーム」については、手順に相違がある部分について最後に記載する。

手順詳細

スムーズなチーム組成を可能にするため、中組織の中で、どのようにチームが組成・解散されるのかを明確にする。そのためには、以下1）〜5）のルール・プロセスが定められている必要がある。

1) 組成・解散基準（チームとして申請できる要件）

2) 組成プロセス

3) チームメンバーのリクルーティング

4) ミッション・活動計画のメンテナンス

5) 解散決定プロセス

1）組成・解散基準

　チームを組成するための最低限の要件として、以下の5点が挙げられる。これらの要件を満たしていることを基本的な組成基準として、自社の状況や文化に応じて要件の追加検討を行うのがよいだろう。

　　Ⅰ　チームのミッションが具体的に設定されている

　　Ⅱ　必要事項を盛り込んだ達成計画が作成されており、マイルストンが適切に設定されている

　　Ⅲ　ミッションに応じた適切なKPIが設定されている

　　Ⅳ　チームの掲げたミッションに必要な、最低限の人数のチームメンバーが集まっている

　　Ⅴ　予算が明確になっている

Ⅰ　チームのミッション

　チームのミッションの種類は2種類ある。1つは、ゴールや実現方法が明確な目標である。営業を担当するチームにおける「担当する顧客セグメントの売上を30%増やす」のような目標はこのタイプだろう。

　システム構築会社やコンサル企業において、「システム構築などの特定目的に向けた業務遂行」を目的として組成されるプロジェクトチームのミッションもこのタイプに分類される。

もう1つは、ゴールや実現方法が不明瞭で、壮大、かつ抽象的な目標のタイプである。この場合は、何をもって「目標を達成した」と言えるのかが不明瞭なため、達成期日を明確に設定することも困難になる。

　例えば、新規事業や新たなサービスの開発を担当するチームにおける「新たなサービスAを軌道に乗せる」のような目標はこちらのタイプと言える。

　チャレンジングで抽象的な目標を設定する場合、実質的なミッションの達成有無の判断は、後述の「マイルストンの達成有無」によってなされることになるため、マイルストンが詳細、かつ明確に定められていることが重要だ。

Ⅱ 達成計画・マイルストン

　ミッションの達成に必要以上に時間をかけるチームが出てくることを防ぐため、あらかじめ達成計画や適切なマイルストンが設定されていることも組成基準の1つである。

　達成計画は、「いつまでにミッションの達成を目指すのか」（ミッションの内容によって、達成までの期間は数ヶ月、1年、3年などさまざまである）、「そのために何人のチームメイトが必要で、いつどのようなアクションを行うのか」をまとめたものである。

　マイルストンは、達成計画を順調に進められているかを客観的に図る「区切りや中間目標」のことである。繰り返しになるが、特にミッションが「新たなサービスAを軌道に乗せる」のような抽象的な内容の場合は、きちんとマイルストンを設定することが重要である。具体的には、「トライアル実施：1年以内」「10件目の受注：2年後」「販売パートナーの決定：5年後」のように設定することが考えられる。

　マイルストンが達成できない場合は、後述の解散基準B（191ページ）に該当し、解散決定プロセスに乗ることになる。

Ⅲ KPI

第三者が、ミッションやマイルストンの進捗・成果を測り、それらを「達成した」と判断するための基準として、KPIを設定する必要がある。

例えば、「製品Aの納品までのリードタイム短縮を実現し、顧客満足度を向上させる」をミッションとするチームの場合、「不良品発生率を5%改善すること」「生産リードタイムを20%改善すること」「顧客満足度を5ポイント改善すること」などをKPIとして設定することが考えられる。

Ⅳ チームメンバー

チームの結成時点で必要最低限の人数のチームメンバーが集まっていることも組成要件として必要である。ただし、ミッションの種類により、必要最低限の人数は異なり、基準として「結成時点で3人以上」のように絶対的な数字を定めることは難しいため、ミッションの達成計画の中で定められたチームの想定人数を用いて、「チームの想定人数の80%以上」のように設定しておくことが考えられる。

Ⅴ 明確な予算

チームは自由にミッションを掲げて活動するとはいえ、会社としての活動である以上、想定される売上やコストが明確であり、最終的にそれらが達成されることは重要である。イノベーティブなテーマのミッションを掲げる場合、ベンチャーなどの技術を担ぐため、明確な予算を設定することも考えられる。また、チームのミッションに対して必要人員が足りない場合、結成を認めないのではなく、外部リソースを活用できる予算を計画に入れることを許可する制度としてもよい。

例えばサイバーエージェントでは、予算と人員のみを与えて業務遂行方法は自由とし、期間内に一定の売上などの成果を出せるかだけを見ている。これはネットワーク型組織チームのあり方のイメージに近い方法だろう。

チームの解散基準についても、あらかじめルール・プロセスを定めておく必要がある。基本的に「チームが以下A〜Cのいずれかに当てはまった場合に解散決定プロセスに載せる」というルールにしておくのがよい。

　必要に応じて基準の追加検討を行うことも考えられる。解散決定プロセスの詳細は、「5）解散決定プロセス」（195ページ）に記載している。

A. チームのミッションを達成した

B. 定期的なマイルストンを達成できておらず、進捗が芳しくない

C. チームメンバーから解散の申し出があった（定期的なマイルストンを達成しているが、最終的なミッション達成が困難だと思われる場合、各チームメンバーが別のミッションを志すようになった場合など）

2）組成プロセス

　組成プロセスを検討するうえの主な論点としては、申請方法・承認者（承認フロー）の2点が挙げられる。

　申請方法については、複雑に考える必要はないだろう。チームの申請は基本的に以下の流れで行われることになると考えられる。

❶メンバーがミッション（チームとして成し遂げたいこと）を持つ（プロジェクト型のチームの場合は、アカウント担当など営業を行うメンバーが案件を獲得する部分がこれにあたる）

❷ ❶のメンバーが中心となり、達成計画や予算の検討・チームメンバーの勧誘を行う

❸ ❷が完了したら、承認者に対してチーム組成の申請を行い、計画やメンバー構成を提出する

中組織の役割によっては、❷の段階で計画策定を支援することも考え

られる。特に、経験の浅いメンバーが中心になってチームを組成する場合、適切な支援がないと申請にたどり着くこと自体が困難になってしまう可能性があるためだ。

また、計画策定を直接支援するのではなく、経験ある人材（チームリーダーとなり得る人材）や専門性を持つ人材の紹介を行うことも一案である。

実際に申請を行う際のツールについては、既存ツールをそのまま流用してもよいだろう。ただし、申請自体のハードルを上げてしまうことにならないよう、既存のツールやその使い方の点検は必要である。

組成申請の承認者は、以下の理由から原則、中組織のトップにすることがよいだろう。

- チームの面倒を見る立場である中組織が、配下で活動中のチームやメンバーを把握することを容易にするため
- 他のチームの計画との兼ね合いから、中組織自身が財務KPIを達成できそうか確認できるようにするため

ただし、ミッションが全社に影響を及ぼす内容の場合、中組織を管理する組織トップレベル、さらに上のポジションであるCEOレベルでの判断（複数組織横断の会議体での判断を含む）が必要となることもあるだろう。その場合は、中組織のトップが上位ポジションでの判断が必要である旨を申請者に伝え、申請者自身が上位ポジションに対して承認依頼を行うことが望ましい。

申請を預かった中組織トップが上位ポジションへ承認依頼するフローとすることも可能だが、上位ポジションからミッションの内容や計画に対する質問・指摘が入った場合は、承認者と申請者の間で中組織を介した伝言ゲームが発生しないよう気をつける必要がある。

3）チームメンバーのリクルーティング

　チームは、ミッションに共感する社員が自主的に集合して活動するものであるため、新たに組成されるチームのメンバー集めも、中心となる社員自身が行うことになるだろう。具体的には、社内公募の他、中心となる社員による個人的な声かけなどが考えられる。

　ここで重要になるのは、組織内のメンバーがお互いをよく知っていることや、新たなチームのミッションへの向き・不向きを判断しつつ、リクルーティングができる環境を整えることだ。例えば、各メンバーの過去の経験や評価情報をメンバーのリクルーティングを行う社員が参照できるようにすることや、メンバーのリクルーティングを行うことが多いチームリーダークラスの社員が相互に人材情報を交換する場を作り、適材適所な配置を実現できるようにすることなどが考えられる。

　特に社内で関心度合いの高いミッションを掲げるチームについては、例えば、ミッションの達成に必要な想定人員数5人に対して、20人のチームメンバーが集まってしまうことも考えられる。この場合、中組織以上の観点から見て、人材を活かしきれておらず、機会損失になっており、チームメンバーの観点からは、1人あたりの仕事量が極端に少なくなり、モチベーションに悪影響が出る可能性がある。

　上記の状況に陥ることを防ぐため、チームのメンバー数に上限を設けることについて検討が必要である。1チームあたりの具体的な人数をあらかじめ組成ルールなどに盛り込んでおくことは難しいため、現実的には、中組織ごとに1人あたり売上（見込み）や、1人あたり利益（見込み）などを基準値として設定し、基準値を下回る場合は中組織側で申請を却下するという対応を取ることになるだろう。これはチーム組成後に追加でメンバーが加入する場合も同様である。

チーム組成後にメンバーの異動・退職により人数が減る場合については、「自由なチーム組成」という概念からはやや離れ得るが、中組織トップにより、強制的なアサイン管理が必要になることもあるだろう。ミッションはチームメンバーが自ら掲げているとはいえ、企業活動として実行が必須だと考えられるためだ。

4）チームのミッション・計画のメンテナンス

　外部環境の変化により、会社として考慮すべきことが増えた場合や、特定のミッションについて、会社としての重要度が上がった場合には、ミッションの拡大・計画の引き直しを行うことが考えられる。

　また、ミッションの拡大に伴ってチームの想定人員数や予算が変更になる場合もあるだろう。例えば、社会におけるESGへの関心がより高まり、会社としてのCO_2排出量削減の優先順位が上がった場合、生産工場に太陽光パネルを設置するチームでは「工場全体のCO_2排出量を40％削減する」というミッションを拡大するか、期日を前倒しして計画を引き直すか、といった議論が行われるかもしれない。

　上記のような状況に対応するため、ミッション・計画のメンテナンスについても、あらかじめ基準を定めておくとスムーズである。

　承認者は、基本的には「2）組成プロセス」（191ページ）と同様の考え方で設定できるだろう。原則は中組織のトップが承認を行うが、変更が全社に影響を及ぼす場合には、組織トップやCEOが承認者となる。

　ネットワーク型で運営する組織は、階層型と比べてアジャイルな経営を行っていると思われる。計画変更やリソースの再配置は年次よりも短サイクルで実行されており、月次くらいで変更がされる経営会議を開催することが必要と考えられる

　承認の是非を判断する際の観点の例としては、以下が考えられる。

- 中組織内または全社内における、ミッションの優先度

- 計画の実現性・収益性（事業として成り立たないような計画になっていないか）

5）解散決定プロセス

「（1）組成基準・解散基準」（191ページ）でも記したとおり、解散基準に当てはまったチームは解散決定プロセスに乗せられ、存続の是非を議論されることになる。特にマイルストン未達により解散決定プロセスに乗ったチームに対する対応は、大きく以下の3種類に分けられる。

Ⅰ マイルストン未達成の場合は直ちに解散

　成果を重視する、最も厳しい対応である。計画立案に慣れていない若手メンバーが中心になって組成されたチームは、マイルストン未達となる可能性が相対的に高いと思われるため、メンバーのモチベーションを低下させないためにも、組成段階で中組織をはじめとする承認者から計画に対する丁寧なレビューを行うことが求められる。

　また、コロナ禍のような予測できない大きな環境変化が起こった場合には、別途柔軟な対応を行う必要が出てくる可能性がある。

Ⅱ マイルストン未達成の場合はリカバリ計画を作成させる。

　マイルストン未達成の場合、解散（一度～複数回の猶予あり）Ⅰと同様、成果を重視するものの、リカバリ計画に沿った評価により、存続の是非を判断することから、Ⅰより柔軟な対応が取りやすい。

　複数回の猶予が設定されていれば、若手メンバーでも安心して思い切った活動ができるかもしれない。

Ⅲ マイルストン以外についても総合的に評価して、各チームの存続是非を検討

　チームの成果以外の面も考慮する対応で最も柔軟な対応が取りやすい。

マイルストンについては達成有無だけでなく、進捗・達成率を見ることも考えられる。総合的な評価については、経営の主観ではなく、ある程度明確な基準で運用できることが、メンバーのモチベーション上、重要になる。

そのため、

- 引き続き活動を行い、成功した際のインパクト・リターンが大きく、利益回収基準を満たせること
- 市場が好転しており、当初よりコストをかけても成果が見込めること
- 競合の動きから、多少利益が出なくても、シェアの観点から踏み込んでおく必要があること

などの観点から決定することが望ましい。

総合的な判断を下すためには、中組織のトップを中心とする定期審査会の開催が必須になるだろう。定期審査会の詳細（開催頻度、出席者やアジェンダ）も別途設計することが必要だ。

承認者については、「2) 組成プロセス」（191ページ）や「4) チームのミッション・計画のメンテナンス」（194ページ）と同様の考え方を適用し、原則、中組織のトップ、必要に応じて影響範囲の大きさにより組織トップやCEOとなるように設定する。

例外：アサインにより組成されるチームの場合

アサインにより組成されるチームの場合、ミッションが会社、または上位ポジションから与えられるものであること、およびチームへの参加・脱退の自由度が低いことが、自発的に組成されるチームとの大きな相違点となる。そのため、各手順は以下のように読み替えて検討・実行する必要がある。

1）組成・解散基準

　チーム組成のために必要な5項目（188ページ〜）は共通だが、その内容を決める主体が異なる。チームにアサインされるメンバーにとって、「Ⅰチームのミッション」および「Ⅳチームメンバー」は、会社や上位ポジションから与えられるものである。そのため、チームメンバーが検討しなければならないのは「Ⅱ達成計画・マイルストン」「Ⅲ KPI」「Ⅴ予算」のみになる。

　解散基準については、アサインにより組成されるチームの場合は特に、チームメンバーからの解散の申し出を受けつけるか否かを明確にしておく必要がある。

2）組成プロセス

　メンバーがアサインされた時点でチームは既に組成されているが、ミッション、およびチームメンバー以外の組成基準の3項目については、チームメンバーが主体的に検討し、承認者の承認を得る必要があるため、申請プロセスおよび承認者の設定を行う。

3）チームメンバーのリクルーティング

　アサインにより組成されるチームの場合は、メンバーが自らリクルーティングを行う機会はあまりなく、チーム人数のコントロールが比較的容易だと考えられる。しかし、人数の上下限について定めておくことで、チームの初期メンバーのアサイン時や、チームからの増員要請があった際の対応がスムーズになると考えられるため、自発的に組成されるチームの場合と同様に検討する。

　適材適所の配置を実現するため、中組織トップや事業トップが全メンバーとの1on1や飲み会を開催することにより、各メンバーに対する周囲からの評判収集に時間をかけることも考えられる。

4）チームのミッション・計画のメンテナンス

　計画のメンテナンスに関しては特に相違点がないため、自発的に組成されるチームの場合と同様にプロセスや承認者、承認基準を定める。

　チームのミッションについては、アサインにより組成されるチームにとって会社や上位ポジションから与えられるものなので、そもそもチームによる更新を認めるか否かを明らかにしておく必要がある。

5）解散決定プロセス

　特に相違点がないため、自発的に組成されるチームの場合と同様にプロセスを検討する。

ネットワーク型組織へ移行するタイミングでの注意点

　ネットワーク型組織が機能している状態であれば、基本的にはメンバーが自由にミッションを掲げてチームを作っていくため、上位組織・ポジションは、組成の承認などの最小限のコントロールを行うだけでよい。

　ただし、階層型組織からネットワーク型組織に転換したり、新たにネットワーク型組織の会社を作ったりするなど、はじめてのチーム組成のタイミングでは、メンバー自身が「自由にミッションを掲げる」という状況に慣れていないため、自動的にチームが作られていくまでに時間がかかることが予想される。特に、これまで会社から与えられた目標をこなしてきたメンバーには、「自発的にミッションを出す」ことは困難だと考えられ、チームの想定人員数が社員数を大きく下回る（十分な数のチームが申請されない）可能性がある。

　そのため、ネットワーク型組織への移行をスムーズに行うことを目的として、初回のチーム組成、およびその後一定期間については、各チームのミッション決定や各チームへのメンバーのアサインを上位組織・ポジションが主導することが考えられる。

具体的には、上記期間内のチーム組成時に会社から暫定的なミッション・チームを提示する。暫定的なチームは事業部以下の部・課をベースに決定し、ミッションは部・課の担当範囲を役割に基づいて言い換えたものを設定する。例えば、もともと法人営業を担当していた課を1チームとして設定する場合は、その目標を引継いだ「〇万円の売上を達成する」「新規顧客を10社増やす」などをミッションとして与えることが考えられるだろう。ただしこの場合のミッションは、あくまで暫定的なものであるため、比較的短期間で達成できる難易度になるよう留意する必要がある。

　チーム組成を上位組織・ポジションが主導する場合は、混乱を避けるため、「自由にミッションを掲げてチームを組成する」ことは認めず、アサインにより組成されるチームと同様の運用にすることが望ましい。

作業手順③ チームからネットワーク型組織トップまでの　　　レポートラインを設定する

目的と概要

　手順③では、適切な対象ポジションに対して適切な指標で人事評価権を付与し、レポートライン（指揮命令や情報共有の経路）を設定していく。

　レポートラインの設計は、「組織構造において重視する軸に沿ったスムーズな情報共有を実現」「組織トップが中組織や配下の各チームを統括しやすくする」「異なる軸同士での牽制のバランスを確立させるため」に実施する。レポートラインの設計が不十分だと、情報がうまく流れなかったり、適切に人事評価されなくなることに加え、チームに対して意図しないモチベーションを与えてしまう恐れもある。

インプット

・暫定チームを含む組織図

手順詳細

　レポートラインを設定するために、まずは基本パターンを確認しよう。レポートラインは以下の3種類に分けることができる。

　Ａ：アサインおよび報酬の決定
　　アサインメントの管理、および報酬につながる評価の最終決定（一般的に、所属の組織トップが所有）

　Ｐ：パフォーマンス評価
　　目標設定・進捗の観察・業績評価（一般的に、チームのメンバーであれば所属の中組織長が、中組織トップにおいては所属の組織トップが所有）

　Ｂ：行動評価
　　育成の観点も含んだ、企業価値実現という観点に照らした、日々の行動に対する評価（一般的に、オンサイトの上長が所有）

　レポートラインを設定する際、「下位組織に対する議決権をどの組織に持たせるか」「情報がどのようなルートで流れるのが望ましいか」といった観点で採り得る選択肢の評価を行う。（図2-27）
　特にネットワーク型組織においては、「チームに対して誰が評価をつけるのか」という観点が重要である。具体的には、チームの行動評価をつけるのは中組織トップに設定しておくのがよい。理由は、ミッション達成に対する動き方がチームごとに異なり、評価者が被評価者（チーム）のミッションや達成に必要な動き方を十分に理解できている必要があるためだ。
　ただし、他のレポートラインまで中組織のトップに持たせると、各チームが、ミッション達成より業績達成に注力してしまう可能性があるため、特に報酬につながる評価をつける人事権については、より上位の組織トッ

図2-27 チーム・中組織における人事・評価権

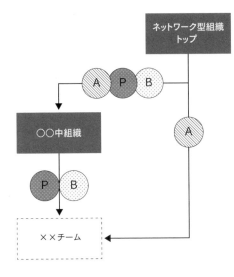

Ⓐ 人事権（Assignment and compensation）
Ⓟ 業績評価権（Performance appraisal）
Ⓑ 行動評価権（Behavior appraisal）

プレベルに持たせておくことがベターである。

　ここで、中組織トップや事業トップのつけた評価をどのように組織トップへインプットするかについても整理しておこう。

　例えば、中組織トップや事業トップが頻繁（3か月に1回程度が目安）に簡易的な評価を行い、それらの結果をもとに、組織トップが最終的な年間の評価を決定することも考えられるし、上司から部下だけでなく部下から上司・同僚から同僚に対して評価する総合評価を行い、組織トップはその結果をベースに調整をかけるだけという方法もあるだろう。

留意点

　中組織を設置する際、中組織に対して必要以上に管理・統制に関する役割を持たせてしまうと、実質的に階層型組織とあまり変わらない組織になってしまう可能性があるため、注意が必要である。

ポイント

- フレームワークの「権限委譲」の実現にあたり、チームが自律的に動く ために権限を持たせる必要がある意思決定項目を明確にすること
- チームの自律的な活動を阻害しないような意思決定スピードを確保す ること

目的・アウトプット

　各チームが自律的に動き、それぞれの役割を果たすことができるように するためには、チームの権限が適切に設定されている必要がある。

　チームの権限の適切な範囲は、組織の目指す姿や上位組織の役割によ り異なるため、唯一絶対の正解があるわけではない。重要なのは「すばや い意思決定ができる状態を実現すること」である。

　ほとんどの権限をチームに持たせることで、すばやい意思決定を実現す ることも考えられるし、チームに持たせる意思決定権は多くないが、申請 から上位組織における意思決定までのリードタイムを最小限にすることも 1つの方法である。

　このパートでは、チームが各々のミッションに向かって自由闊達に動 けるために委譲されているべき権限の整理と、その際のヒト・モノ・カネ・ 情報の取り扱い方について明確にする。

　また、チームに大きな権限を与えられるようにするための仕組みの整備 についてもふれる。具体的には、日々の業務の中でチームが自律的に動く ために必要な権限の範囲を整理し、必要に応じて意思決定スピードを速 めるための仕組みを検討する。(図2-28)

図2-28　チーム・上位組織に付与する権限の整理

	CEO	ネットワーク型組織トップ	中組織	チーム
ヒト（人員の異動）			△※必要に応じて調整	○
モノ（設備）			△※右記以外の場合（特別な意思決定・一定額以上等）	△※通常業務上・一定額まで
カネ（経費・投資）			△※右記以外の場合（一定額以上・新規取引先等）	△※一定額まで・既存取引先
情報（開示可能なすべての情報へのアクセス）	○	○	○	○

検討・作業の流れ

　最終的にでき上がるネットワーク型組織における「権限」は、チームに委譲する権限のパターンによって異なるが、どのようなパターンであっても、チーム・個人が「主」／会社・上位組織が「従」で、チーム・個人の活動のために必要な意思決定スピードの実現を最優先するという考え方に基づいたものとなる。

　しかし、実際の設計ではまず、権限を分類し、上位組織で決定すべき内容を捌（さば）いてから、チームに付与する権限を検討するほうが、細かな内容を議論しやすくなる。そのため、「上位組織⇒チーム・個人」の順序で設計を進めていくことになるが、これは実際の関係性とは逆の順序になっていることに留意してほしい。

　意思決定項目を洗い出して一覧化し、「全社横断での意思決定項目」、事業・機能別の意思決定対象のうち「ネットワーク型組織トップ、または

事業・機能トップのレベルで検討する項目の意思決定」と「そのための情報共有が行われる意思決定機関・会議体の概要」を整理する。

さらに、会社としての目指す姿を実現するため、チームの意思決定パターンを決定し、チームに持たせる権限、上位組織に持たせる権限の具体化、および意思決定スピードを速めるための施策を検討する。

①トップのレベルで検討する意思決定項目と、意思決定機関・会議体の概要を整理する

②チームに持たせる権限の具体化、および意思決定スピードを速めるための施策の検討を行う

作業手順① トップのレベルで検討する意思決定項目と　　　　意思決定機関・会議体の概要を整理する

目的と概要

手順①では、監督から執行へ権限委譲する権限をもとに、意思決定項目を洗い出し、「どのポジションが、何を決めるか」の概観を整理する。

ここでの分類が、中組織より上位ポジションの具体的な意思決定機関を設定する前提となる。

その後、ネットワーク型組織のトップ、または事業・機能トップのレベルでの意思決定に関するルールを設定し、意思決定や情報共有を行う意思決定機関や会議体を設定する。

また、事業や機能間でのコンフリクトが起きた場合の解消プロセスを整理し、どのような場合に事業トップ、またはそれ以上のレベルでの意思決定が必要となるのかを明確にする。これにより、既存組織やネットワーク型組織内の複数の事業・機能が関与する、事業・機能横断での意思決定を円滑、かつスピーディに行うことができる。

インプット

・取締役会から執行役へ委譲する権限
・各CxO、事業長の管掌範囲

手順詳細

　まずは、意思決定項目の洗い出しや決定者・関係者の整理を行い、それぞれの意思決定項目が、どのように決定されるべきかを分類する。

　意思決定項目の対象範囲を特定するため、取締役会から執行側へ委譲された権限を前提として、戦略・計画体系と決定者・関与者整理のフレームワークに基づき、意思決定項目を、❶方針・戦略 ❷年度計画 ❸実行計画 ❹実行のいずれかに分類し、決定者・関係者を整理していく。

　それをもとに、さらに全社横断で意思決定すべき項目と事業・機能別に意思決定すべき項目へと分類していく。（次ページ・図2-29）

　上記で整理した「既存組織・新組織横断」、または「事業・機能横断」で意思決定・情報共有すべき項目に対して、意思決定の内容・目的に応じて、「複数組織横断の会議体」を設定する。

　ただし、ネットワーク型組織としての意思決定のスピード感を担保するため、計画どおりの場合は会議体を待たず意思決定して業務を推進することや、会議体ではなくSlackなどのコミュニケーションツールのスレッドで意思決定、情報共有が可能なものはそちらで行うことを前提とすることを念頭に置いたうえで、必要な会議体があれば設定していく。

　事業・機能個別で意思決定すべき項目についても同様に、必要に応じて意思決定機関を設定する。

　その中で、複数の事業・機能が関係する意思決定、特に、既存組織が関わる意思決定に関しては、戦略策定から実行までのプロセス上で発生し

図2-29　戦略・計画体系と決定者・関与者整理フレームワーク

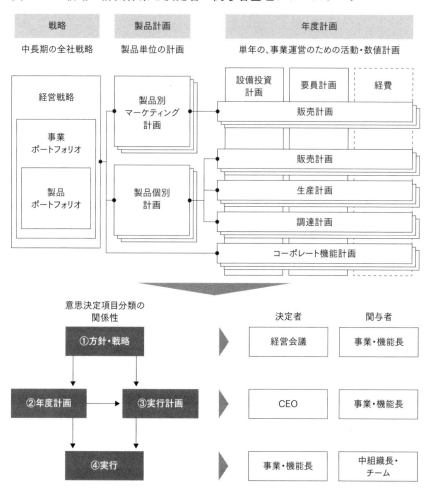

得るコンフリクトやタイミングを洗い出し、コンフリクトへの対応方針（調整ルール・プロセス）や会議体を設定しておく必要がある。コンフリクトを解消するプロセスが明確になることで、コンフリクトをスピーディに解消できるようにするためだ。その際、「コンフリクト時の対応整理フレームワーク」（次ページ・図2-30）を活用できる。

　例えば、「既存事業の製品計画」と「新規事業の製品計画」の間で、生産ラインの使用リソースについてコンフリクトが発生し、どちらか、もしくは両方の計画を変更しなければならなくなった場合、CEOが調整を行うルールを定めることが考えられる。

　また、ネットワーク型組織内において、各事業からのQCD（品質：Quality・コスト：Cost・納期：Delivery）要求に応えようとすると、調達や製造側がコスト目標を超過してしまうため、QCDの調整が必要になった場合、事業・機能トップ同士が意思決定を行うルールとし、そのための会議体を設定しておくことが考えられる。

　ネットワーク型組織においては、少なくとも図2-30における事業長・開発部門長に対して、基本的に大きく権限が与えられており、各チームが事業長・開発部門長にダイレクトに決裁を取れることで意思決定のスピードを担保できるようにする必要がある。

　このような、コンフリクト解消のための対応についても、会議の開催を待たずに、対応する事業長などとSlackなどのスレッドで討議・決定できるようにすることが望ましい。

図2-30　コンフリクト時の対応整理フレームワーク

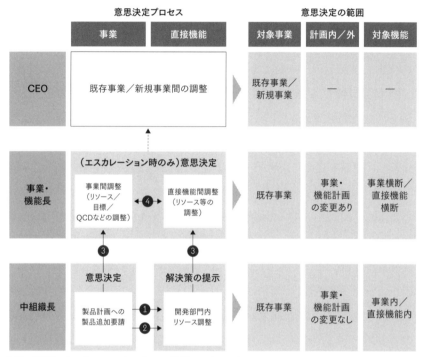

QCD（品質：Quality・コスト：Cost・納期：Delivery）

作業手順② チームに持たせる権限の具体化、および意思決定スピードを速めるための施策検討

目的と概要

　手順②では、中組織以下のレベルでの意思決定項目を洗い出し、関与者の種類を整理する。

　その後、整理した意思決定項目を用いて、各チームを「意思決定主体」とする意思決定項目（主に実行の意思決定項目）を具体的に設定していく。

　これにより、ネットワーク型組織の特徴である「主体的に活動するチー

ム・個人」を実現し、各チームが現場の判断ですばやく動き、自身の役割・責任を果たせるようにする。

　チームの意思決定項目の設定に際しては、チームに持たせる権限の内容だけでなく、上位組織（主に中組織）に持たせる権限の内容についても、同時に整理していく。

　また、具体的な議論を円滑に進めていくため、チームの意思決定の自由度について、検討チームの中であらかじめ共通認識を持っておくことも重要である。

インプット

・ 事業、機能別の意思決定項目

手順詳細

　まずは、戦略・計画と、それを実行する際の意思決定項目を定義する。戦略・計画の意思決定項目は、各中組織のレベルまで計画を細分化することで洗い出される。

　実行の意思決定項目については、以下の「実行の意思決定項目分類」をもとに、必要に応じて抽出・細分化・統合する。例えば、ヒトに関する実行の意思決定項目としては以下7つが考えられる。

①採用　②任免・異動　③評価　④処遇
⑤賞罰　⑥解雇　⑦給付（次ページ・図2-31）

　次に、意思決定の関与者種類を洗い出す。簡単な整理としては、意思決定主体・責任主体・実行主体が関与者として考えられる。

　より詳細に決定者・関与者種類を整理したい場合は、役割分担表（RAM：Responsibility assignment matrix）を参照する。（次ページ・図2-32）

図2-31　実行の意思決定項目分類

構造	組織体系	■ 会議体・委員会・プロジェクトの設置・変更・廃止 に関する事項 ■ 組織・ポジションの設置・変更・廃止に関する事項
	契約体系	■ 企業体としての基本契約に関する事項（個別契約は資源に含む）
資源	ヒト	■ 人材マネジメントに関する事項 ■ 労務管理に関する事項 ■ 人事制度に関する事項
	モノ	■ 有形・無形資産の売買に関する事項
	カネ	■ 金融資産の売買に関する事項 ■ 経費支出に関する事項

資源　ヒト

① 採用（新規入社者の初任配属含む）
② 任免・異動
③ 評価（業績評価、行動評価）
④ 処遇（給与設定／変更、賞与設定／変更）
⑤ 賞罰（社長賞、懲罰）
⑥ 解雇
⑦ 給付

図2-32　役割分担表（RAM：Responsibility assignment matrix）

Responsibility assignment matrix（RAM）

Responsible	■ 作業を実行・終了する責任を持つ
Accountable	■ 決定する責任をもつ（全体責任）
Support	■ 材料提供や作業を実施することなどにより、サポートする
Consulted	■ 作業の前に意見を求められ、インプットを与える
Informed	■ 作業の成果などについて報告を受ける
Verifies	■ 事前に定義した基準を満たしていることを確認する
Signs	■ 次工程（リリース含む）への引き渡しに責任を持つ
Out of the Loop	■ 作業に関係がない

さらに、チームの意思決定の自由度のパターンについて、イメージを明確にする。(図2-33)

　意思決定の自由度は、「どのような種類の決定権限が、どのポジションまで、どの程度委譲されているのか」によって決定する。自由度が最低1の場合を「すべての意思決定について、レポートライン上のすべての上位ポジションの承認が必要 (すべての意思決定権が役員にある)」な状態とし、逆に、最高10の場合を「すべての意思決定について、上位ポジションの承認が不要 (すべての意思決定権がすべての社員にある)」な状態とする。

　すると、階層型組織で多く見られる「一定の予算などの権限が与えられているが、関わる金額が大きくなるほど多くの上位ポジションの承認を得る必要がある」状態の自由度は2～3程度と考えられるだろう。チームが自律的に動くネットワーク型組織を実現するためには、最低でも自由度5程度の「意思決定の際には上位ポジションの承認を得る必要があるが、承認者に直接アクセスすることが可能 (意思決定までのリードタイムが最小限)」な状態にする必要があると考えられる。

図2-33　現場の意思決定の自由度の整理

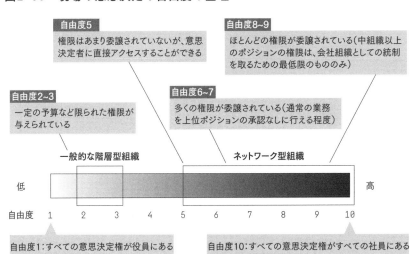

これを最低ラインとして、チームの権限範囲をパターン化すると、大きく以下の3パターンに分類することができる。

　会社、またはその中の一組織として成立させる必要があることを考慮すると、チームにすべての権限を持たせる自由度10の状態を実現することは現実的には難しいと考えられるため、以下の分類から除外している。

1) **意思決定スピードのみ改善**：一定の予算などの権限が与えられている。通常業務で発生する意思決定でも上位ポジションの承認を得る必要があるが意思決定までのリードタイムは最小限になっている（自由度5）

2) **多くの権限を委譲**：通常の業務を上位ポジションの承認なしに行うことができる程度の権限が与えられている。決められた予算以上の意思決定や特別な意思決定の際は上位ポジションの承認を得る必要があるが、意思決定までのリードタイムは最小限になっている（自由度6〜7）

3) **ほとんどの権限を委譲**：チームにほとんどの権限が委譲されており、ほとんどの意思決定をチーム単独で行うことができる。中組織以上のポジションは、会社組織としての統制を取るための最低限の権限のみを持っている（自由度8〜9）

　次に、パターンごとにチーム・個人に付与する具体的な権限を整理する。自由度が同程度であっても、実際にどのような権限を付与するかは事業・機能など、チームの種類やチームに対する考え方によって異なってくる。

　例えば、上記で同じパターン「1)」の場合でも、ヒトに関する実行の意思決定項目のうち「①採用」については、自主性を重んじてチーム単位で行ったほうがよいと考えられる場合は、チームに採用の意思決定権を付与する。

逆に、チームは集合・離散を繰り返す流動的なものであるから、採用は会社全体や中組織単位で行ったほうがよいという考え方に立って、採用の意思決定権を「上位ポジションが持つべき最低限の権限」に含むこともある。

　ここでは、ネットワーク型組織を実現するため、各パターンにおいてチーム・個人が最低限自由に意思決定できたほうがよい内容の例をヒト・モノ・カネ・情報の観点から挙げる。

1）意思決定スピードのみ改善

- **ヒト**：特になし（上位ポジションに対してチーム人員の追加要請などは可能）
- **モノ**（設備）・**カネ**（経費・投資）：通常の業務で発生する、あらかじめ決められた一定の枠組みの中での支出
- **情報**：開示可能な自部門内の情報に対する、リアルタイムでのアクセス

2）多くの権限を委譲

- **ヒト**：交渉や引き抜きによるチーム間の人員の異動（個人としては、自分の意思による所属チームの選択）
- **モノ**（設備）・**カネ**（経費・投資）：通常の業務で発生する、あらかじめ決められた一定の枠組みの中での支出、および既存の取引先との契約締結などにより、1つひとつの活動について上位組織に対して報告する必要がなくなり、活動の進め方を自由に決定できるようになる。また、各チームが自由に使えるリソースの大きさについては、すべてのチームに同じ枠組みを適用するのではなく、チーム結成時に、活動内容やKPIを考慮して決定されることが望ましい
- **情報**：開示可能なネットワーク型組織内の情報に対する、リアルタイムでのアクセス（次ページ・図2-34）

図2-34 チーム・上位組織に付与する権限の整理例 (再掲)

A事業：パターン「2) 多くの権限を委譲」を採用

	CEO	ネットワーク型組織トップ	中組織	チーム
ヒト （人員の異動）			△ ※必要に応じて調整	○
モノ （設備）			△ ※右記以外の場合 （特別な意思決定・一定額以上等）	△ ※通常業務上・一定額まで
カネ （経費・投資）			△ ※右記以外の場合 （一定額以上・新規取引先等）	△ ※一定額まで・既存取引先
情報 （開示可能なすべての情報へのアクセス）	○	○	○	○

3) ほとんどの権限を委譲

- **ヒト**：交渉や引き抜きによるチーム間の人員異動（個人としては、自分の意思による所属チームの選択）
- **モノ**（設備）・**カネ**（経費・投資）：特別な意思決定を含む、より大きな枠組みの中での支出、および新規の取引先との契約締結など。パターン「2)」同様、各チームが自由に使えるリソースの大きさについては、チーム結成時に活動内容やKPIを考慮して、それぞれ決定されることが望ましい。
- **情報**：開示可能なすべての情報に対するリアルタイムでのアクセス。同時に、会社組織としての統制を取るため、上位組織に付与しなければならない権限も整理する必要がある。

ここでも、実際に付与する権限の内容は場合によって異なるが、業績管理や組織運営の観点から、以下のような項目は、最低限、上位組織が握っておいたほうがよい内容の例として挙げられる。

- 業務で発生する支出のうち、あらかじめ決められた枠組みを超えるものや、特にイレギュラーな支出
- チームのKPI達成状況の定期的な把握

　チームの活動内容や状況については、透明性の観点から、チーム自ら全社に共有することを前提とする。チームが活動の進め方を自由に決定できるようにするため、あらためて中組織に報告させる権限は持たせないことが望ましい。

　チームに持たせる権限をうまく具体化できない場合、「上位組織に付与しなければならない最低限の権限」を先に洗い出し、それ以外の項目の意思決定権をすべてチームに付与するという考え方で権限を整理してもよい。

　いずれにせよ、上位組織の権限を設定する際には、権限の強さ・対象範囲がチームの主体性、機動性やチャレンジを阻害しない程度になっていなければならず、注意が必要である。

　パターン 2) や 3) を選択する場合、チームに委譲する権限の内容を決定することに加えて、チームに対して安心して権限を委譲できる仕組みを整備することも必要である。ここでは、考えられる2つの方法を紹介する。

1. チームメンバーや中組織長に対する価値観教育の徹底

　権限を委譲するチームメンバーや中組織長に対して価値観教育を行い、会社としての意思決定を行うために必要な価値観を共有する。

　これにより、チームメンバーや中組織長のレベルであっても、上位ポジションと同じ価値観をベースとした意思決定が可能になる。

2. 活動の「見える化」によるモニタリング

Slack などのコミュニケーションツールを活用し、直接チームに関わらない上位のポジションからも、活動や意思決定の記録を見えるようにすることで、チームや中組織にある程度権限を委譲したとしても、結果をモニタリングしやすくなる。

　意思決定の自由度は、実際にチームが持つ権限だけでなく、上位ポジションが権限を持つ項目の意思決定スピードによっても変わってくる。
　ここでは最後に、意思決定スピードを速めるための仕組みを検討する。
　意思決定スピードが遅くなる根本的な原因は、意思決定権限が現場（またはそれに近い階層）に委譲されていないことではなく、現場から実際の意思決定者までのレポートラインが多階層になっていることにある。
　例えば、本部長が最終的な承認者になっているとして、まず課長に上申、課長が承認すれば次は部長、最後に本部長が承認、のように3ステップを踏む必要がある組織と、はじめから本部長に上申できる組織では、明らか

図2-35　意思決定の階層構造の整理

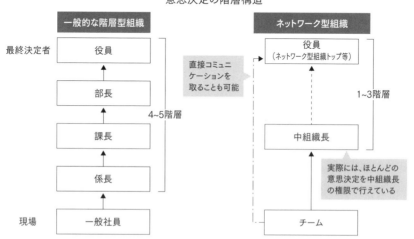

に後者のほうがすばやい意思決定が可能になる。（図2-35）

　そのため、特に現場への大胆な権限委譲を行わず、意思決定の自由度の高いネットワーク型組織を実現するためには、各チームが意思決定に際して承認を得る場合、実際に意思決定権を持つポジションへの直接の承認依頼を可能にしておくことが重要である。

　意思決定者に直接アプローチすることを可能にするために取り得る手段はさまざまだ。例えば、既存組織においてワークフローシステムなどを使用しているのであれば、システム上で実際の承認者を直接選択できるようにすることが考えられる。

　よりカジュアルにSlackなどのコミュニケーションツール上で権限を持つ人物に直接メッセージを送ることができる仕組みとするのもよいだろう。組織の目指す姿や風土に合わせて、シンプルなレポートラインを実現する手段を選択する。

留意点

　チームに対して思い切った権限付与ができないと、ネットワーク型組織として実際に機能しなくなってしまう。一方で、ある程度は上位組織に権限を持たせておかないと、会社組織としての統制が取れなくなってしまうというリスクがある。

　極端に個人・チーム側、もしくは会社側へ権限を振るのではなく、バランスを取ることが重要である。

ポイント

- フレームワークの「整合性」を実現するため、各組織・ポジションが果たすべき役割と責任が一致するよう設計する
- 中組織以下のチームについてはミッションに基づいて活動し、それを達成することが役割となるため、必ずしも財務責任を持つわけではない

目的・アウトプット

ネットワーク型組織では、基本的に各従業員による自発性・自律性を第一義としているため、会社から与えられたものではなく、自らが掲げたミッションに基づいて事業活動を行う。

しかし同時に、会社内の一組織として存続・成長するため、組織としての目標設定と達成は必須である。

各チームについては「パート2-2 チームの設計」（182ページ）で検討したとおり、あくまでもそれぞれのミッションに基づいてKPIが設定されるため、その内容が必ずしも財務KPIである必要はない。

ただし、中組織が自身の財務責任達成の見通しを立てられるようにすることを目的として、チームメンバー個人に対して財務的な数値目標を設定することは考えられる。

チームとは反対に、組織の利益最大化などの役割を持つ中組織以上の各ポジションに対しては、組織としての財務目標を達成するため、各ポジションが役割を果たした時に、どのような結果が出ているべきかを定量的に明らかにして財務責任を設定する。

財務責任については、個々の下位組織・ポジションの目標の総和がネットワーク型組織の目標値となるようにする必要がある。（図2-36）

本パートの最終的な目的は次のとおり。

図2-36　中組織・チーム・個人の責任の関係性

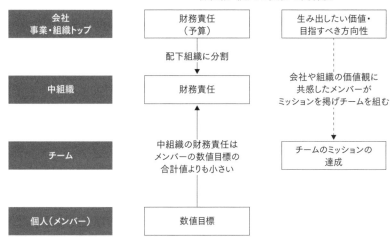

各組織・個人の責任の関係性

1. チームの役割を再確認し、それぞれのミッション、およびKPIの達成を
   チームの責任として設定すること
2. 組織としての財務目標達成のための管理を可能にすべく、個人に対す
   る財務的な目標設定、および達成成否の処遇への反映方針を決める
   こと

検討・作業の流れ

① チームの責任、および評価について整理し、中組織以上のポジション
   に対して財務責任を設定する
② 個人の責任を定義し、評価への反映について整理する

作業手順① チームの責任、および評価について整理し、中組織以上のポジションに対して財務責任を設定する

目的と概要

手順①では、フレームワークの「整合性」を実現するため、チームの責任や評価について、個々のミッションを達成するというチームの役割に照らして、どのような責任を設定することが適切なのかを整理する。

ミッションを達成できなかった時、責任を果たせなかった時に、どのようにチームの処遇に反映させるべきか。

ここで、「パート2-2 チームの設計」(182ページ)での検討内容にふれながら整理していく。「チームとして責任達成の成否と、チームメンバー個人の評価の関係性」については、手順②で検討する。

その後で、中組織以上に対してP/L・B/Sの項目に沿った財務責任を設定する。これは、中組織以上のポジションが、組織として利益最大化の実現やチームの目標達成支援というそれぞれの役割を果たした時、どのような結果が出ているべきかを定量的に明らかにするためである。

役割に沿った適切な責任が設定されていなければ、各ポジションが役割を果たせているかどうかを客観的に判断できず、結果的に適切な評価をつけることができなくなってしまう。

責任を設定する際、P/L・B/S項目をベースにするのは、「会社としての利益最大化」の成否を測る客観的な指標として最も適していると考えられるためである。

インプット

・ 組織の機能配置、構造
・ 各事業、機能トップが管掌する機能と分担

図2-37　役割・責任・権限の関係性

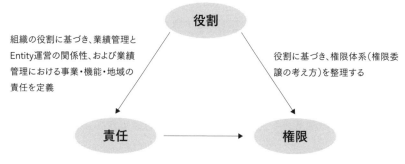

役割

組織の役割に基づき、業績管理と
Entity運営の関係性、および業績
管理における事業・機能・地域の
責任を定義

役割に基づき、権限体系（権限委
譲の考え方）を整理する

責任　　　　　　権限

責任に基づき、権限を設定する

Entity運営：グループ全体の運営に対して、各企業の運営（どう成長するか、資金繰りをしていくかなど）を
整理していくこと。

手順詳細

　検討の前提として役割・責任・権限の関係図（図2-37）から組織の役割に
即して業績管理における責任が設定されることを理解しておく必要がある。

　では、チームに対する責任・処遇への反映方針を設定していこう。ここ
で検討するのは「**チームに対してどんな責任を設定すべきか**」「**責任達成
の成否はチームの処遇にどう反映されるのか**」の2点である。

　まずはチームの責任を整理する。「パート2-2　チームの設計」（182ペー
ジ）で検討したとおり、チームの役割は各自にミッションを掲げ、達成の
ために活動することである。チームは組成時に、ミッション達成に向けた
計画を作成しており、その一部としてKPIを設定し、達成にコミットして
いる。そのため、チームにとっての責任は、「それぞれのミッションおよ
びKPIを達成すること」である。チームが「ミッションの達成」にフォー
カスして活動できる環境を作るため、ここでは上記に追加して財務責任を
設定しない。あくまでもチームが財務的なKPIを設定している場合に限り、
チームは財務的な責任を持つことになる。これは、どのようなパターンの
ネットワーク型組織にも共通している。

次に、「責任達成の成否」に関するチームへの処遇の反映方法について
整理する。

前述のミッション・KPIを達成できた場合・できなかった場合のチーム
の処遇についても、「パート2-2 チームの設計」で既に規定されている。

ミッションを達成できた場合には、解散基準に該当するため、チームは
解散することになる。反対に、ミッション・KPIを達成できなかった場合
についても、解散基準に該当するとして、解散プロセスに乗る。

チームの責任・評価方針が決定したら、中組織以上に対して財務責任
を設定する。財務責任を設定するには、前もってどのような「責任」を各
事業・機能や中核ポジションに紐づける必要があるかを洗い出しておく必
要がある。

P/L・B/S項目に則った会計上の財務責任は、費目単位で整理する。財
務責任の費目の例としては、製品売上、製品原価、人件費、などが挙げ
られる。そのうえで、全社・事業・機能別の戦略・計画の計画に紐づく財
務責任や中間責任を明らかにし、「事業トップは各事業のP/L（売上、売上
原価・販管費）が責任範囲」といった粒度で、各事業・機能の会計上の責
任範囲を設定していく。（図2-38）

図2-38 事業長レベルでの責任分担概要

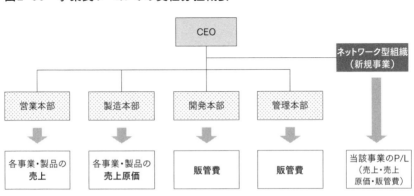

中組織に関しては、費目リストをもとに、上位組織となる機能・事業トップの財務責任を分割して、配下の中組織に割り当てていく。例えば、事業トップの配下では、A製品の営業担当チームを束ねる中組織がA製品の売上に、B製品の製造担当チームを束ねる中組織がB製品の製造原価にそれぞれ責任を持ち、直接機能の統括の配下では、研究開発に関わるチームを束ねる中組織が研究費に、設備投資の担当チームを束ねる中組織が設備投資額・実行率にそれぞれ責任を持つことが当然と考えられる。

　その際、以下の責任（財務指標）分担整理フレームワークを活用することができる。（図2-39）

　これらの責任の達成成否は、各ポジションの評価に直接反映されるよう評価制度を設計する。（評価制度設計の詳細は第3章・234〜に記載）

図2-39　責任（財務指標）分担整理フレームワーク

会計上の責任（財務KPI）		全社	事業			直接機能			間接機能		
			1	2	3	開発	製造	・・・	財務	人事	・・・
売上	製品売上	✓	✓	✓	✓						
	修理売上	✓	✓		✓						
売上原価	製品原価	✓	✓	✓	✓	✓	✓	✓			
	原価差額	✓	✓	✓	✓		✓	✓			
	売上雑損(評価損・廃棄損)	✓	✓	✓	✓		✓	✓			
販管費	販促費・広告宣伝費	✓	✓	✓	✓						
	研究費・特許費	✓	✓	✓	✓	✓	✓				
	IT費用	✓	✓	✓	✓	✓	✓	✓	✓	✓	✓
	人件費	✓	✓	✓	✓	✓	✓	✓	✓	✓	✓
	運搬費・保管料(物流費)	✓	✓	✓	✓					✓	
その他損益	営業外損益	✓	✓	✓	✓				✓		
利益	貢献利益	✓	✓	✓	✓						
	営業利益	✓	✓	✓	✓						
債権・債務	債権残高	✓	✓	✓	✓						
	債務残高	✓	✓	✓	✓		✓				
棚卸資産	製品・完成品残高	✓	✓	✓	✓		✓	✓			
	修理パーツ残高	✓	✓	✓	✓		✓	✓			
	材料・仕掛品残高	✓	✓	✓	✓		✓	✓			
設備投資	生産設備投資額	✓				✓	✓				
	一般設備投資額	✓							✓	✓	
	ソフトウエア投資額	✓								✓	

作業手順② 個人の責任を定義し、評価への反映について整理する

目的と概要

　手順②では、チームを構成する個人について「責任と評価の反映方針」を定めていく。チームに対しては必ずしも財務的責任が設定されるわけではないが、中組織以上の組織が目標数値を達成できそうか否かの見通しを立てられるようにするため、個人についても財務的な数値目標を設定することが考えられる。

　ここでは、個人の数値目標を設定することを前提として、その方法について記載する。

　評価に関しては、役割・責任・権限との一貫性を担保するため、個人としては、チームのミッション達成の成否ではなく、個人の数値目標の達成度が評価に反映されるよう評価制度を設計していく。

　また、評価においては、事業・機能それぞれの関与者からの簡単な評価、およびフィードバックが定期的に実施されるようにするなど、複合的な目線を取り入れることが望ましい。

　ネットワーク型組織を「フラットで双方向のコミュニケーションが可能な組織」と捉えると、上司から部下への評価だけでなく、部下から上司、同僚から同僚を評価する「相互評価」を行えるようにすることが考えられる。（評価制度設計の詳細は第3章・234～に記載）

インプット

・ 各事業、機能トップの主要な財務責任
・ 作業手順①で整理した「責任」項目のリスト

手順詳細

　個人の数値目標は、本人が所属する中組織（182ページ）の特性と本人

の等級により決定する。中組織の特性を考慮する観点として、中組織の担当範囲や事業の成長度合い、顧客（法人/個人）、業種（製造/サービス）などが挙げられる。1人あたり500万円/年の売上を上げることも難しい（または間接機能のため、そもそも売上を上げられる仕組みがない）中組織もあれば、本人の成熟度により1人あたり5,000万円以上/年の売上を上げることも難しくない中組織があるだろう。

　中組織の数値目標を検討する際と同様、所属組織の特性ごとに難易度を揃えた目標数値の範囲を絞り込んでいく。それぞれの中組織の「基準」となる売上高や利益額は、ネットワーク型組織に移行する前の部・課の実績を参考にすることも考えられる。

　その後、所属する中組織ごとに目標数値のテーブルを作成し、絞り込んだ範囲の中で、実際の個人の数値目標を等級別に設定していく。

　数値目標は等級制度を前提として設定されるため、数値目標単体で検討するのではなく、等級制度の設計と併せて検討することが望ましい。（等級などの人事制度の詳細は第3章に記載している）

　個人の目標数値の設定が完了すると、中組織の財務責任が適切に設定されているかどうかを確認できるようになる。

　中組織の財務責任が適切に設定されている時、各中組織の財務責任は中組織内に所属するメンバーの個人の数値目標の合計よりも小さくなっており、中組織の財務責任の合計は、上位組織である事業・機能トップの財務責任と等しくなっている。（図2-40）

図2-40　達成可能な中組織の財務責任と個人の数値目標の関係性

中組織内の個人の数値目標の合計	＞	中組織の財務責任の合計	＝	CxO・事業長の財務責任

個人の数値目標の合計が中組織の財務責任を上回るのは、各個人がチームとしてミッションの達成にフォーカスして活動しており、よりイノベーティブな活動を期待されることも多いことから、必ずしも全メンバーが目標を達成できるとは限らないためである。

留意点

　ネットワーク型組織では組織の最小単位である「チーム」が財務責任を持たないため、トラディショナルな階層型組織と比較して、社長や事業長レベルから見た時、財務的な管理がしづらくなる可能性がある。

パート5. 情報基盤構築

ポイント

・従業員が同じ土俵で会話できるようにするため、背景となる情報の対称性（一部の当事者だけに情報を偏在させない）を確保すること
・膨大な情報から必要なものを適時適切にピックアップできるようにするため、データの一元管理、および情報の適切な分類・整理を行うこと

目的・アウトプット

　ここまでのパートで、いわゆる組織としての枠組みや箱、権限や責任の設計を行ってきたが、ネットワーク型組織がより機能的に動くようにするには、情報インフラの設計を行う必要がある。

　ここでは、組織設計の最後のパートとして、情報インフラに関する整備・見直しのポイントついて、おおまかなシステムの導入ステップ（情報の整理・ツール選定、要件定義・実装、運用）に沿って簡単に記載する。

　情報インフラを見直すうえで特に重要になるのは、以下の2点である。

A．必要な時にはリアルタイムで情報にアクセスできる状態の実現（階層や所属に関係なく、情報の対称性を確保する）

すべての従業員が情報にリアルタイムでアクセスできるようにする目的は「第2章　01ネットワーク組織を構築するフレームワーク」（86ページ）でもふれているが、ネットワーク型組織のメンバーが、個人で戦略や業務について主体的に考えることができる環境を整えるため、上位ポジションとの情報断裂をなくし、意思決定者が重視する観点やポイントを押さえる。「情報の対称性（一部の当事者だけに情報を偏在させない）」を実現するには、情報格納のしやすさ・情報の取り出しやすさの両方を確保する必要がある。開示する情報の分類についても検討が必要だ。M&A情報や従業員の個人情報など、基本的にどんな場合でも関係者以外には非公開にしておくべき情報の他、各部門目標の進捗など、組織としての考え方（メンバーがどの程度自由にデータを使うことを可能にするか）に応じて公開範囲を絞ることが望ましいタイプの情報もある。「意思決定者のポイントを押さえる」という意味では、資料として整理される情報だけでなく、チャットやレビューのログなど、生の情報の管理・公開も必要と思われる。上申前に承認者の過去のチャット・レビューコメントをサッと確認し、本人の関心事や引っかかりやすいポイントを把握できれば、指摘の量や回数を最小限に抑え、これまでより早く承認を得られることが期待できる。

B．従来よりも堅牢な情報セキュリティの実現

秘匿・重要情報を閲覧可能な人数が増えることから、退職する従業員による情報の持ち出しや、メール誤送信などのヒューマンエラーによる情報漏洩のリスクが大きくなることが想定されるため、情報セキュリティはこれまで以上に重要となる。堅牢な情報セキュリティを実現するには、「システムの仕組み面」と「情報の取り扱いに関するルール運用面」の両面からの制御を検討する必要がある。

検討・作業の流れ

① 情報の整理・ツール選定
② 情報インフラの要件定義・実装
③ 情報インフラの運用

作業手順① 情報の整理・ツール選定

目的と概要

　情報インフラを見直すうえでの2つのポイントに沿って、情報の整理・ツール選定のタイミングで、実施すべき内容は以下のとおりである。

　　A. 必要な時にはリアルタイムで情報にアクセスできる状態の実現
　　　A-1.　開示/非開示情報の整理
　　　A-2.　開示する情報の階層の整理
　　　A-3.　情報管理方法・ツールの選定
　　B. 堅牢な情報セキュリティの実現
　　　B-1.　システム面での制御方法

手順詳細

　まずは、「A-1.開示/非開示情報の整理」を行う。ネットワーク型組織のメンバーとなる従業員に対して開示する情報の範囲は、メンバーがどの程度自由にデータ活用を可能にするかという組織の考え方により、大まかに以下の3パターンに分類できる。

　　Ⅰ 開示可能なすべての情報を開示する
　　Ⅱ 自部門に関してはすべての情報を開示し、他部門に関しては財務情報や所属メンバーの経験・専門性など一部のみ開示する
　　Ⅲ 自部門に関する情報のみを開示する

いずれのパターンにおいても、M&A情報や従業員の個人情報など、社内に広く公開すべきでない情報については、関係者以外には非開示としておく必要がある。

ただし、個人情報といっても各メンバーに関する情報のすべてを非公開にすべきというわけではない。年齢や住所・家族構成・給料・評価・健康診断の結果などについては基本的に公開すべきでない情報だが、各メンバーの前職や専門性・これまでの経験などについては、チームメンバーとして勧誘したり、チーム内で解決できない問題についてアドバイスを求めたりする場合に有用な情報となるため、基本的には公開したほうがよいと考えられる。

また、前述で公開すべきでないと整理した情報についても、例えば給料や評価結果などは、会社の考え方によって公開する情報のほうに含まれることもあるだろう。

次に、「A-2.開示する情報の階層の整理」を行う。階層は深くなりすぎず、同種の情報がきちんと整理された状態で管理できるように設計する。

ここで特に重要となるのは、生データの管理方法だろう。チャットログやレビューコメント（議事録など）をそのまま格納したのでは、データの取り出しやすさを担保することができない。そのため、「どのようなコメントを保存するのか」「どのような階層に分けるべきか」をここできちんと設計する必要がある。

その後、「A-3.情報の管理を行うツールの選定」を行う。大きく分けて、文書管理システムを用いるか、Excelなどを用いるかの2通りが考えられる。

開示する情報が多く、頻繁に追加・更新される場合は文書管理システムのほうが容易に管理できるし、開示する情報があまり多くない場合には、わざわざ新たにシステムを導入するのではなく、Excelなどを用いて簡易的に管理するほうがよい。文書管理システムを導入する場合には、用いる製品の選定もこのタイミングで行う。

さらに、セキュリティの観点から、「B-1. システム面での制御方法」を検討する。具体的に考えられる方法としては、情報の持ち出しが発生しそうな時にアラートが出る、発生した時に検知できるようなモニタリングや、PC本体の盗難・紛失時に備えたVDI（仮想デスクトップ）の利用、SNSやフリーメールの使用禁止（アクセス制限）、USBなど外部記憶媒体使用時の申請の義務化、などが考えられる。

作業手順② 要件定義・実装

目的と概要

手順②では、手順①で整理した内容に基づき、ベンダーなどを活用してシステムの要件定義・実装を行う。Excelなどを用いる（システムを導入しない）場合、要件定義・実装は行わないが、実際に情報公開をはじめる前に、以下のポイントについて検討しておく必要がある。

情報インフラを見直すうえでのポイントに沿って、要件定義・実装のタイミングで実施すべき内容は以下のとおりである。

A. 必要な時にはリアルタイムで情報にアクセスできる状態の実現
A-4. ラベリング・ファイルの命名ルールの整理

インプット

・情報管理システム・ツールの要件一覧

手順詳細

基本的には手順①で整理した内容を実現できるよう、通常のシステム導入時と同様に進め、要件定義の中で、「A-4. ラベリング・ファイルの命名ルールの整理」を行う。例えば、2022年度のA部署・A事業のP/Lのデー

タを格納する場合には、「A事業のP/L」という内容の他、作成・更新日、データの対象年度や期間、作成した部署名や問い合わせ先となる部署・個人名、などがラベリングされていることが望ましい。格納されるデータにどのような項目でラベリングを行うかを明らかにしておき、要件定義に反映させるようにする。

作業手順③ 運用ルールの策定

目的と概要

　手順③では、情報管理を行ううえでの運用ルールについて定める。ここでは、システム・ツールの使い方だけでなく、情報を取り扱ううえでの一般的なルールについても整理する。

　情報インフラを見直すうえでのポイントに沿って、運用ルール策定のタイミングで実施すべき内容は以下のとおりである。

　　B. 堅牢な情報セキュリティの実現
　　　B-2. 情報管理、および情報の格納・閲覧・使用に関するルールの策定

手順詳細

　セキュリティの観点から、「B-2.情報管理、および情報の格納・閲覧・使用に関するルールの策定」を行う。例えば、格納に関しては、公開すべきでないデータが格納されることのないよう、データ格納時のマスキングルールを策定したり、データ格納の可否を判断するプロセスを構築することの検討が必要だ。

　格納された資料などが頻繁に転用され、さらに社外に対して公開される可能性がある場合は、資料に掲載された顧客情報などについてマスキングをかけた状態でデータ格納したほうがよい場合がある。このようなルール

は、リスクの回避だけでなく、格納された情報を自由に使用・活用できる状態を実現することにもつながる。

　格納の観点ではもう1つ、「情報を管理するための業務を行うポジションを設置するか」という点についても検討しておかなければならない。

　基本的には情報を作成した人がシステム/ツールに格納することになると考えられるが、その際、適切にラベリングがされているか、階層が正しいか、公開できない情報のマスキングがされているかなどを確認し、必要に応じて修正対応を行う必要があると考えられる。これを格納する本人に任せるか、専門に対応する人に任せるかを検討する。

　閲覧・使用に関しては、例えば、印刷を許可することにより、印刷した紙の紛失や、本来の公開範囲外のメンバーの情報閲覧などが起こる可能性をふまえて、印刷の可否を設定するなどの検討が必要である。

留意点

　本文中にも記載しているが、情報の対称性（一部の当事者だけに情報を偏在させない）を実現しようとする場合には、同時にセキュリティの強化についても検討しなければならない。セキュリティ面の検討を行わない場合、情報流出などの危険性が非常に高くなる。

第 **3** 章

組織設計編

人材要件と
制度設計

前章でフォーメーション面を中心とした組織づくりにおける実装手順とポイントについて語ってきた。

ここからは、構築した組織の中で各人がイキイキと働くことができるよう、人にフォーカスしたケイパビリティ面からの仕組みづくりについて述べていく。（図3-01）

イキイキと人が働ける仕組みを構築するためのケイパビリティ面の観点は、いずれも人がイキイキ働くための気持ちや状態を示していると言える。

そうした状態をチームに実装するには、具備すべきルールや仕組みとして、以下6つの側面からの実装が求められる。

01. ネットワーク型組織に向けた「人材変革」のポイント
02. チームの特性と求められる人材タイプの整理
03. ミッションに応じたチームパターンとチーミングのあり方
04. ネットワーク型組織で活躍するための人材マネジメント
05. 価値観すり合わせの場の醸成
06. 安心して働ける人事制度構築

ここからは1つひとつの要素について、その必要性と実装のポイントについて確認していく。

図3-01 組織デザインアプローチ（全体）

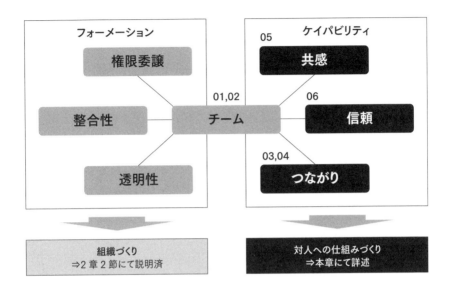

フォーメーション

権限委譲

整合性 ── チーム ── 信頼

透明性

ケイパビリティ

05 共感

01,02

06 信頼

03,04 つながり

組織づくり
⇒2章2節にて説明済

対人への仕組みづくり
⇒本章にて詳述

01 | ネットワーク型組織に向けた「人材変革」のポイント

変革の実現に向けた踏まえどころ

人材変革は組織変革と両輪となり、検討・推進が重要

　ここまで、持続的な価値創造の実現に向け、組織フォーメーションとしてのネットワーク型組織の要諦や、設計のあり方について述べてきた。

　環境の変化に対応していくための組織構築は行ってきたが、当初の思惑どおり、きちんと機能させていくには、組織で働く従業員一人ひとりが、あるべき姿や目的を理解・腹落ちして動くかどうかが大きく影響する。

　一般的に、このような変革への取組みを計画して進めていくことを、「チェンジマネジメント」という。

　一従業員の目線からすると、組織が変わるからといって、昨日今日で全く異なる業務を担うという大きな変化が生じることは多くない。とはいえ、組織変革の直後から、すべての従業員が、会社の新たな目的を理解・納得し、目的に沿った動きに合わせていくことは容易ではない。

　こうした変化に対する従業員の受容度を考慮しない、あるいは見誤ると、変革が思うように進まない事態に陥るケースがある。

意識変革は時間がかかる

さらには、「自律性・自発性を持て」といったマインドチェンジはさらに難しい。時間をかけていかないと、今までの仕事の仕方で身についた慣習から大きく変えていこうとしても、なかなか根源から変わっていかない。

特にネットワーク型組織の思想は、既存の階層型組織とは大きく異なり、チーム/個人に大きな権限と裁量がもたらされる中で、自律的な行動が求められる。

今までトップダウンで方針・指示出しがあったうえでの業務遂行や、細部にわたっての緻密な上位者への判断・意思決定を委ねていた世界とのギャップは大きい。

そのため、頭ではネットワーク型組織による、あるべき姿や要諦が理解できていたとしても、なかなか本質的に腹落ちし、実行にまで移すのには時間を要する。

換言すれば、この移行は長年にわたって上意下達や減点主義を採用してきた会社組織で育ってきた人材にとって、ハードルが大きいため、そうした会社がネットワーク型組織へ移行する場合は、必ず丁寧なチェンジマネジメントが必要になる。

こうしたマインドチェンジは時間をかけ、変革を受容するまでの人々の段階的な変化に対し、各段階に応じたアプローチを行うことが一般的に重要とされている。（次ページ・図3-02）

意識を変えることは一足飛びには進まない。段階的に、徐々にチェンジマネジメントを進めていくことがポイントになるので、常に「現在地がどこなのか」「段階を進めるために何が必要なのか」を確認しながら着実・確実に行動変容につなげていきたい。

図3-02 マインドチェンジのアプローチ

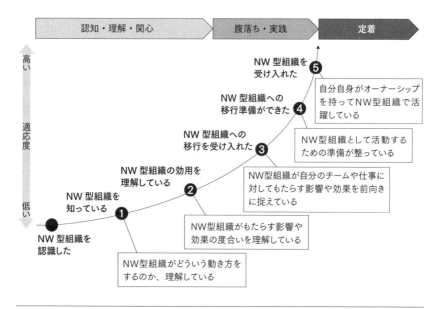

（図内「NW」＝ネットワーク）

02 | チームの特性と求められる人材タイプの整理

　ここからは、ネットワーク型組織でパフォーマンスを発揮するチームのあり方や、個人に求められる、スキルセット、マインドは何か。それらを持つ人材をどうチームに加えていくかを見ていきたい。

　まずは第2章「01 ネットワーク型組織を構築するフレームワーク」（86ページ）で言及した、ネットワーク型組織がうまく機能している時のチームの動き方・特性を振り返りつつ、チーム活動における各メンバーの役割や期待を読み解き、求められる人材タイプを明らかにしたい（図3-03）

図3-03　ネットワーク型組織におけるチームの特性（再掲）

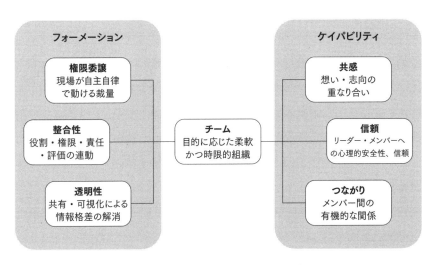

ネットワーク型組織における人材の特性

　変化の度合いが速い、将来を見通しづらい外部環境においては、仕事に求められる専門性が高度に細分化され、すべてを一人でカバーしきることは到底できなくなっている。

　そうした世の中では適時、適切な構成でミッションに合致した小集団を迅速、かつ柔軟に組成することで、ミッションに基づいた創造的な成果のすばやい実現に強みを発揮する。一人ではカバーできないことをチームで補完し合うことが強みになる。

　以下、それぞれについての具体内容と特性について見ていく。

1. 「共感」想い・志向の重なり合い

　チーム組成の目的や達成手段は唯一絶対ではない。むしろ、「組織が存在する意義や目的となるミッション」「組織が目指す理想の姿を意味するビジョン」「組織の価値観や価値基準を表すバリューの実現」に向けて適時適切な目標を設定し、達成手段を試行錯誤することを期待する。その場合、チームは同じ価値観・行動規範を共有することで求心力を得る。

　チームが求心力を保てるように、**価値観や行動規範を体現できるメンバー**が求められる。

2. 「信頼」メンバーへの心理的安全性・信頼

　チームは多様な価値観の中をうまく組み合わせながら、新しい価値を生み出すことを重視し、常に現状よりも、よりよい状態への変化を試みる。

　その過程において、メンバーが自らの能力を思う存分発揮できるような環境を提供する。

　多様なメンバーがそれぞれのよさを持ち寄り、組み合わせることで新たな価値創出を行うような、**互いを尊重し合うメンバー**が求められる。

3.「つながり」 メンバー間の有機的なつながり

チームは、一方向のレポートラインに限定されず、常にn対nでオープンなコミュニケーションを行う。チーム活動のゲイン・ペインポイントを明らかにしたり、新たなシーズ・ニーズ（創意工夫点）をすばやく捉えたりするために、双方向、かつ高頻度なコミュニケーションを取る。

いつも誰かに自身の考えを伝えたり、誰かの考えを引き出したり、引き出した考えを他の誰かに伝えたりといった、**顔が広く、さまざまな人へ情報を媒介するメンバー**が求められる。

4.「整合性」 役割、権限、責任、評価の整合性

チームは、刻々と変化する外部環境において、常に最良な目標達成手段を追求し続けながら成果を最大化する。それには個人の活動がチーム活動にアライン（連携）していることが重要である。

チームの役割、権限、責任、評価が一気通貫で設計されていることで、個々のメンバーはチーム活動の基本ルールを共有したうえ、一貫性を持って活動に取り組むことができる。**チーム活動を尊重しつつ、自分自身のバリューを発揮できるメンバー**が求められる。

5.「権限委譲」 権限委譲による現場の自主自律

チームは、所定の業務を正確に行うために役割責任や権限を定義するよりも、業務のあり方や進め方そのものも必要に応じて変化させながら、新たな役割を設定し、それを各メンバーが主体的に担うことで、価値創出が起こり、最終的な目的を達成することを期待する。したがって、所与の仕事の範囲に縛られず、個々が自由、かつ柔軟に活動することをメンバーに期待する。

よい意味で既存の枠にとらわれず、必要性を感じたらまず動いてみる、**チーム活動の幅を広げていくことのできるメンバー**が求められる。

6. 「透明性」 情報可視化による透明性

チームは、活動や意思決定に必要な情報を公開することで、透明性を高めてメンバーの参画意識を高めたり、伝言ゲームを回避して正確に情報を伝える。ちょっとしたアイデアといった些細な情報でも公開し、多くのメンバーがシェアすることで、偶発的な創造を引き起こす。アンテナを広く張って**さまざまな情報をキャッチする**とともに、**他のメンバーが使いやすいよう整理・加工し、分け隔てなくオープンに情報を発信するメンバー**が求められる。

チームメンバーへの期待 （人材タイプと特性）

前述のようなチーム像からチーム活動の全体像を捉えたうえで、チームの活性化に必要な人材タイプと特性を整理したい。(図3-04)

ここでの人材タイプはあくまで特性の違いであり、人材タイプ間で上下関係や重要性に優劣があるわけではない。むしろチームとして補完し合うことが大事なので、どの人材タイプも一様に重要である点は強く述べておきたい。

例えば、チームにイノベーターが2人いる場合、両者各々主張が強く、結果としてまとまらず、バラバラに活動していると、チームとしての相乗効果は期待できない。そこでハブ人材がチームに加わることで、2人の間を取り持ち、両者がいかんなく能力を発揮できる環境を整備することで、チームとしてシナジーを生み出すことができ、はじめてチームとして機能する状態になる。

実際には複数のタイプを併せ持つ人材や、特性の発揮度合いの程度の差など、個人単位で見ると、特性は千差万別であるが、本書においては、大きく以下5つの人材タイプに分類して、各々の特性について述べていく。

図3-04 ネットワーク型組織におけるチーム活動の全体像と チームメンバーへの期待と活躍する人材タイプ

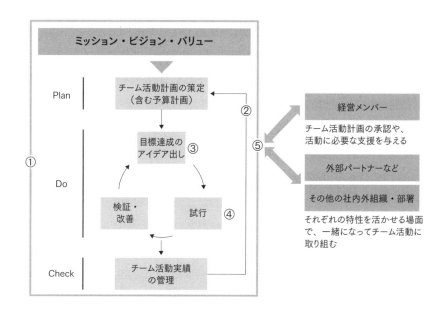

チームメンバーへの期待と活躍する人材タイプ

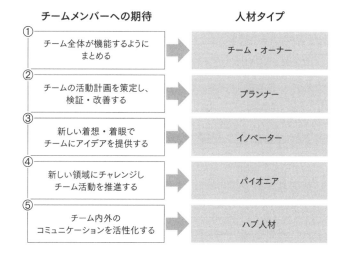

① チーム・オーナー　　② プランナー　　③ イノベーター

④ パイオニア　　　　⑤ ハブ人材

　自明のことながら、チームが掲げる目的や、取り組む活動内容によって
ふさわしいメンバー構成は都度異なる。そのため、人材タイプを必ず明確
にしなければならないということではないが、人材タイプをある程度把握
しておくと、チーミングが行いやすいのでお勧めする。人材タイプと特性
を述べた後、チーム活動に応じたメンバー構成の考え方を整理する。

① チーム・オーナー

役割

　チームが機能するためにまとめ役となる人材。

　チームの姿（チームの目的・達成手段・メンバー構成）や活動状況が、ミッ
ション・ビジョンの実現に向けてふさわしい状況かどうかを確認し、必要
があれば、チーム内外のステークホルダーと調整を行い、目的達成に向け
てチーム活動を取りまとめる。

チームでの日常の動き・状態

・チーム活動のリード／フォロー（立上げ場面、スタックした場面、円滑に進んでいる時）

　チーム始動時や経験値が少ないチームで運営がうまくいかない状況では、
アサーティブコミュニケーション（相手と対等に接しつつ、自らの考えをしっ
かり表現する）を主体として、アクティブにチームに働きかける。チーム運
営がうまくいっている経験値の高いチームでは、他のメンバーに対してサ
ポーティブに働きかける。

・チームのバランスを取る（チームが調和している、乱れている）

　チームが過度に調和している場合、同調圧力が高まってメンバーの自

主性を損ない、チーム活動が停滞する可能性がある。そうした場合、個々のメンバーの意欲を引き出したり、活動を促進したりして、遠心力を働かせ、チーム活動を加速する。

　反対に調和が乱れている場合、個々のメンバーがバラバラに活動してしまい、チーム活動が成立しなくなる可能性がある。そうした場合、チームが大切にする価値観・行動規範をメンバーに再認識してもらい、調和を取り戻してチーム活動をまとめる。

求められるマインド・能力

・全体への関心が強い、周りがよく見えている

　チーム活動の状況を把握するには、チームメンバーや周囲の関係者への状態を気遣ったり、察知したりする感受性が求められる。

・調整力

　チームメンバーの想いを汲み取ったうえで、チーム全体の最適解を考える視点から、メンバー間のコンフリクト調整を行う。

　ただし、調整は当人材の独断で進めるのではなく、あくまで合議で進め、当人材はまとめ役としての役割を果たす点は理解しておきたい。

　加えて、チーム外のステークホルダーとの調整役を務めるための交渉力も兼ね備えている。

留意点

　当人材はチームのまとめ役を担うため、新たにチームを組成したり、チーム数を増やしたり、規模を拡大したりする際は、相応の人数が必要になる。

　一方、チームのまとめ役を担うには、さまざまな経験を積み、かつまとめ役に徹することが求められるが、そうした人材は希少性が高いため、あらかじめ調達計画を用意しておくことが重要である。

②プランナー

役割

　チーム内外の関係者と調整して、チーム活動を計画に落とし込む役割を担う。また、策定した計画をチーム外に発信して、チームのプレゼンス向上や予算獲得に取り組むとともに、チーム活動計画の進捗管理にも貢献する。

チームでの日常の動き・状態

・計画策定・進捗管理（立上げ期、運用期）

　チームが動き出すにあたって、各メンバーの動きを把握したり、チーム内外の関係者から情報を得てマイルストンを設定し、チームの目的を達成できるよう、具体的な活動計画として落とし込む。チーム活動に必要な予算を計画し、管理する。

　また、計画策定後も関係者の動向を注視して進捗を管理するとともに、進捗状況が芳しくない場合や、問題が発生した場合、軌道修正が求められる状況など、イレギュラーケースの発生時に、リソース集め・活用などを具体的な段取りに落とし込み、計画をタイムリーにアップデートする。

・対外プレゼンスの向上

　チームの活動計画を関係各所に伝え、腹落ちさせ、動きに巻き込んでいく。具体的には、チームのマネジメント上位者や関係部署・外部パートナーなどのキーマンに対して機会を設け、正しさ・論理よりも相手のニーズや感覚に沿った説明・アプローチへと柔軟に組み立て、理解・納得させ、味方として支援してもらえる状況を構想し、推進していく。併せてチーム活動の予算承認も取りつける。チーム活動を軌道修正した場合も、タイムリーに関係各所への説明機会を設け、修正計画をきちんと説明することで、チーム活動に対する周囲の理解を得る。

求められるマインド・能力

・インテグレーション（優先順位づけ）

　チーム内外から収集した個々の活動・タスクの中から、チーム活動の中核となる活動・タスクを整理したり、前後関係から効率的な進め方を検討したりする。個々の活動の最適化に陥って、チーム活動の全体が停滞しないよう、全体感を持って計画策定ができる。

・場に応じた立ち回り

　チームの活動計画に影響がありそうな情報・事態を察知して、タスク・スケジュール管理の観点から、さまざまな関係者と適切にコミュニケーションを図る。

　また、チーム活動計画を周知する際には、折にふれ、活動意義や相手にとってのメリットにまで言及して説明することで、チームの存在意義を高める。公私ともに周りから好かれやすい、頼みやすい人柄が適任。

留意点

　当人材は、ともすると計画策定・管理といった事務作業を担う人材として軽視されがちだが、チームのプレゼンスを高めるうえで非常に重要な役割を担っている。

　したがって、事務作業を担うだけの要件しか持ち合わせない人材に安易に任せることなく、チーム・オーナーと一体になってチームを推進できるような力量を持つ人材を登用して任せるべきである。

　また、チーム・オーナーとの役割の棲み分けも重要である。チーム・オーナーはチーム内の調整メインとし、プランナーは計画策定したうえでチーム外への発信・交渉・調整をメインにするとよい。

③ イノベーター

役割

チームに新しい着想・着眼をもたらし、チームの停滞や現状を打破したり、全く新しい価値を創造する。単なる着想・着眼の提示に留まらず、チームにとって魅力的なアイデアを示すことで、進むべき方向を指南する。

チームでの日常の動き・状態

・ブレークスルーのきっかけを提供

ゼロベース思考を得意にしており、チームが創造的なアイデアや成果についてブレストする際、多様で斬新な着想・着眼を提供する。

チーム活動が、無意識に従来の価値観・行動規範に縛られていて停滞している時にも、「はっ」とするような、ブレークスルーのヒントや気づきになる発言・行動を提供する。

・ワクワクさせる

現状の延長線上にない魅力的なアイデアをチームにもたらすことで、チームメンバーに素晴らしい将来の到来を予感させ、前向きな気持ちにさせる。

当人材がバックキャストでの考え方や発想を持ち込むことで、現在置かれている立場や制約条件を前提に、積み上げ式の考え方に陥っているチームの思考様式を変え、他のメンバーからも有用なアイデアが生まれてくる状況を作る。

求められるマインド・能力

・クリエイティビティ

付加価値や新しい価値の創出に必要な着想や着眼をチームに提供する。さまざまな事象にアンテナを張り巡らせて発想を拡げたり、ゼロベースから新たに発想したりする。

・ビジョンニング

新たな着想・着眼がもたらす価値の素晴らしさやインパクトを伝える。突飛なアイデアが理解されないまま埋もれてしまうのではなく、チームの関係者がきちんと理解できるように伝えることで、個人的なアイデアに終わらせず、チームとしてのアイデアに昇華する。

留意点

当人材はチームが創造的な価値を生み出すために不可欠な人材である。一方、新しい着想・着眼をもたらす人材は希少性が高いため、計画的な調達が極めて重要で、内部調達のみならず、外部調達の活用を積極的に検討してくべきである。

イノベーターは尖っていることこそが、ある種のアイデンティティであるため、それをどれだけ伸ばす・許容できるかがポイントになる。

ややもすると、チームプレイがあまり得意でなかったり、性格に多少難があっても、特異な専門性を享受するためであれば、一定程度は目をつぶり、受け入れる必要があるかもしれない。

この辺りは会社/チーム方針にもよるが、少なくともイノベーターに全方位的な能力や一般性を求めてはいけないということは述べておく。

④ パイオニア

役割

チームが新しいことに取り組む際、最初に一歩を踏み出してチームを勇気づけて、勢いづける。チームが取るべきリスクを引き受け、大きなリターンをもたらすことでチームを推進する。

チームでの日常の動き・状態

・何事もやってみる

　当人材は、新しいことに興味を持って取り組むことが得意・好きなので、普通であれば躊躇（ちゅうちょ）するような場面でも「やってみよう」と言って行動する。

　結果として失敗するケースもあるが、失敗から学ぶ姿勢を体現してくれることで、チームが失敗を恐れず、積極的に活動していくよう励ます。

求められるマインド・能力

・フットワーク

「まずはやってみる」を体現するように、あれこれ新しいことに取り組む。よい結果を得たらすぐチームに還元して、よい方向に推進していく。

・探求心・好奇心

　リスクを前に怖気づくより、新しい経験や知見を得ることに興味関心が向く。

・失敗から学ぶ姿勢・ポジティブシンキング

　失敗を恐れるよりも、失敗から学ぶことを重視する。失敗することで改善点や課題を見つけて、今よりもよい状態になることをポジティブにとらえる。

留意点

　当人材は、チームが積極的にチャレンジするために不可欠な人材だが、リスク志向がもたらす失敗をヘッジする点には注意が必要である。

　特に、チームを安全・堅実に進めがちなチーム・オーナーやプランナーとの志向性の違いによる意見の衝突が起こることは想像に難（かた）くない。

　当人材の特性として、活動への興味関心が少なくなると、チームへの

コミットメントが低下する可能性が高いため、チームへのコミットメント
をいかに維持し続けるかの工夫が必要になる。

⑤ ハブ人材

役割

　チーム関係者のコミュニケーション媒体として、オフィシャルだけでな
く、アンオフィシャルな側面でもコミュニケーションを活性化する。

　チームとして結束するためのコミュニケーション（求心力）と、メンバー
の個性を活かすコミュニケーション（遠心力）とを使い分ける。結果とし
て、多様なメンバーを内包するチームのカルチャー形成に貢献する。

　チーム内だけでなく、社内外のさまざまな関係者と関係を築くことで、
チームへの賛同者や協力者を増やしたり、鮮度の高い情報やアイデアが
入ってくるような状況作りに貢献する。

チームでの日常の動き・状態

・メンバーの相互理解の促進（立上げ期、オンボーディング、対立の解消）

　当人材は、メンバーとコミュニケーションすることが好きで得意である。
コミュニケーションを積み重ねていくことで、当人材は各メンバーを深く
理解していく。

　チームの立上げ期では、チーム内のコミュニケーションをリードする。
率先して自己開示しながら、メンバーとコミュニケーション取ることで、
チームとしてまとまるための相互理解を促進する。

　チームにメンバーが加わる際は、当人材が他のメンバーとのコミュニ
ケーションを支援するなど、チームへのオンボーディングをサポートする。

　チームに心理的な対立が発生した時には、対立しているメンバーの間に
入り、わだかまりの解消に努める。

・Know-Who

　各メンバーやさまざまな外部関係者が持っている知識や経験を聞き出すことで、誰かが支援を必要としている時に助けになってくれるメンバーを連携してくれる。

求められるマインド・能力

・情報ネットワークの構築

　双方向かつ高頻度で密なコミュニケーションを行うためのネットワークを作る。また、関係者を次々とネットワークに取り込み、多様で柔軟なコミュニケーションができるような環境を作る。

・オープンマインド・オープンコミュニケーション

　コミュニケーションを取るうえで、常に自分自身をオープンにしている。また、コミュニケーションも隠すことなく、誰でもいつでもコミュニケーションに加われるようにしている。

留意点

　チームのコミュニケーションの質・量に影響を及ぼす点で、当人材は重要である。一方、チームの目指す姿や方向性と異なる働きをすると、チーム運営がぎくしゃくする懸念がある。

　また、当人材が特定の誰かを贔屓しているように見えたり、陰で誰かの評判を下げるような発言をしていると受け取られたりすると、チーム内に不信感が生まれて不協和音が生じる。

　当人材をうまく活用するには、当人材の資質面やチーム・オーナーとの連携に注意することが大事である。

ネットワーク型組織に適合しづらい人材

　ネットワーク型組織のチームには、上記のような人材タイプが適する一方で、マインド・能力の面というより、人材特性の面で適合し難い人材も一定数存在する。こうした人材への対処方法を以下に述べる。

適合し難いポイントと理由

・型にはまった仕事を好む人材

　ネットワーク型組織では、定型/非定型な業務を問わず、常に、現状よりもよい業務のあり方を模索したり、今までにない価値を生み出すために新しい役割を担ったりすることが求められる。しかしながら、当人材は変化することや不確な状況に置かれることを避け、仕事の進め方や成果、担うべき役割を明確にすることを強く求める。そのため、ネットワーク型組織では活躍の幅が狭まる。

・現状バイアスが強い人材

　ネットワーク型組織では、メンバー一人ひとりが持っている強みや個性を活かすことで、迅速、かつ高いレベルで目的を達成することを目指していく。しかしながら、当人材は自らとは違う特性を持つ人材との交流を避け、自分が勝手を知っている環境で安定して仕事することを好む。そのため、ネットワーク型組織への参画が消極的になってしまう。

対処方法

　該当する人材は一定数存在するため、ネットワーク型組織へ移行する際、当人材にどのように対処していくかが重要になる。ここでは対処方法を2つ挙げて説明する

・育成によって他タイプへ転換

　育成を通じて、ネットワーク型組織に適合しづらい人材をネットワーク型組織で活躍する人材タイプへと転換していく。

　ただし、前述の特性を持っている人材は、真逆の人材タイプと言えるチーム・オーナーやイノベーター、パイオニアへの転換はハードルが高いと思われため、転換先のタイプは「ハブ人材」を想定する。

　育成のポイントは、「何をすればよいか（What）」に加え、「なぜ達成したいのか（Why）」を理解してもらうこと。

　例えば、情報収集することが仕事ではなく、その情報を活用することでチーム活動が促進されることが目的だと理解できれば、収集すべき情報を考えたり、最新の情報かどうかケアしたりすることが重要だと腹落ちする。そうすることで行動変容を促し、他の人材タイプへの転換を促していく。

　育成担当者には、一定のコーチングスキルが求められる。なぜなら、人材特性の面から、ネットワーク型組織への適合が苦戦する場合、育成によって他タイプへの転換を目指していくケースでは、時間をかけて丁寧に少しずつ適応を支援するような育成が必要なためである。

・採用・選定時点でスクリーニング

　当人材をチームメンバーに選定しないようスクリーニングを行う。本人の志向性を確認するため、本人との面談（意向確認）の他、これまでの仕事の経歴、実績の確認、過去の上司や同僚へのヒアリングなどを行い、当人材に該当するか否かを判断する。難易度はそれほど高くない。

組織全体をネットワーク型組織に移行する場合（全員を転換する場合）の対処方法

・仕方なくチームへ配属

　諸般の事情により、やむなく当人材をネットワーク型組織に配属する場合、当人材の特性を踏まえた役割付与・業務アサインが必要である（そもそもネットワーク型組織はメンバーの自律性を前提に運用されるため、役割付与・業務アサインという考えは弱い点は付言しておく）。なるべく業務を定型化することで、当人材が取り組みやすい状況を整えることがポイントになる。

　つまり、情報収集の役割を担うのであれば、誰からどんな情報を得るのか、その後、どのような形式・方法で情報を取りまとめて発信するのか、ある程度、事前に具体化して業務アサインすることで、当人材がネットワーク型組織にオンボーディングしやすい工夫をする。

・PIPの実施

　PIP（Performance Improvement Program：パフォーマンス改善プログラム）は、当人材がネットワーク型組織へ適応することを後押しする点では、前述した育成による人材タイプの転換と重複する部分があるが、既にネットワーク型組織へ配属された当人材が、期待したパフォーマンスを発揮できていない場合に実施することを想定している。

　既にネットワーク型組織で活動するうえで、何かしらの課題を抱えているので、マネジメントラインの上位者は、本人と課題について話し合いを行い、根本的な原因の特定や改善に向けた取り組みを明確にしていくことが求められる。

　PIPにて定められた期間において、改善が見られ、期待するパフォーマンスに至れば、PIPを卒業してチームメンバーとして活躍してもらう。

　改善が見られないケースでは、PIPを継続実施していく、あるいは状況によっては異動・降格などの人事上の処遇を行う場合もある。

PIPを実施するケースでも、パフォーマンス不足が人材特性に起因する場合は、長めの実施期間を想定して辛抱強く取り組むことが必要である。

・退職勧奨

対処方法の最終手段として退職勧奨がある。

当人材がネットワーク型組織で活躍する見込みがない、かつ全社においても当人材が活躍できるポジションを提供できない場合、本人と社外でのキャリア形成の可能性も含めた話し合いを行う。

ただし周知のとおり、日本での解雇は厳しく制限されているため、法的リスクの観点から、できる限り当手段は採らないことが望ましい。

とはいえ、あくまでも会社の方向性と本人の志向性におけるミスマッチを解決するための建設的な話し合いを行うスタンスで実施することが基本になるが、それでも改善・迎合できない場合は、放置せずに毅然と対応していくことが、残ったメンバーにとっても有効である。

03 | ミッションに応じた チームパターンと チーミングのあり方

　チームが求める人材タイプを踏まえたうえで、チームが取り組む活動によってふさわしいメンバー構成についての基本的な考え方を示す。

　ここでは、前章で述べたチーム組成のパターンに応じて、詳細を述べていくが、いずれのパターンにおいても特定の組織やバックグラウンドを持つメンバーだけを集めたり、参画条件を絞り込んだりしてチーム組成することはNGである。チーム組成においてケイパビリティ、特に人と人とのつながりが失われないように注意されたい。

チーム組成のパターンと活躍する人材タイプ

　ネットワーク型組織は目的に応じて「少数への集中的リソース・権限付与を行う組織」から「多数への自律性を要求する組織」まで、大きく、

- 事業創造
- 商品・サービスのイノベーション
- 業務などの継続改善

の3種類に分けられる。以下に組成されるチームの特徴、チーム活動、活躍する人材タイプについて述べる。（次ページ・図3-05）

図3-05 チーム組成のパターン

	少数への集中的リソース・権限付与 ← → 多数への自律性要求		
代表される チーム形態	クロスファンクショナル チーム	（社内／社外） 特区チーム	改善チーム
	事業創造	商品・サービスの イノベーション	業務などの継続改善
組織構造	少人数のチーム （トップイノベーターをリーダーにして精鋭チームを組成）	特定組織に集約してチームを組成、もしくはCVCなどで募ってプロジェクト組成など	既存組織所属（所属を変えず各組織にて動き方を変化）
責任・権限	リソースを大きく集中投下してリーダーに権限を付与、失敗責任を追及しない	選定された特定のチームには権限を付与、失敗責任を追及しない	個人の主体的に改善する権限を付与、各組織長の責任で改善目標を掲げる
人事評価	中間的な成果を評価して、最終成果が出なくても大きく減点しない	中間的な成果を評価して、最終成果が出なくても大きく減点しない	達成した成果は 原則加点

CVC（Corporate Venture Capital）：事業会社がファンドを組成、自社の収益につながるベンチャー企業に投資

クロスファンクショナルチーム

特徴

　新規事業創造など、難易度の高い課題に取り組む目的で、トップイノベーターをリーダーとする少数精鋭チームとして組成する。

　会社からの期待が大きく、リソースを大きく集中投下したうえでリーダーが権限を持ち、課題解決に取り組む。

　難易度の高い課題に取り組むために、失敗責任を追及せず、チャレンジや成功を大きく評価することでチーム活動を活性化する。

チーム活動と活躍する人材タイプ

　当チームではエース級のメンバーが参集し、共通の目的に対してコミットし続け、限られた期間で最大の成果を上げることがカギになる。

コミットメントの観点では、チーム・オーナーが目的を明確に示せるか、共感を引き出せるかが重要なポイントになる。

メンバーにはもともとの本務を行う所属元があり、ともすれば無意識に所属元の立場で発言や行動を取ってしまう場合がある。そうした空中分解のリスクを摘むのがチーム・オーナーの重要な役割になる。

次に、さまざまなバックグラウンドを持つメンバー間のコミュニケーションを支えるハブ人材が重要な役割を果たす。当チームの成り立ちから、最初はメンバー間の相互理解を期待できない。相互理解を醸成するためにはコミュニケーションの質・量を高めていく必要があるが、ハブ人材がそうした動きを媒介してくれる。

（社内／社外）特区チーム

特徴

商品やサービスのイノベーションを起こす目的でチームを組成する。既存事業内にチームを組成する場合と社外にチームを組成する場合がある。

既存事業内にチームを組成する場合、従来の価値観・考え方に縛られないよう、チームの権限を確立したり、スポンサーを獲得する工夫が必要になる。社外にチームを組成する場合、CVC（Corporate Venture Capital）などの新組織を設立して、個人が持つアイデアなどをイノベーションに結実できるよう環境を整備することが重要だ。

チーム活動と活躍する人材タイプ

当チームでは、既成概念やルールに縛られることなく、自由な発想で価値創造に取り組むことがカギになる。

自由な発想をリードする点では、イノベーターが本来のポテンシャルを開放することが重要である。従来の組織では取り組めなかったこと、保留していたアイデアなどを持ち寄り、チーム活動を活性化する役割を担う。

イノベーティブな活動を支える点では、チーム内外の情報を幅広く収集、情報鮮度を保ち、柔軟、かつタイムリーに活用できることが重要なので、ハブ人材が重要な役割を果たす。チームにとって必要な情報パスを整えてメンバーとつなぐことで貢献する。

　加えて、社外特区チームで活躍する人材タイプについて述べておく。社外特区チームのほうが社内特区チームより、オープンな環境でイノベーションの実現を志向することが多い。したがって、従来とは全く異なるビジネスモデルを志向してみる、今までに組んだことがない外部パートナーと関係を築いていく、といったチャレンジに積極的に取り組むうえでパイオニアが重要な役割を果たす。どんどんポジティブなリスクを取っていくことが期待される。

改善チーム

特徴

　大きなイノベーションを起こすというよりも業務など改善を積み重ねていく目的で組成する。既存組織の中に、例えば各自の業務の見直しなどに20％の時間を使ってよい、というルールを設けて活動するチームである。

　会社からの業務命令で行うのではなく、あくまで社員の自発的なアイデアをもとに自由に活動していく点がポイントだ。

チーム活動と活躍する人材タイプ

　当チームは、社員の自発性やアイデアをもとに組成されるため、同じ課題意識やモチベーションを持ったメンバーが集まりやすい。そのため、チームへのコミットメントが強く、価値観や行動規範も似ていることが想定される。当チームが期待を上回る成果を上げるには、あえて異質的な価値観や行動を取り入れ、さまざまな可能性を追求することが重要になる。その点で、パイオニアが重要な役割を担う。特に、アイデアの発散では盛り

上がるが、そこで満足してしまい、具体的な成果獲得に至らないチームになってしまう場合など、パイオニアがアイデアを実行に移して、チームを次のステージに進めることに貢献する。

　また、さまざまな情報にふれて発想を広げるという点では、ハブ人材が重要になる。関心事項に関する最新情報だけでなく、チーム内外に埋没する過去の取り組み・失敗事例などから示唆を得たり、ストックされた暗黙知を掘り起こしたりすることで、多面的・多視点でチームを運営することに貢献する。

チーム運営の方向性とふさわしいメンバー構成

　チーム組成のパターンごとに、チームの活動と活躍する人材タイプの関係を述べてきたが、ここではチームの特徴から、チーム運営のポイントとふさわしいメンバー構成について、考え方を述べていく。

チーム運営の方向性

　チームの特徴は大きく2つの軸で整理することができる。（次ページ・図3-06）

　1つは、「**メンバーの性質**」で、同質性と異質性によって整理する軸である。特に、類似したバックグラウンドを持つメンバーを集めるのか、さまざまなバックグラウンドを持つ多様なメンバーを集めるのか、によって、チーム運営方法に影響が出る。

　前者であれば、思考や行動が似通うことを防ぐため、チーム外の考え方を取り入れたり、従来の考え方とは全く異なる考え方を試行してみることが推奨される。後者であれば、チームの価値観や行動規範を醸成していくことが推奨される。

図3-06　チームの特性

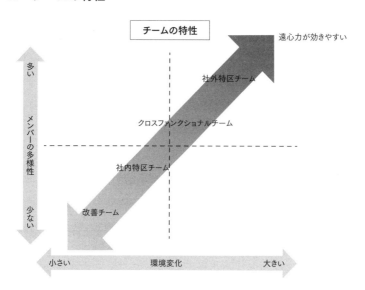

もう1つの軸は、「**チームの組成環境**」である。端的に言えば、従来の組織に近い、あるいは類似した環境にチームを組成するのか、それとも従来の組織とは異なる環境、あるいは全く新しい環境にチームを組成するのかという違いである。

前者であれば、従来の組織の影響を受けやすく、価値観や行動規範も似通ってくることに注意が必要だ。後者であれば、従来の環境にとらわれない活動が可能だが、これまでの価値観や行動規範と全く相いれない活動になってしまわないように注意が必要だ。

この両軸で整理した時、メンバーの性質が異質的（多様）で、チームが従来の組織とは異なる環境に組成されるパターンに近ければ、遠心力が効きやすい反面、求心力の効かせ方がチーム運営の方向性になってくる。

一方、メンバーが同質性を持っており、チームが従来の組織に近い環境に組成されるパターンに近ければ、遠心力が効きにくいと想定される。

その場合、いかに遠心力を効かせていくかが、チーム運営の方向性になってくる。

遠心力が効きやすいチームのメンバー構成

　遠心力が効きやすいチームとは、クロスファンクショナルチーム、社外特区が該当する。これらのチームでは、多様なメンバーが自律した活動を推奨されており、各メンバーの専門性や強みを発揮して目的達成に取り組むことが期待できる。

　一方で、チームの求心力が生まれないと、メンバーの活動がバラバラになってしまい、チームとして成果を上げられないケースが発生する。そうした事態を防ぐために、求心力を高めるため観点からメンバー構成に工夫を凝らす。

　具体的には、チーム・オーナーとハブ人材が重要な役割を担う。

　チーム・オーナーは、チームの目的を明示し、価値観や行動規範を示し、チームとしてブレない意思決定を担保していく役割を担う。そうすることで、遠心力を効かせながらも、チームが空中分解しないようにコントロールすることができる。

　ハブ人材は、チームの目的、価値観、行動規範をメンバーに腹落ちしていくためのコミュニケーションを担う。一方的にチームが重視することを伝えるだけでなく、各メンバーの考えを聞き出し、メンバー間で相互理解を深めることではじめて、メンバーの腹落ちを醸成できる。双方向のコミュニケーションを頻度高く媒介していく重要な役割をハブ人材が担う。

　結論として、遠心力が効きやすいチームでは、求心力をコントロールするチーム・オーナーを必ず組み入れること、求心力の醸成に貢献するハブ人材を一定数参画させることがカギになる。ハブ人材の人数比率は、意図的に高めておきたい。ただし、チームの成熟度が高まれば、特にハブ人材の比率にはこだわらなくてもよい。

遠心力が効きにくいチームのメンバー構成

　遠心力が効きにくいチームは、社内特区、改善チームが該当する。これらのチームでは、類似するバックグラウンドを持つメンバーが従来の環境に近しい中で活動しており、同じような価値観や行動規範を共有している。

　チームのベースメントは安定しているものの、新しい発想・行動が生まれにくい面がある。そうした中で、チームの成果を最大限引き出していくには、新しい発想・行動をリードしていく観点からメンバー構成に工夫を凝らす。

　具体的には、イノベーターとパイオニアが重要な役割を担う。

　イノベーターは発想の観点で、パイオニアは行動の観点で、従来の価値観や行動規範のブレークスルーが期待できる。

　従来の組織では周囲と協調が大切にされていて、両人材タイプとも思うように自律的な活動を取れないケースが多い。そうした経緯を理解したうえで、ネットワーク型組織では逆に、自律的な活動が推奨されることを伝え、行動を促進していくことがカギになる。

　両人材が遠心力を発揮していくことで、徐々に他のメンバーも刺激を受けて、チーム全体の活動が活性化していくことを狙っていく。

　初期的には、イノベーター、パイオニアをきちんとメンバーに加えたい。両者が少ないと、自律的な活動が散発的で断続的な状態になってしまい、チーム全体の活動が停滞していく懸念がある。

　一方で、両人材タイプが多すぎると、遠心力が効きすぎて他のメンバーとのハレーション（周囲への悪影響）が大きくなり、チーム運営に支障をきたす可能性がある。

　チーム運営が軌道に乗ってきた後は、チームの目的に応じて最適な人数構成を検討したい。アグレッシブにイノベーティブな成果を狙っていくチームであれば、当然ながら両人材の活躍の場が大きいため、人数構成を増やしたチームにしていくべきである。

チーム運営における人材タイプとランク（年次）の影響

　ネットワーク型組織におけるチームは、メンバー各自がそれぞれの役割をこなすことでうまく運用されている。そのため、職能等級のような年功的な発想や運用とは一線を画している。

　とはいえ、現実には年齢の若いチーム・オーナーと、熟練のハブ人材やイノベーターといったチーム構成もあり得る中で、理想どおりの運用が可能なのか、疑問を持たれる方もいるかと思う。

　結論から言えば、チームメンバーのマインドセット、あるいはチームが属する組織の価値観によって、ランク（年次）の影響を排することができるかどうかで決まる。

　多様性を認め合うチームであれば、ランクに関わらず、各自の役割や貢献、成果できちんとお互いを評価し合い認め合うチームになる。公平であり公正であること、オープンな環境が多様性を認め合ううえで重要なのは言うまでもない。

　そうした環境をチーム組成時や業務開始から未だ日が浅いうちに、チームメンバーが互いに語り合い共通認識として持つ場を作ることが非常に重要である。

　例えば、チーム内の特定人物が役割を超えて評価の決定権限を持っていると、他のメンバーは当該人物の顔色を窺うようになり、見えない従属関係を生じさせる。

　もし、組成したチームにおいてランク（年次）の影響が見え隠れした場合には、権限設計、評価プロセス、マインド・組織風土といった観点で悪影響が出ていないか、点検することをお勧めする。

04 | ネットワーク型組織で 活躍するための 人材マネジメント

　ここまで、「ネットワーク型組織で活躍する人材タイプ」について述べてきた。ここからは、前述した各種タイプの人材をどのように調達し、活用していくのか、人材マネジメントのポイントを説明したい。

　そこで、人材タイプの特性から人材マネジメントの方向性を類型化して、パターンごとに説明していく。(図3-07)

　ここでは人材タイプ間の「生き筋」や「キャリアモデル」を示すことはしない。なぜなら、人材タイプは個人の志向性に応じて自由に選択することができるためである。

　個人がどのような専門性を身につけ、高めていこうとするかによって、志向する人材タイプが定まってくる。なおかつ、専門性が高度になるにつれ、難易度が高い、あるいはインパクトが大きい仕事に従事し、結果としてキャリアを高めていくことになる。

　一方で、個人が志向性を模索する動きは、人材タイプの変更を試行する動きとして捉えられる。そこからも人材タイプは固定的ではなく、むしろ流動的であると言える。

図3-07　人材タイプごとの調達パターン

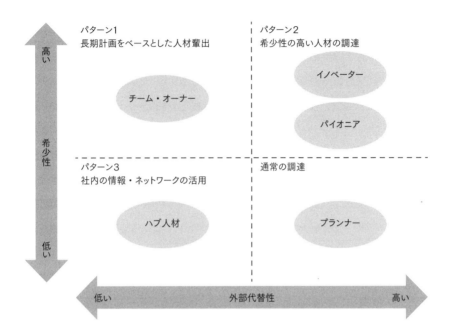

パターン1　長期計画をベースとした人材輩出

（対象になる人材タイプ：チーム・オーナー）

概要

　このパターンでは、チームの中核を担うチーム・オーナーを調達・活用することを想定しているが、この人材タイプはチーム活動のコントロールや調整力など、一定の経験を積むことで身につけられる要件が求められる。

　そのため、人材マネジメントにおいては、短期的な施策より長期的な視点で当人材の輩出を計画・実施していく必要がある。発掘、配置、育成のいずれも、長期的な視点での一体的な取り組みを重視していく。

発掘

　高いレベルで組織/チームをリードできる人材から発掘する（既に組織のリーダーを務めている、またはリーダーのポテンシャルを持つ人材〔潜在的なリーダー〕のいずれでもよい）。ただし、一般的に希少性が高く、発掘が難しいため、時間をかけて育成しながら、その過程で人材発掘していく。

　若い世代ではできるだけ多くの母集団を形成し、後述する「育成」を行いながら長期的に適性を見極めていく。適性を持つ人材を絞り込んだうえで、組織リーダーなどの経験を積ませながら、当人材として立ち上がるようにする（配置・育成との一体的な取り組みが必要）。

　一方で、「明らかに適性が高い」と判断できる人材がいれば、抜擢して活躍してもらうことも検討したい。活躍できるポジションや相応の処遇を個別にオファーするなどして、バリューを発揮する環境を整えるとともに、希少な人材が流出しないようにケアしたい。

　外部調達は慎重に検討されたい。なぜなら、当人材はチームの中核として、ミッション・ビジョンの実現のために適切にチームの目的を設定して、達成に向けたチーム運営を行うためである。外部人材では、スキルや経験

の面では要件を満たしていても、自社のミッション・ビジョンへのコミットメントという点ではどこまでフィットするかわからない。コミットメントが不十分だった場合、役割を十分に遂行できない場合がある。

配置

　階層型組織であれば、組織を率いるマネジメントポジションで組織リーダーとしての経験を積ませる。フラットな組織であれば、チームリーダーとして配置する。いずれも、経営の考え・意思にふれて理解を深めることができるポジションに就いていること、経営の方向性に沿って自らの組織のゴール設定に責任を持つことがポイントになる。

　ネットワーク型組織では自律的、かつ多様なメンバーが主体になるチームを率いていくことになるので、自らの専門性を頼りにしたマネジメント経験ではなく、専門性が高いメンバーをマネジメントしてチームの成果を生み出すような立場でリーダーを務める経験を積ませたい。

育成

　次世代リーダー育成の一環として候補者をプールし、タスクフォースやプロジェクトのリーダーを任せて、自らチームのゴール設定や達成方法を考えて実践する経験を積ませることが有効である。

　育成状況は直属の上長や組織で確認するだけでなく、組織横断で見る。会社が必要とするリーダーポジション数に対して、十分な候補人材がプールされていることを確認しながら育成を進めていく。

　一方で、組織要請の観点だけでなく、本人の志向性を確認することも必要。当人材として立ち上がるには、タフアサイメント（実力以上の仕事を任せることで飛躍的な成長を促す）を乗り越えるだけの意思が必要になる。

　タフアサイメントに臨む際の支援体制（コーチ／メンター制度）やチャレンジに対する見返りをしっかり提示することで、コミットメントを引き出す。

パターン2 希少性の高い人材の調達

概要

　このパターンでは、社内のみならず、外部労働市場においても人材が枯渇しており、非常に希少性が高い。外部調達においては、当人材にとって魅力のあるオファーになっているかが重要である（もちろん、社内にいる当人材タイプに対しても同様に重要）。加えて、せっかく調達した人材が流出しないよう、リテンション（流出防止）を効かせることが重要な施策になる。

発掘

　当人材は、「やりたいことができるポジション」、もしくは「やりたいことがやれる環境」に惹きつけられる。

　内部調達で該当する人材を見つけるには、「やりたいことがあるか」「何がやりたいか」をさまざまな折に問い、反応を示した人材をリストアップすることからはじめる。この際、能力・スキル・経験を、どの程度重要視するかがポイントになる。なぜなら、能力は後天的に伸ばせる可能性が高く、高い熱意を持っていれば、環境を与えることにより飛躍的成長もあり得るため、あえて能力・スキル・経験を一切考慮しない方法も取り得る。

　外部調達するには、自社で「何ができるか」「どのような活動ができるポジション・環境があるのか」を具体的に訴求してくことが必要。

　自社の強み、外部環境における機会を提示したうえで、外部の新しいアイデア・ノウハウとを掛け合わせて、どんなトレンドを生み出したいのか、受け手が実感できるレベルで訴求しなければならない。

　外部調達においては、候補者の心理的なハードルを下げることもポイントになる。自らやりたいことに取り組めたとして、それをどのように・どの程度評価してくれるのか、報いてくれるのかを示さなければならない。詳

細は「06 安心して働ける人事制度構築」（283ページ〜）で述べるが、当人材が安心して仕事に向き合えるような環境を整備しなければならない。

　調達方法についても述べておく。繰り返しになるが、当人材は希少性が高く、外部労働市場にもなかなかよい人材が現れない。実際のところ、外部労働市場に人材が現れる前段階が採用競争の主戦場になっている。

　具体的には、一本釣り、リファラル、スカウトといったプロアクティブな調達方法を駆使した採用競争が行われている。

　当人材を相当数必要としているなら、これらの調達方法に継続的に取り組む仕組みや体制が必要になる。

配置

　基本的に配置場所は本人の志向性を考慮したポジションになる。なぜなら、当人材タイプは「やりたいこと」や「どのように活動したいか」がある程度決まっており、それが実現できるポジションに配置することで活躍してもらうことが基本的な考え方になるためである。あるいは、本人が希望する役割を担えることが重要になる。したがって、ポジションや役割とのマッチングが非常に重要になる。

　外部調達の場合、採用段階でマッチングを済ませて採用することになる。したがって、配置は入社前に合意したポジション、または役割になる。

　配置変更・異動については慎重に取り組む必要がある。組織要請の場合、本人の合意が得られないとモチベーションや生産性が低下してしまい、期待するパフォーマンスを発揮できない社員になるリスクがある。

　同様に、本人が他のチームに参画したいと意思表示した時、それが認められないと、同じくモチベーションが低下してしまう懸念がある。

　特に、ネットワーク型組織におけるチームは、メンバーの自発性・自律性を重視しており、自由にチームへ参画できるようにしておくことが運用上のポイントにもなっているため、メンバーがチームに参画したいと意思

表示したにも関わらず、それを認めない場合は、組織全体にネガティブな
メッセージを伝えかねない。

　ミスマッチの取り扱いについては、あらかじめ会社の方針を定めておく
ことが重要である。ミスマッチをある程度許容するのか、解消に向けて取
り組むのか、後者の場合も異動・降格に留めるか、退職勧奨まで行うかな
ど、施策レベルまで検討することが望ましい。

育成

　内部から当人材を輩出するには、上位者からの一方向的な育成だけでな
く、個々人の強みを伸ばす育成にも取り組む必要がある。志向性や専門
性が確立している中で、それを活かすようなマネジメントを直属上長が行
えるかがポイントになる。

　指導するのではなく、場を与え、自身の裁量で自由に物事を進められる
環境に身を置かせることを重視し、上位者の関与は、必要に応じてピンポ
イントなサポート・アドバイス程度の軽度な形のほうが「内発的動機」で
伸びやすい。

　一方で、単に放置しておくのではなく、創出したアウトプットや成果に
対して、きちんと認め、評価・称賛することが非常に重要であることは押
さえておきたい。

　ヒントとして、新卒社員や中途入社者で、短期間に退職していく者がい
る場合、そのような人材は既存の組織に収まらない志向性や行動特性を
備えているケースがある。そうした人材に社内で活躍する機会を提供でき
れば、Win-Winになる。退職理由の聞き取りや実態の調査をよりいっそ
う丁寧に実施していくことも一考。

　中途入社者に対しては、自社の価値観・行動規範へのオンボーディング
を丁寧に行うことが重要になる。本来持っている強みを活かして、いかに
組織の中で活躍できるようにサポートするかを試行してほしい。

パターン3 社内の情報・ネットワークの活用

概要

このパターンでは、社内にいるプロパー人材から当人材タイプの適性を判定し、必要に応じて人材タイプの転換に取り組んでいく。一般的に見て、当人材のタイプはプロパー社員の中にも一定数存在しているので、それほどハードルは高くない。

ポイントは、組織内の非公式なコミュニケーションにおいて「中心的に動いている人」や「なんでも知っている人」を活用していくことである。

発掘

当人材タイプに適性を持つ人材は、組織内の定性的なメンバー評価から十分に見つけることができる。例えば、「360度評価」を実施している場合、周囲から当人材の要件に該当するようなコメントが見られれば、適性を持っている可能性がある。

また、当人材はある種、社内在籍期間の長さが「顔見知り」としてのネットワークの広さ・深さにつながってくるので、裏ネットワーク（アンオフィシャルな社内の情報ツウ）を形成できている人が「適性あり」と考える。

発掘方法としては、単純に社内で「そういった人は誰か」を社内で聞いて回り、よく名前が挙がる人材をピックアップする。

さらに丁寧、かつ全社的に掘り起こすのであれば、組織ネットワークを実施して、社内人材とのコネクトが多い人材を炙り出すことが有効である。

後者の場合、本人や周りが意識していなかったとしても、結果として情報ハブになっているような人も拾い上げることができるのでお勧めする。

配置

　当人材は、階層型組織かネットワーク型組織かに関わらず、同じような活躍が期待できるので、それほど配置に神経質になる必要はない。

　ただし、ネットワーク型組織に配置する場合は、階層型組織よりも積極的、かつ自律的にコミュニケーションを活性化する動きが求められるので、その部分の適性は考慮するほうがベターである。

育成

　これから当タイプを目指す人材にとっては、オフィシャル／アンオフィシャルなコミュニケーションの違いを理解することや、形式知／暗黙知の違いと、最適な収集方法を知っておくことが有用だ。

　また、特定の誰かに偏ってコミュニケーションをしているように見えたり、陰で誰かの評判を下げるような言動をしているというふうに見られると、チーム内に不信感を招くことを十分に理解しておく必要がある。当タイプの先輩を側で観察し、所作を習得する経験学習が効果的である。

05 | 価値観すり合わせの場の醸成

　ネットワーク型組織における「チーム」は、個々人の価値観や想いをともにした従業員同士によって流動的に組成させることは、既にご理解いただいているであろう。

　各従業員が企業の価値観に共感し（共感）、従業員同士で価値観を共有し合うことで、個人・チームの動きや成果が内発的動機にいっそう促進し、結果として、企業に価値貢献できている状態を作っていく状態は望ましいものである。

　一方で、そうした個人の自主自律な動きを最大限に尊重した環境を作ったとしても、「そもそも企業として何を目指し、どのような価値観を大切にし、どうなっていきたいのか」という想いが従業員に伝わっていなかったり、腹落ちしていなかったり、はたまた「横の人がどのような想いや志向性を持って日々仕事をしているか」を互いに知りえていなかったりすると、せっかくの環境もうまく活かせなくなってしまう。したがって本パートでは、「価値観を開示し、共有するための仕掛け」についてふれる。

　企業と個人の価値観や想いの重なりを作っていくこと、同時に従業員同士の価値観や想いの「重なり」も必要である。

　多様性を持った従業員がいる中で、「重なり」を社内の中で多発させていくためには次の2つが必要である。

　　1. 企業におけるミッション・ビジョン・バリューの浸透
　　2. 個々人の価値観・志向性の開示と共有

1.企業におけるミッション・ビジョン・バリューの浸透

　組織において、ビジョンが明示され、しっかり共有されていることが、持続的な成長に不可欠であることは自明であるが、「なかなか浸透がうまくいかない」という声がよく聞かれる。

　例えば、企業として理念浸透の必要性は十二分に号令をかけるものの、従業員からすると、「経営層からのメッセージやワークショップでは理解した気になっても、いざ自身の業務に戻ると、日々の行動として特段変化があったように思えない」「中間管理職である現場の上司は旧態依然とした言動・行動のまま変わっていかない」「言っていることは立派であるが、本当にそこまでの覚悟を経営層が持っているのか信用できない」などといった声が、日々ご支援している中でよく耳にしている。

　これらの悩みを解決するためには、ミッション・ビジョン・バリューという抽象的なものに対して、

　　①無意識的有能状態になるまで継続的に浸透し続ける
　　②ステークホルダに合わせてカスタマイズする
　　③自分事化させる

ことが有効である。具体的な施策として以下、いくつか例示する。

①無意識的有能状態になるまで継続的に浸透し続ける

　意識しなくても、常に行動の源泉にあるような状態にしておくためには、認識⇒理解⇒納得⇒行動⇒変容というステップを踏んでもらう必要がある。

　特に、ミッション・ビジョン・バリューは抽象度が高いが、「本当に重要であるのか」「なぜそう思うのか」「経営層は本気でコミットメントしているのか」に関して手を打っていく必要がある。

● 社長からのトップメッセージ

年頭挨拶や期初メッセージなどのイベントに合わせてメッセージ発信を行う。できれば書面ではなく、対面やビデオメッセージなどを通じて社長自らの口で語ったほうが、想いや熱がこもって、よりよい。

● 経営層からのメッセージ

トップのメッセージのみならず、経営として個々人が何を考えているのかを同様に発信していく。特に、リレー形式で全経営層が順繰りにミッション・ビジョン・バリューに対する自分なりの解釈や行動、想いを述べることにより、多面的にミッション・ビジョン・バリューを理解する礎となり、各役員のコミットメントを従業員が理解することにつながる。

● 体現している人の紹介・全社として持ち上げる

経営層のみならず、従業員の中でミッション・ビジョン・バリューを体現している人をピックアップして全社に紹介することにより、周りの人たちは「どのような状態が企業にとって望ましい状態であるのか」を理解でき、ベストプラクティスとして位置づけることが可能になる。促進を強めたいのであれば、全社的に表彰をするなどによって、より明確に示していくのも手である。

● 特設サイトの立ち上げ、PCデスクトップ画像、カード作成、名刺印字など

上記の各種メッセージを含め、一時的ではなく恒常的に目にふれる機会を増やすことで、徐々に従業員の意識下へ刷り込んでいく。

② ステークホルダに合わせてカスタマイズする

全社一律に施策を打っても、個々人の立場・状況によって、捉え方や度合いにムラが生じてしまう。変革に関わる組織・人の感情・スタンスを、

性別、役職、職位、セグメント別などの切り口から測定・評価し、変革の影響を受ける組織・人の感情や意向を掴むことで、状況に適した対応策を具体化することが有効である。

● 階層型研修

　管理職昇格時研修など、階層ごとに同じ目線を持った人材が集まってミッション・ビジョン・バリューに対する理解を深める。

　特に、現場のリーダーになり得る中間管理職に対しては、単なる理解のみならず、職場への浸透のさせ方や、日々の行動・業務への落とし方など、具体的な取り組みを深めていくことが求められる。

● 月次討論会

　定期的な会合を持つことで、互いの部署における浸透度合いや行動・実践のあり方を共有し合い、ベストプラクティスを作り上げながら相互に高め合っていく。

③自分事化させる

　どれだけ理解できたとしても、それを自身に置き換え、必要性や有効性を感じてもらう必要がある。そのため、企業のミッション・ビジョン・バリューを読み替え、具体化し、日々の行動へ落とし込んでいく必要がある。

● ワークショップの実施

　ミッション・ビジョン・バリューを自身の行動に落とし込んでいくのは当然のこと、周りの参加者がミッション・ビジョン・バリューをどのように受け止め、どのような行動を取ろうとしているのかを肌で感じることによって、ヒントを得る。

　個人で解釈して具体に落として発表し、フィードバックを得ることに

よって、俯瞰的な目線から、自身の行動を客観視できることもポイントの1つである。

● 期初の目標の1つに設定

　ミッション・ビジョン・バリューを評価対象になる目標の1つとして設定することで、コミットメントを高め、対外的に示すことができる。

　特にネットワーク型組織においては、単に企業としてのあるべき姿を明確に掲げ、そこへ向かって一体になって進んでいくのではなく、あくまでも企業のミッションは単なる拠り所に過ぎず、そこから自身の価値観や想いを体現できるような目標、やりたいことを見つけ、形にしていくことが求められる。

　したがって、企業側も自分たちが大切にしていることや存在意義というコアの部分を中心に浸透させること、それを従業員各人に自分事として捉えさせ、「自身の価値観や想いと、どの部分において共感できるのか」を考えさせるような仕掛けが有効である。

2.個々人の価値観・志向性の開示と共有

　前述した企業におけるミッション・ビジョン・バリューの浸透もさること
ながら、実際にチームを組成し、運営していくには従業員同士が価値観
や想いをともにしていく必要がある。

　それには、周りの人が何を考え、何を大切にし、何をなし遂げたいと
想っているのかを互いに共有していくことが強く求められる。

①自己開示の場の形成

●チェックイン

　半期、もしくは年に1度実施していた評価フィードバックに加え、月次
（隔週、週次など）以上で上司・部下の間でのコミュニケーション・対話を実
施する。チェックインの実施により、人材育成のサイクルを短期化し（課題
把握・動き方を短期間で修正、上司/部下の間の認識すり合わせにより評価の納得感を
高める）、個人のパフォーマンスを早期に引き上げることを目的とする。

　パフォーマンスレビューではなく、個人にフォーカスを当ててさらけ出
すことができる場を活用して、自身の価値観や想いといった根源的な部分
を開示することが有効になる。

●自己紹介・他己紹介

　近年進むSNSの活用により、コミュニケーションや相互理解を目的と
した場の形成が容易になった。チャネル・スレッドを立ち上げ、自己紹
介・他己紹介を行うことにより、普段の仕事では垣間見えないプライベー
トの側面を含めた、「人となり」を垣間見ることができる。

　ログが溜まれば、メールのように一過性で仕事のメールの間に埋もれて
見逃してしまったり、入社時期によって情報を取れないという状態を回避
できる。

以前であれば、懇親会などの「飲みニケーション」を通じて形成されていた部分もあると思うが、SNSだと多様性のある人が、より広く知り合うことができる点が大きな特徴である。

　当社では、SNS上でリレー形式の自己紹介を行っており、休日の過ごし方や好きなものといったプライベート面から、一番やりがいを感じた瞬間や、陥った修羅場体験など、ビジネス面でも、その人の経験や価値観を知ることのできるような内容を記載している。

　実際に仕事の合間などに読んでいる人が多く、ワークショップや同プロジェクトへのアサインなどで一緒になった際には、その内容がきっかけになって話したり、盛り上がることも多く、大変有効に活用されていると感じる。

②自身の価値観や想いを共有し合えるコミュニティ形成

● 部署をまたいだネットワーキング会の実施

　社内にどのような人がいて、何に関心があるのか、どのような想いを持っているのかという概観をつかむために、前述したような自己開示の場は非常に有効である。

　一方で、文字ベースだと、どうしても情報量に限界がある。そのため、ネットワーキングを目的とした場を形成することによって、互いのことをさらに知る場を設けることが望ましい。

　当社では、「ネットワーキングランチ」と称して、毎月お昼時に開催しており、（COVID-19前は）昼食やスイーツを用意して、フランクな形で雑談をしながら互いのことを知る機会として活用している。

● 互いの価値観のマッチングを目的とした場の形成

　さらにネットワーキングを深め、チーム組成の前段として、互いの価値観ややりたいこと、想いをダイレクトに共有し合う場を作っていくことも

有効であると考える。いきなりチームを組成しようとしても、なかなかそのレベルでの価値観や想いを共有し合ってはいなかったり、声をかけづらかったりすることも多いため、このような場をあらかじめ設定することによって、やりやすくするのである。

当社では、新規事業創出を目的としたビジネスコンテストがあるが、その前段で、自身のやってみたいというアイデアの共有や、パートナー（執行役員）との壁打ち、一緒に進める仲間探しを行うプレセッションの場を数回にわたって設けており、この場においてビジネスとして形にできていなかった種を互いにブレストベースで話し合い、考えながら昇華させていくような動きが年々増加し、花開いていっている。

以上、本節ではチームメンバーの価値観を合わせていくためのアプローチを述べた。

個々の施策については「既に取り組んでいる」と思われた読者も多いかと思うが、成功のポイントは「施策をやりきること」にあると繰り返し述べたい。

本当に施策をやりきるには、会社のトップが強いコミットメントを発揮してリードすることや、社員が自分事化するまで現場で施策をやり続けていくこと、その過程で徐々にたくさんの社員が巻き込まれて、大きな会社の取り組みになっていくことなどが求められる。詰まるところ、会社の本気度が成否を分けることを改めて強調しておきたい。

06 | 安心して働ける 人事制度構築

　ここからは、前述したネットワーク型組織に求められる特性を持つ人材を作り、活躍してもらうための人事制度の設計ポイントについて述べていく。(次ページ・図3-08)

　人事制度は従業員の行動を変革できるツールである。行動の判断軸や方向性を示すことで、直接的には強く意識しなかったとしても、自身の「評価されたい、昇進したい、より多くの金銭を享受したい」という欲求を追求する結果、会社として求める行動へ無意識的に規定される。

- なってもらいたい人材像や役割、そこに至るキャリアパス（等級制度）
- 求められる思考・価値観・行動・成果の創出方法（評価制度）
- 会社としての価値貢献のあり方（報酬制度）

　ネットワーク型組織を機能させる人事制度は、従来と異なる性質を持つことに言及したい。

　従来の人事制度は、会社のあるべき姿を実現するため、従業員に求められる行動を起こしてもらうよう、明確な方向性や指針を提示するための仕組みを構築するものであった。

　ネットワーク型組織においては、会社としてのあるべき姿と同じぐらい、チームの一員として自ら自由に考え、動き、新たな価値をいかに発揮できるかということを重要視しているため、「従業員個々の動きを認め」「称賛し」「後押しする」ような、より従業員を起点とした目線での制度を構築

する必要がある。さらに言えば、従業員の背中を後押しし、安心して一歩を踏み出せる制度を構築することが重要になる。

　以上のポイントを踏まえ、新たにネットワーク型組織を構築した際、人事制度設計のポイントを整理したうえで、従来組織からの移行を想定した既存制度からの改定ポイントについても後述する。

図3-08　人事制度構築のポイント

人材マネジメント		階層型組織	ネットワーク型組織
	方針	トップダウンで効率性を重視した（無駄のない）分業主体のオペレーションモデルを担う人材をマネジメントする	アイデアを持ち寄り、すばやく試行錯誤を繰り返して期待以上の成果を目指すオペレーションモデルを担う人材をマネジメントする
	採用	高学歴の人材を中心に、自社の理念や風土との共鳴度が高い人材を採用、新卒中心	学歴やスキル以上に、ビジョンへの共感や強い自己実現目標を有する人材を自己実現の場として採用
	キャリア	ゼネラリスト・スペシャリストなど各社別だが、会社目線で異動機会を付与してキャリアを形成	自身がやりたいことを軸に、既存の社内・外部協業 PJ、自身起案 PJ に参画して成長するキャリア
	育成	階層別教育を織り込みつつ、ルール・基準に則った異動育成によって、自社ビジネスを回す業務スキル・マネジメント力を育成	個人の WILL を支援する風土が充実している中で、縦横を問わず教えを乞いつつ新たな挑戦と創造を繰り返して成長
	評価	組織目標の実現度・能力発揮度などの会社・組織基準への合致度を軸に評価	達成できないような大きな目標を掲げ、成果だけでなく、そこにどこまで到達できたか経緯を評価
	処遇	人材力に応じた昇格基準となっているものの、一部年功的な要素が残りがち	年次・役職を問わず、達成した成果の大きさに応じて処遇、上司でなく周囲評価の場合もあり
	働き方	会社の基準・ルール・就労規則に則った出社して勤務する働き方が中心で、時短・リモートワークなども整備	人が自然と集まる「自宅より職場が居心地のよい環境」を整備し、職場で生活する働き方

ネットワーク型組織構築時における制度設計のポイント

全体概要

「ネットワーク型組織において構築を目指す『従業員個々の動きを認め』『称賛し』『後押しする』ような、より従業員を起点とした目線での制度」とは何を指すのか。

例えば、「従業員個々の動きを認め」とは、従業員が主体的に動くことやチャレンジをすること、あるいはチームとして価値発揮する（個人プレーや個人最適ではない）ことを評価軸のメインに据えることが考えられる。

加えて、行動そのものを奨励し、たとえ成果につながらなかったとしても（失敗したとしても）評価を減点しないといった工夫も有効だ（もちろん、成功したら加点はするが）。

次に「称賛し」の部分は、前述の動きをただ褒めるだけでなく、報酬として反映・還元させていく。特に、非金銭的インセンティブを増やし、動機づけ要因をくすぐっていく。

最後に「後押しする」の部分は、等級を活用した人材像としてのロールモデルや、期待役割、キャリアを明確にして目指しやすくする。

人材マネジメント：

自主性やチャレンジ精神をベースに、自ら役割を拡大する人材を高く格づけする

●「等級基準」役割定義を明示し、社員に成長の方向性を示す

等級制度とは、社内における従業員の序列を等級として定義するための制度である。等級を定めることで、各種人材マネジメント施策を計画的・合理的に実施するのに役立つ。ネットワーク型組織では、チームにおいて

「役割をどの程度果たせるのか（役割の大きさ）」を基準として序列を決めることが馴染みやすい。いわゆる「役割等級制度」が適している。もちろん、役割を遂行するうえで必要な能力を基準とした職能等級制度や、遂行する業務を基準とした職務等級制度も導入可能である。

　しかしながら、後者ではあらかじめ能力・スキル、職務を定めておく必要があるが、ネットワーク型組織では、一定の目的をかなえる（合目的的）ためにチームの活動を高めていくので、能力・スキル、職務もどんどん変わるため、運用の面で扱いにくさがある点は理解しておくべきだ。

　役割等級制度では主に「役割の大きさ」で序列を定めるが、具体的に、どのような観点で定義するのか。いくつか軸になる観点が考えられるが、「**責任の重さ**」「**影響の範囲**」「**ミッションの難易度**」を用いる場合が多い。

　役割を遂行する際、周囲のメンバーのサポートを必要とするレベルから、一人で役割を遂行できるレベル、さらに、他のメンバーをサポートする、あるいはチーム活動に大きく貢献するレベル、といった尺度で測るケースが多い。

　しかしながら、こうした尺度は相対的に定まる部分が一定程度、含まれるため、各社の状況に応じて「妥当なレベル」を模索していく必要がある。当然、人事部門だけで定義することは難しいので、現場を巻き込んで合意形成を図っていくことが必要だ。

　役割等級を定める際は、「役割の大きさ」の他、経験や能力、成果やこれまでの貢献を加味することも多い。これは、「役割」以外にも会社が従業員に期待することがあり、それらの要素とバランスを取っていこうという考えである。

　例えば、会社に大きな貢献をしてくれた人を重視したい、長く働いてくれる人を大切にしたい、という方針であれば、成果主義や年功主義の要素が等級制度に反映されることになる。ただし昨今は等級制度と成果の評

価・処遇を分けて考えるのがトレンドで、職務等級制度（ジョブ型制度）の機運が高まっている点は申し添えておく。

● 「昇格ルール」 公正・公平な格付ルールのもと、責任・権限の大きさと適する役割を付与する

　役割等級を昇降級する場合、「役割を担うことが『できる（できない）』」のか、「役割を『担っている（担えない）』」のかを、明確にしておいたほうがよい。どちらも役割等級制度と言えるが、前者は職能等級的、後者は職務等級的なニュアンスを含んでいる。したがって、前者では昇級時に「入学・卒業要件（入学要件：次等級に要求されるレベルを満たすか否かを要件に判定すること／卒業要件：現等級に要求されるレベルを満たす〔超える〕か否かを要件に判定すること）」を意識することになるが、後者ではシンプルに担っている役割の大きさで等級が決まることになる。そのため、役割が変われば昇級・降級が発生する。

　いずれのルールを採用するかは、各社における人材マネジメント方針にしたがって検討することになるが、運用においては社員の自主性やチャレンジを引き出す工夫が必要である。つまり、会社からの一方的な任命で昇格を決定するだけでなく、社員自らが役割を拡げるため、昇格に挑む機会が提供される仕組みなどの導入を検討したい。

　自己実現に向かって、自らレベルの高い役割にチャレンジし、成功すれば昇格に近づき、失敗してもチャレンジしたことが賞賛されるような運用がなされれば、社員の自発性はよりいっそう高まっていく。

● 「等級とチーム内の役割」 役割にふさわしい活躍を自ら模索し、実現するよう促す

　等級が上位になれば、チーム内で担う役割が大きくなる。つまり、高いレベルの成果や難しい仕事の遂行に対して責任を負う一方で、チームや自らの裁量を拡大して仕事に取り組むことができる。

ネットワーク型組織における等級は、個々の社員の自発的な行動をどれだけ積極的に肯定しているか、といった「お墨付き」の尺度として捉えることもできる。こうしたお墨付きを得た社員がチームを活性化してくれることになる。

　一方で、等級は社員に対する会社からの期待である。したがって、等級に見合う役割がチーム内にない場合、チーム内で自らの等級に見合う役割を創出していくか、他のチームで活躍の場を求めていくか、社員自らが模索していかなければならない。もちろん、会社は社員の自発的な自己実現と活躍をサポートしていく。しかし、等級に見合わない役割に留まるのであれば、降級等の処遇も検討しなければならない。

成果だけでなく、自主性やチャレンジに資する行動を積極的に評価し、価値観・行動規範に根づかせる

●「評価対象」： チームへの貢献を積極的に評価・フィードバックし、定量的に把握しにくいが、チームにとってポジティブな取り組みを活性化する

　ネットワーク型組織であれば、チームにおいて「どのような役割を果たしたか（成果・貢献度合い）」で評価を行うことが基本になる。等級に定められた期待レベルに対して、どの程度上回ったのか／下回ったのか、定量的な成果（目に見える成果）／定性的な成果（目に見えない貢献）はあるか、どの程度の成果かといった観点で測られる。

　評価制度では、どのような項目・レベルで評価を行うか。最初に目標設定で会社（上司）と合意形成するところから始まる。会社からの期待値に対して本人がどこまでコミットするのか、よく知られているように「SMART（Specific：具体的、Measurable：測定可能、Achievable：達成可能、Related：経営目

標に関連、Time-bound：時間制約がある）」で文書化することが重要だ。

　評価の実施目的には、処遇/査定と育成がある。従来型組織であれば、会計年度を基準として処遇/査定と育成を兼ねた評価サイクルにて運用するケースが一般的であった。しかしネットワーク型組織では、チーム単位で目的達成までの期間が異なるケースが発生するので、会計年度を基準とした評価だと、タイムリーなフィードバックが行いにくいため、育成目的が薄れてしまう欠点がある。そうした欠点を補うため、査定のための評価と育成のための評価を別のサイクルで運用する制度にすることも一案だ。特に、ネットワーク型組織では社員の自律性・自発性を促すために育成のための評価とフィードバックを機能させることが重要である。

　具体的には、育成のための評価はチーム活動の節目を実施時期に設定して、その時々の活動状況を評価して本人にフィードバックを行う（いわゆる Snapshot 評価：チームメンバーのパフォーマンスに対し、チームリーダーが簡易・適時の評価を行う人事評価ツール。パフォーマンスデータの定期的な可視化、情報蓄積を通じた評価意思決定の簡易化を目的とする）。

　一方で、処遇/査定は会計年度に準じて行う必要があるので、会計期間を基準とした評価期間を設け、当該期間の「Snapshot 評価」の積み重ねを踏まえて本人の処遇/査定を行う。その際、Snapshot を提出した人は、本人のサポーターとして評価会議に臨み、適正な評価になるよう支援する。

●「評価者」：働きに合わせてふさわしい評価者が評価・フィードバックを行うことで、具体性や納得性を高めて行動変容につなげる

　評価者は、レポートラインによる評価者／被評価者の関係に固執せず、チーム活動の時々で一緒に仕事をしたメンバーを評価者とするケースが多い。本人の自律的・自発的な行動を間近で観察できる人に、評価を任せる発想である。

　前述の Snapshot 評価を行う場合は、その時々のチームのリーダーなど

にSnapshot評価を依頼し、働きぶりをレポートしてもらうことが理に適っている。そうすることで、身近な上位者からタイムリーかつ適切なフィードバックが得られることも期待できる。

●「評価方法」：働きぶりや本人をよく知る関係者を集めて、多面的かつ立体的に本人の成長に必要なことを徹底して考え、評価・フィードバックを通じて行動変容につなげる

　Snapshot評価では、評価期間に収集したSnapshot（活動レポート）をもとに本人の処遇/査定を決定する。そのため、評価会議にはSnapshotの作成者が参集し、実際の働きぶりについて報告を行う。

　また、本人に対して評価者とは別にコーチを設定するケースも多いので、その場合は普段から仕事やキャリアなどの相談を受けているコーチも評価会議に参加し、本人のキャラクター、キャリア志向性、モチベーションなどについて補足する。結果として、本人についてさまざまな関係者が多面的な評価を行い、ふさわしい評価を決定していくことになる。

　前述のSnapshot評価以外にも、いわゆる360度評価によって、定量的な成果だけでなく、定性的なチームへの貢献度を測ることができる。

　ただし、360度評価の結果を直接、処遇に反映することはリスクがあるため、活用方法は慎重に検討されたい。会社によっては、極めて目立った貢献をしている人や、反対にチーム活動を阻害する人を発見する目的で実施しているケースもある。実施目的や処遇反映の考え方は、各社の人材マネジメント方針を踏まえて検討されたい。

●「評価結果の調整」：会社が積極的に奨励したい行動やチャレンジを示し、自らの今後の取組みにおける指針としてもらう

　メンバーによる評価を主体にしつつ、メンバー間の評価結果の調整や最終確定は、チームリーダーやレポートライン上の上司の権限として残す

場合も多い。評価を通じて会社がどのようなメッセージを伝えたいのか、担保することが期待されている。

　例えば、目に見える成果ばかりが高く評価されているとなれば、従業員は段々と成果主義的な発想に傾倒していってしまう。

　そうではなく、自発的な行動やチャレンジ対して一定の評価を示すことや、あるいは積極的な失敗は罰しないといったメッセージを伝えることが望ましい。

　ネットワーク型組織では1つのロールモデルに収斂（しゅうれん）できないが、都度の場面で奨励される行動を取り上げ、社員に示していくことが重要である。そのような観点に立ち、責任を持って評価結果の調整していくことを上位者の役割としたい。処遇/査定の面では、会社が人件費を管理する仕組みも担保しておくことが大切である（ただし、評語と査定額を分離することで人件費管理する仕組みもあるので、ここでは考え方を述べるに留める）。

報酬マネジメント：

役割や貢献に応じて納得感のある報酬水準・格差を設定し、健全で魅力的なモチベーションを持ってさらなる成長を目指してもらう

● **「報酬水準」：成果創出まで時間がかかるケースやリスクの大きいチャレンジにも不利益を被ることなく安心して取り組めるようにする**

　等級に対して報酬水準（テーブル、レンジ）を設計することが基本になる。
　役割等級制度の場合でも、

- 役割の違いを報酬格差に反映すること
- 外部水準と比較して競争力ある水準にすること

などが基本的な設計方針である点は、一般的な報酬制度の設計と変わらない。

　ネットワーク型組織における報酬制度の設計という点で留意するのは、役割の変更がしばしば起きる場合、どのように報酬が変動する仕組みを設計・運用するか、という点である。

　昇・降級の程度や頻度を踏まえた時、どの程度、報酬の変動を連携させるかがポイントになる。

　ここでも一般的な考え方と同じく、人材の育成期間においては安定的な報酬にし、チャレンジや成長に取り組めるようにして、自律して活躍できるようになったら、成果に応じて報酬を変動することが基本である。

　ただし、ネットワーク型組織では創造的な成果を目指すことが多く、達成まで時間がかかったり、失敗を繰り返しながら進んだりするなど、成果達成までのプロセスが多様で、成果自体も測りにくいケースがある。

　そうした場合、一定レベル以上の人材であっても、極端に成果と報酬を連動させるとデモチベーション（意欲喪失）を招いたり、短期的な視点でしか物事を考えられなくなったりと、ネットワーク型組織を構築する目的に反するデメリットが出てくる点に気をつけてほしい。

●「報酬格差の妥当性」：組織やチームにおいて本人の承認欲求や有用感を十分に満たし、さらなる役割の発揮や拡大を促す

　報酬格差に関しては、役割等級間の格差や外部水準と比較して公正性・公平性を担保することが大事で、過度にインセンティブを効かせる必要性はあまりない。

　なぜなら、ネットワーク型組織はミッション・ビジョン・バリューへの共感などの価値観を共有することで求心力を利かせる組織なので、高い報酬を得ること以上に仕事のやりがいや組織への貢献を感じられることのほうが重要な場合が多いからである。

そのような非金銭的な報酬を設計することが、ネットワーク型組織における報酬設計の重要なポイントと言える。逆に言えば、非金銭的な報酬としてどれだけ魅力的なミッション・ビジョン・バリューを打ち出せるか、伝えられるかが非常に重要である。

　また、それらを体現する組織や人材であるか、といった面も重要である。繰り返しになるが、社員が自律的に活動することや、積極的にチャレンジできているか、そういう姿を他の社員が認めているかが金銭的な報酬と同等に重要である。

●「報酬への納得」： 公正であることをオープンに示し、小さな不満はあるが大きな不満はない状況で、納得して仕事に向き合ってもらう

　企業によっては、チームメンバー間の報酬格差について、チームメンバーが合議して決定する仕組みを持っている。チームが達成した成果に基づいて報酬原資を確保した後、チームの裁量で各自の報酬額を決める考えである。目に見えない貢献度も踏まえ、総合的に見て納得感が得られやすい仕組みとも言える。

　ただし、他のメンバーの報酬と自分の報酬を比較した時、一定程度、納得できないメンバーも出てくることは事実であり、そうした不満をきっかけに退職に至るケースもあるが、不満の原因は、報酬額の低さではなく、「相対的な貢献度の評価に納得していない」という部分であることは申し添えておく。

　金銭的な報酬で報いる以外にも、日ごろから本人の自発的な取り組みやチャレンジを積極的に認めるコミュニケーションを取り、チームや会社への貢献度を認めることでバランスを取っていく。

その他

　ネットワーク型組織は、自律したメンバーが主体的に活動することを奨励している。その点で、いくつか施策を紹介したい。

　積極的なチャレンジを促進する目的で、「チャレンジ制度」を設けることができる。公募型で新規プロジェクトや新規組織への参加を募集する方式と、自ら取り組んでみたいテーマや活動を挙げて会社に承認してもらう方式とがあるが、いずれもメンバーのチャレンジを後押しする点で有効な施策である。

　次に、褒賞制度が挙げられる。積極的なチャレンジや、これまでにない成果を上げたメンバーを、会社や組織が承認する目的で褒賞を行う。金銭的インセンティブをつけるかどうかは会社の判断だが、本人の承認欲求を高める点が大事である。名誉や名声を高める仕組みにすることで、施策の効果効用を高めたい。

　組織を成長・拡大していくうえで、ミッション・ビジョン・バリューや価値観に共感してくれる人材を増やすことが重要なので、求心力を成す魅力を対外的に発信する施策に取り組む。
　例えば、メンバーにさまざまな社外活動を促して、同じように価値観を共有してくれるメンバーを発見してもらう。
　外部とのアライアンスやパートナーシップを拡大し、価値観を共有するような緩いエコシステム（共存共栄を図る仕組み）を形成し、共感してくれる人を引きつけることが考えられる。

ネットワーク型組織への移行時における制度改定のポイント

全体概要

　従来型組織からネットワーク型組織への移行を進めるには、従業員のマインドチェンジを丁寧に進めていくことが肝要である。

　変化に対する不安や抵抗を最小限に留め、変化がもたらすメリットをいち早く理解し、率先して変化していくように働きかける。

　特に、下図の5段階を意識したうえで、各段階に到達するため、クリアすべき課題や解消の仕方についてポイントを示したい。（図3-09）

図3-09　従業員がネットワーク型組織を受容するまでの段階（再掲）

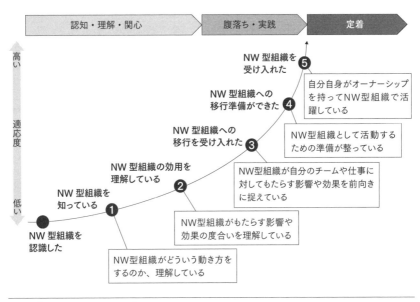

（図内「NW」＝ネットワーク）

認知・理解・関心：

❶ネットワーク型組織を知っている〜❷ネットワーク型組織の効用を理解している

● 当段階の状態

　まずは、ネットワーク型組織の存在を知ってもらうことが入口になる。

　これまで所属していた従来型組織以外にも組織形態があり、組織内での動き方が違うことを知ってもらう。そのうえで、ネットワーク型組織がもたらす影響や効果の度合いを理解している状態を目指す。ネットワーク型組織のプラス面だけでなくマイナス面も理解している。

● 当段階に至るまでにクリアすべき課題

　これまで従来型組織にしか所属していなかった人にとっては、「組織とはこういうもの」という考え方が染みついているので、まずは、自らの経験によるバイアスを知り、その枠外に別の考え方に基づく組織形態としてネットワーク型組織なるものがあると認知してもらう。

　とはいえ、無自覚なバイアスを意識したり、経験したことのない組織を理解することは想像以上に難易度が高いので、身近な例を用いて丁寧に易しい説明を試みる。

　また、ネットワーク型組織がよいか悪いか、極端に単純化した理解にならないように注意する。「組織組成の目的に対してネットワーク型組織がどのように適合するか」といった観点を理解することが求められる。

● 解消の仕方

　自らの経験によるバイアス外のことを認知するのは思いのほか難しい。できる限り経験に寄り添った話、あるいは卑近な例を用いて、これまでの考え方とは異なるネットワーク型組織があることを発信していく。

　例えば「クロスファンクショナルチームや社内外の特区チームは、階層

型のレポートラインや、一人ひとりの役割を明確に定義せず、個々人の自律性や得意なことを活かした相互補完的なチーム運営を行っている」と説明することで、これまでとは違った見方を得ることができる。

これらの例話をきっかけに、組織組成の目的の違いや、達成手段としてどのような組織形態を取り得るのか、一段深堀した説明をしていく。

特に、「なぜこれまで従来型組織で運営してきたのか」「今後なぜネットワーク型組織へ移行するのか」など、会社の歴史や事業の変遷を踏まえて説明していくことが求められる。

経営戦略をきちんと理解するという意味では、マネジメント層には必須で理解を求めたい。こうした説明は、業務を離れた研修の場（クラスルーム）などを活用して一人ひとりに問いを投げかけ、考えてもらいながら理解を進めるアプローチで行いたい。

腹落ち・実践:
❸ネットワーク型組織への移行を受け入れた～❹ネットワーク型組織への移行準備ができた

● 当段階の状態

ネットワーク型組織が自分のチームや仕事に対してもたらす影響や効果を前向きに捉えている。そのうえで、ネットワーク型組織として活動するための準備が整っている状態を目指す。

● 当段階に至るまでにクリアすべき課題

移行準備の段階では、目的をかなえる（合目的的）ためにネットワーク型組織の効用を捉え、チームや仕事のパフォーマンスを最大化するための方策と手段を具体的に検討する。同時に、ネットワーク型組織のデメリットも理解したうえで、あらかじめ必要な対策を講じておく。

ケイパビリティの観点では、求める人材の選定をしたり、不足するケイパビリティをどうやって補うのか、計画を練る。

● 解消の仕方

移行に伴うインパクトを洗い出し、影響度合いに応じた対策を検討していく。また、影響度合いをアセスメントする仕組みを導入するなど、移行段階をマネジメントできる体制を整えておく。

ケイパビリティについては段階的な拡充計画を立て、移行初期から本格稼働まで、どの程度のリソースが必要なのか、スキルレベルが必要なのか、マイルストンを設定しておく。

加えて、調達計画も準備する必要がある。短期的な調達手段として異動・配置転換、中途採用、アウトソーシング先の検討を行う。中長期的な調達手段としては、育成、M&Aやパートナー企業の獲得などを検討する。

定着：
❺ネットワーク型組織を受け入れた
● 当段階の状態

自分自身がオーナーシップを持ってネットワーク型組織で活躍している状態を目指す。

● 当段階に至るまでにクリアすべき課題

移行準備で計画していたとおりのパフォーマンスを上げるには、組織活動を通じて短期間で高頻度に改善を重ねていくことがポイントになる。

また、自分自身の働きぶりも大事だが、チームのパフォーマンスがより重要なので、チームメンバーの活動状況も相互に把握し合えるようにすることがポイントになる。

● 解消の仕方

　チームは仕事の進捗管理の仕組みとは別に、チームのパフォーマンス管理の仕組みを備えることが必要。

　例えば、スクラムチームでは週次でチームの改善バックログを出し合い、優先順位を決めながら、少しずつだが着実にチーム活動を改善し続ける仕組みを実装している。

　実際にチームのパフォーマンスが向上し、従来型組織でのパフォーマンスを上回る成果を上げていくことで、ネットワーク型組織での活動が組織に根づいてきたと言える。

第 **4** 章

既存組織との
両立のための要諦

ここまで、第2章・第3章では、ネットワーク型組織の具体的な新規設立方法について伝えてきた。新規組織として立ち上げていく過程については、イメージしていただける内容になっているかと思う。

　しかしながら、現実的に企業内にて設立していくうえでは、もう1点考慮すべき重要な障壁が残っている。それは、既存組織とのコンフリクト調整である。

　実際に、ネットワーク型組織を立ち上げる際は、自社内の既存組織との関係性を考慮する必要があるだろう。

・ 新規事業会社として別会社として設立
・ 新規事業組織として社長直轄で設立
・ CVC（Corporate Venture Capital）のような組織としてホールディングスなどのグループ組織下にて設立
・ 既存事業内に一新規部門として設立

　設立方法の多くはこのようなケースであろう。これら設立形式のいずれの場合においても、新規組織と既存組織におけるコンフリクトを解消して組織運営を確立させることがネットワーク型組織の実効性を獲得するうえで肝要になる。

　たとえ新規組織を別会社として設立したとしても、既存の自社グループの強みを活用している以上、既存事業との関係性において、全くの独立組織にはなり得ない。

・ 顧客網の活用
・ 要素技術の転用
・ 研究開発施設の活用
・ 生産、物流網の活用

グループのメリットを活かして、これらのいずれかを活用することがほとんどであろう。そうすると、顧客重複などのわかりやすいコンフリクトに留まらず、既存事業の生産ライントラブル時の生産ライン優先活用権限など、実務的なコンフリクトにおいて新規組織は劣後となりやすい。

この遅れによるスピード感の喪失は、時として競合との新規事業競争において致命的になる。新規事業の成功において、既存事業とのコンフリクト調整は非常に重要なポイントである。

本章では、新規組織と既存組織を両立させる要諦について述べていく。

ありがちな既存組織とのコンフリクト

既存組織と新規組織の間に起こる、主たるコンフリクトは大きく2つに分類できる。それぞれについて具体的に見ていきたい。

1. 優先権が「既存組織 ＞ 新規組織」となり、新規組織が権限不足
2. 新規組織を優遇しすぎて、既存組織が反発

1. 優先権が「既存組織 ＞ 新規組織」となり、新規組織が権限不足

新規組織を立ち上げる多くの場合、目的は比較的明確である。

- 既存事業が将来縮小することが自明であり、新規事業設立が不可欠である

- 競合との顧客獲得競争において、デジタルを活用した、これまでとは異次元の新製品開発が必要である

- 顧客ニーズの多様化に伴い、商品の提供から、場や機会の提供にサービスをシフトさせる必要がある

いずれの目的の場合も、全社として考えた際の合理性や必要性はわかりやすい。しかしながら、実際に新規組織を立ち上げる際に起こるのが、当初は既存組織長が総論賛成だったところから、立ち上げ後、徐々に関連する既存組織長が各論反対となり、抵抗勢力化してしまうことである。

- 顧客が重複しており、新組織が提供する商品・サービスはこれまでの商品の代替品となり得るため、タイミングを慎重に見極めてほしい（遅らせようとしてくる）
- 新規商品の試作は大切だが、既存事業側が生産ライントラブルで今までのお客さんに迷惑がかかってしまうから、当面の生産ラインは既存顧客優先で活用させてほしい（試作がストップする）

　こうした事態が発生する背景は「稼いでいる事業が偉い」という暗黙の文化や、そこから生まれる組織長の傲慢さから来ている場合が多い。
　経営トップも株主価値を考えた時、稼ぎ頭の既存事業の売上低減はやはり恐怖になることから看過されることが多い。その結果、既存組織側に新規組織をないがしろにする強い意図はなくとも、結果的に新規組織の活動は劣後してしまう。代表的なケースは以下の3点である。

ケース① リソースの出し惜しみ

　設立の趣旨には賛同し、最優秀の人材配置や、最新開発機器を新規組織に配置という決定をしたものの、いざリソースを出すとなると、既存事業からは2番手、3番手の人材しか出てこず、開発の機器も共用など、実際の各所において、惜しみなくリソースを提供することが躊躇（ちゅうちょ）される。

ケース② 現場主導権の維持

　営業窓口を新規組織に移すなどの変更が公式には決定されていても、稼ぎになる大口顧客や、キーとなる人脈については、実際の既存組織の営業パーソンが属人的に保持して離さない。

ケース③ 投資決定権の保持

　決裁権限規程上、新規組織に優先権を設定したとしても、実際の開発投資や資本活用の決定時には、既存組織も経営会議に参加しており、声が大きく、安定的な利益創出において、既存の言い分がもっともらしく聞こえてしまうことから、既存側が結局、意思決定権を持ってしまう。

　いずれについても、既存事業としての立場としては有意な見解に思えるところはある。加えて、場合によっては、全社最適で見ても既存優先とするのが合理的なものも含まれる。

　しかし、既存組織の事情によって新規組織の推進力が阻害されてしまうと、中長期的に見た将来の事業の種や、競合との競争における致命的な遅れになりかねない。目先の利益追求を優先すると、この事象は起こりがちで、これらのコンフリクトを可能な限り最小化する工夫が必要である。

2. 新規組織を優遇しすぎて、既存組織が反発

　こちらの場合は、前述とは逆に、新規組織に権限付与やリソース投下を推進しすぎて、既存組織から反発を招き、うまくいかなくなるケースである。前述の「ケース①」のような課題が起こっていた企業が、反省を活かして新規組織を設立する場合、行き過ぎた設計を行ったことで発生している。

　欧米では組織設計を人事が行うことが多いが、日本では経営企画が実施することが多く、その際、感情的な反発をコントロールする人事施策や人事制度の設計など、十分に人事を巻き込んだ検討をしきれていないことにも起因している。わかりやすく抗議・反発される場合もあれば、密かに妬みや反感を買っており、要所で協力を得られないといったこともある。

　特に後者の場合、経営から見ていてもなかなか気付きにくく、新規組織

活動が徐々にうまくいかなくなり、その原因が不明といった、マネジメントしていくうえで非常に難しい状況を招くこともあり得る。

　多くの場合、新規組織への過度な優遇策や、既存組織側への配慮の不足が、弊害を招く原因になっている。主に以下の3つの事象を見かけることがある。

ケース① 新規組織への過度な制度上での優遇
　新規組織はリスクを負うため、失敗してもおとがめなし、成功すれば大きく処遇されるといった人事制度が適する場合が多い。しかし、その処遇の優遇に傾斜をかけすぎると、既存側は地道で大変な業務を多量にこなしているのに、頑張ってもそれほど差がつかず、大きく報われることがないといった不満を招く。

　また、既存組織ではちょっとした設備改善の申請も通らないのに、新規組織はうまくいくかもわからないのに高額の機材を購入しているといった見られ方になることもある。人事制度や投資において過度に新規組織有利になる差をつけると、既存から妬みや反発が生まれる。

ケース② 既存組織側のメリットの不足
　新規組織での事業や商品・サービス展開を成功させるべく、顧客網・技術・機器などを既存から新規組織に渡すことが成功したとしても、協力したメリットが既存組織側に生まれない限り「与え損」になってしまう。

　このような正直者が馬鹿を見るような移行を進めてしまうと、既存組織側のモチベーションは著しく損なわれ、たとえ最初の移行は新規組織がうまくいきそうにみえても、以降の協力が得られず、頓挫することになる。

　継続的に既存事業側が協力したいと思えるような明確なメリットを作ることが必要である。

ケース③ 既存組織側の空洞化

　優秀な人的リソースを新規組織に充当する策を推進しすぎると、「既存組織との歪み」が生まれることがある。例えば、既存組織側の出し惜しみを避けるべく、全社での優秀人材の公募を進めたとする。そして、若手優秀層がこぞって新規組織を希望したとする。これを新規組織目線で異動をかなえすぎると、既存事業側から若手優秀層がいなくなってしまう。

　結果として、既存事業側の要因構成は、若手が空洞化し、ベテランやシニアばかりになり、極めて運営しにくい組織になってしまう。

　日本企業においてはこれら「2.新規組織を優遇しすぎて、既存組織が反発」のケースは「1.優先権が『既存組織＞新規組織』となり、新規組織が権限不足」のケースと比べると、未だ数としては少ない。ただし、ケースが少ない分、処方箋が流通していないように見受けられる。

　新規組織の立ち上げをトップダウンで推進している際、一見うまくいくように見えて、実は既存側の反発を招いているということは十分に起こり得る。すると、最初は問題がなかったとしても、1〜2年後に新規組織がうまくいかなくなり、その原因が特定できたころには、感情的なしがらみが大きくなりすぎ、回復不可能な状況になっているということがあり得るため、注意が必要である。

　最後に、上記の問題が発生してくる背景にある要因として、以下のような点が挙げられる。これらを意識して対策することが、既存組織と新規組織のコンフリクトを解消していくうえで不可欠である。

- 「稼いでいる組織が偉い」という暗黙の文化
- 無意識的に起こっている既存組織長の強すぎる発言権
- 既存組織の売上減少に対する経営トップ含めての恐れ
- 組織設計を「人的観点」から行うケイパビリティの不足

特にケース「1.優先権が『既存組織＞新規組織』となり、新規組織が権限不足」に陥っている企業は非常に多く、その原因はこの4点が深く根ざしている。稼いでいる組織が偉いという意識や、売上が下がることに対する恐れは確かに発生しやすい。

しかし、既存組織の影響を受けて活動が止まってしまう新規組織の作り方をすると、ネットワーク型組織化が全く進まない。この失敗はあまりにも多く見かけるため、十分にご留意いただきたい。

コンフリクトを防ぐための5つの要諦

前述してきた新規組織と既存組織のコンフリクトを解消していくためには、5つの要諦を押さえておく必要がある。

1. 既存側のメリットを明確にする ～協力に対する還元ルールを設定する
2. 既存側に当事者意識を生む ～日常的に実活動で連携して巻き込む
3. 警戒感を抱かせない ～新規組織の情報をガラス張りにする
4. 取り合いをしない ～可能な限り、リソースは社外から確保する
5. 最終手段は新規側が持つ ～意思決定のスポンサーシップを確保する

これらについて実例を踏まえながら見ていきたいと思う。

1. 既存側のメリットを明確にする
～協力に対する還元ルールを設定する

1つ目のポイントとして、既存組織と新規組織のコンフリクトを解消していくには、基本的に既存組織側が「惜しみなく協力してもよい」と思える環境を整えることである。それには、既存組織側に具体的なメリットが

ある状態を作る、少なくとも協力することによって既存組織側に損がない状況を作ることが不可欠である。効果的な方策は、以下のように大きく2つ存在する。

①新規組織側の成果が協力した既存組織側にも還元される「評価制度」（短期的）
②新規組織側への協力が「将来の既存組織の拡大への投資」となる仕組み化（中長期的）

それぞれ実例を踏まえながら見ていきたい。

① 新規組織側の成果が協力した既存組織側にも還元される「評価制度」

この仕組みは新規組織側へ協力することで、既存組織側の人材が評価・処遇されるものである。「新規組織へのリソース優遇などにより、既存組織は既得権益が損なわれる」というコンフリクトが存在したとする。その場合でも新規組織の成果について、既存組織側の人材が個人評価としては大きく還元されるようにすることがポイントである。いくつか方法があるが、ここでは2つほど例を紹介する。

①-a 紹介した顧客での売上がダブル・トリプルカウントされる仕掛け

1つ目の方法は、既存事業側が新規事業側に顧客を紹介し、新規事業側で売上が立つ場合であっても、既存事業側が評価・処遇される仕組みである。事例を通して見ていきたい。

あるICT関連企業では、部署を超えた協業について課題を抱えていた。評価の大半が売上金額によるものになっていたことから、サービス別組織が一度獲得した顧客を自分達で囲い込み、他のサービス組織への紹介進まず、クロスセルが進まない状態になっていた。

本来、クロスセルはサービス別組織と、マトリクス組織になっていた業界別組織が進める役割であったが、サービス別組織が業界別組織と協業するメリットもなかったため、これが進まない状況にあった。この企業では状況を解消すべく、個人評価においては、売上が最大300%までダブル・トリプルカウントできるようなルールを導入した。（図4-01）

これによって、例えば、サービス部門Aが顧客へのサービス提供状況について業界別部門Xと共有し、部門Xの営業によってサービス部門Bのサービスを売り上げた際、部門A・部門B・部門Xの関与者3名が合計で売上金額を100%ずつ業績として計上できるようになった。すると、顧客の囲い込みは解消され、連携が促進されるようになった。

その後、この企業ではデジタルの潮流に合わせて、デジタル部門を設立することになった。外部からの人材獲得が加速しやすいよう、新規の独立した組織で独立した人事制度とすべく、別会社として設立したが、別会社にしたことにより、管理会計が2つに分かれることになった。

図4-01　売上をトリプルカウントする仕掛け

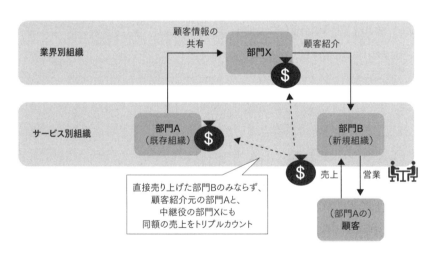

これによって、顧客を紹介しても売上が立っていくという個社の内部ルールでの評価運用が成立しなくなってしまった。すると、新規組織への積極的な顧客紹介や、既存組織の顧客への積極的な新規組織サービス紹介は行われず、再び既存組織が顧客を囲い込むことになり、結果的に新組織は当初掲げた目標を達成できなかった。

　その2年後、今度は別会社化せず、自社内での新組織として設立し直した。そして、ダブル・トリプルカウントルールが活用できるようにすることにより、新規デジタル組織の売上拡大に成功したのである。

①-b 捻出した人的リソースの稼働分は自身が指示・差配しなくても売上計上される仕組み

　もう1つの方法は、既存組織側が新規組織側に人的リソースを貸与した際、その人材の新規組織における貢献・成果が、既存組織側に計上される仕組みである。（図4-02）

図4-02　リソースを貸し出した場合、既存組織に売上を計上する仕掛け

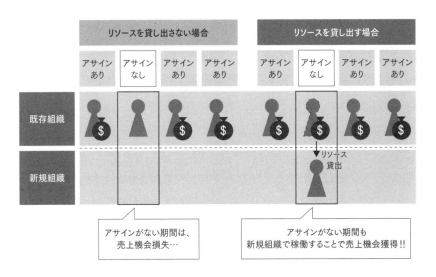

こちらも事例を通して見ていきたい。別の某ICT関連企業でも、前述企業と同様に、デジタル化に即して組織再編を実施し、デジタル部門の新設を進めた。

ただし、この企業では売上責任の明確化と、管理会計のシンプル化を優先するため、売上のダブル・トリプルカウントの内部評価運用ルールは導入しなかった。

新規組織に対する既存組織の協力が進まないことが懸念されたが、こちらでは貸し出したリソース稼働分が、提供元組織に計上されるルールによってデメリットを解消できるようにした。

この企業はICTの開発系プロジェクトを生業としていた。開発系プロジェクトは、プロジェクトの発生タイミングで必要リソース数の浮き沈みが発生することが多い。

例えば、あるプロジェクトが終了し、メンバーが、次にアサインされるプロジェクトが1か月後に始まる場合、その間の1か月間リソースが空くことになる。メンバーが稼働していないと売上が立たないため、売上機会損失になってしまう。このリソースを1ヶ月間、別の新規組織のプロジェクトに貸し出す際、リソースの提供元組織に売上が計上されるルールを導入した。

新規組織はプロジェクトを遂行するうえで不足するリソースを補え、既存組織はリソースのアイドリングを回避して売上を計上でき、まさにWin-Winの関係でリソースを貸与できる仕組みを確立している。これが、新規側の成果を協力した既存側にも還元される評価制度の例である。

②新規側への協力が将来の既存側の拡大への投資となる仕組み化

次に、新規組織側への協力が、今すぐに既存組織に還元されるわけではないものの、将来的に既存組織側へ還元される仕組みの例を紹介する。(図4-03)

図4-03　新規組織への協力が将来的に既存組織に還元される仕組み

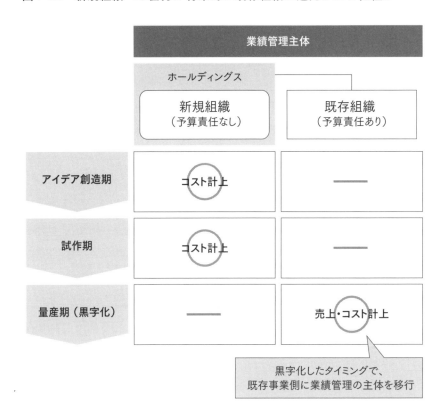

ある消費財メーカーでは、市場の変化が激しい中での事業ポートフォリオ変化に対して、運営を行いやすいようにホールディングス制を取っている。新規事業の設立については、ホールディングス傘下にCVC（Corporate Venture Capital）機能と、自ら新規事業を探索する新規事業組織の2種類を設置していた。

CVCはアイデアベースで面白い案、話題性のインパクトを生む案が次々に出たが、個別単発の商品・サービスどまりの内容で、まとまった売上の

塊になる新規事業は設立されにくい状況にあった。そのため、新規事業自体の創出は、新規事業組織側に期待が寄せられていた。しかしながら、新規事業組織での検討においても、事業という規模感になり得る企画が生まれにくい状況にあった。

というのも、新たな事業が生まれるのは、既存事業からの派生になる場合がほとんどで、事業現場に近いところでないと創出が難しいことが多い。

この企業においても、事業部門から遠いホールディングス傘下の組織単体では、実際にはなかなか、固まったボリューム感での売上を上げられる事業の種が出てこない状況が続いていた。

そこでこの企業では、新規事業組織と既存事業組織が一緒に新規事業を設立できる動きを作ることを狙い、新規事業組織側の動き方を変更した。

もともと既存事業組織内にも事業の延長線上で新規事業開拓部隊があったのだが、あくまで既存事業内の新規開拓なので、ミッションが限定的で、リソースが潤沢ではなく、推進力が不足していた。

そこで、ホールディングス傘下の新規事業組織が、既存事業の開発部隊に働きかけ、ホールディングスのリソースを活用できることを既存事業側のメリットとして、共同で進めるように促した。

ほとんどのリソース・コストをホールディングス側が負担することになるため、初期は業績管理上、売上・コストの双方をホールディングスに計上することにした。これだけだと既存側は事業を取り上げられてしまうだけでメリットなしになってしまうが、その心配はない形になっている。

具体的には事業が安定的に黒字化したタイミングで既存事業側に業績管理の主体を移していく方法を取っている。このような形にすることで、既存事業側は新規に立ち上げるタイミングで不採算になる期間は自分達には計上されず、儲かるようになると売上計上されることで、積極的にホールディングスと連携して推進できる仕組みになっている。

2. 既存側に当事者意識を生む
～日常的に実活動で連携して巻き込む

　2つ目のポイントは、既存側に新規事業設立の取り組みについて当事者意識を持ってもらうことである。

　1つ目のポイントで述べたような、既存事業側のメリットを仮に設定できていたとしても、実活動において「新規の取り組みはあくまでも新規組織のミッションであり、既存事業の自分達には関係ない」となると、ついつい対応が劣後する。もしくは、「成功したら嬉しいが、失敗しても仕方ない」くらいの軽い感覚で捉えられてしまい、十分な協力を得られないことになる。

　そうならないためにも、実際の活動において頻度高く連携することで、当事者意識を持ってもらうことが肝要である。

　例えば、子供が「かぶとむしが飼いたい」と言った時、親は「どうせ世話をしないんだからダメ」と言いつつしぶしぶ飼ってしまうとする。実際に飼うと、やはり親が面倒を見ることになるが、世話をしているうちに愛着がわき、次第には「自分のかぶとむし」意識で積極的に世話をするようになる。こうして、巻き込まれたことがきっかけであっても、続けるうちに当事者意識が芽生えるというのはままあることである。

　ある企業では、イノベーションを担当する新規組織が、既存組織を巻き込んで推進することを重視して成功させている。

　以前この企業では、新しい商品・サービスを企画して立ち上げていく際、既存事業の商品・サービスと重なり、顧客の重なりも起こりやすく、調整が大変になるため、新規事業側から既存事業側への巻き込みは限定的であった。

　加えて、もともと既存事業間も含めて組織の壁が高く、閉鎖的な企業風土であったため、その慣習はよりいっそう強く存在していた。

しかしある時、新規事業組織を再設計するタイミングで、過去の失敗を振り返り、組織間のコンフリクトに、あえて深く関与していく動き方に変えることになった。

今回の新規事業組織とそれまでとの違いは、新規事業側には売上責任を持たず、既存事業側で新規商品・サービスの立ち上げをミッションにしたことである。

新規事業組織は、全社横断的な情報収集から複数事業の間にある新規事業機会や新商品の種を発掘し、それを形作るところまでを役割の範囲とした。

そして、収益が期待できるところまで形作った後、事業として実装していく実作業は、既存事業側と一緒に進めるようにした。企画内容を連携し、

図4-04　ありがちな既存と新規組織の断絶

		よくある失敗例	新規事業組織	個別事業組織	その他
	シーズ探索	・十分にシーズが発掘できない ・重複した探索がなされる	ネットワーク化できていない社外知見（単発連携）	部署外への情報連携不足	部署内での必要性判断によるお蔵入り情報の山
推進フェーズ	構想	・巻き込むべき組織が巻込めない	中核組織を絞れない	過剰な根回し文化（スピード感欠如）	―
	トライアル	・十分な情報、知見がない場当たり的な検証になる	実施状況が不明、情報不足で支援できない	場当たり的な検証で次のアクションが不明	トライアル段階での過剰な管理
	投資判断	・組織の個別最適な座組 ・リスクに囚われ機会を逸失する	権限不足でリソース支援ができない	自前主義（個別最適・不十分なリソース）	徹底的なリスク回避志向
	本推進	・撤退判断をせずにずるずると推進する	情報・権限不足で梃入れができない	やりっぱなし（潮時を見極めない）	―

日常的な検討や試作を一緒に進めるようにし、これを継続した。

　すると、最初は「外から持ち込まれた話」という反応であった既存事業側だったが、次第にいつの間にか「自分達の事業活動」として推進するようになっていた。

　そのタイミングから新規事業側は関与を薄くしていくことで、既存事業側で自主的な実装活動へ移行できた。

　今ではこの方法を用いて、複数の既存事業組織に対して、新商品・サービス開発を促進する活動を成功させている。（図4-04・4-05）

図4-05　既存事業を巻き込み、協業できている状態

		次フェーズへの移行条件	新規事業組織	既存事業組織	その他
	シーズ探索	未実現な事業シーズを数多く創発できている状態	社内外のネットワークを通じて事業機会・技術を発掘しロングリスト化	各事業内での新規事業推進状況を共有	＜R&D、ITなど＞世間・社内における先進技術の共有
推進フェーズ	構想	中核組織が定まり、構想が具体化された状態（トライアル可能な状態）	事業を推進する中核組織の特定・情報提供	収益化を見据えて構想を具体化	―
	トライアル	事業のリターン・実現性を適切に検証できている状態	社内外の類似案件情報、トライアルの「コツ」提供	リターン・実現性のポイントを見極め、小単位で検証	＜R&D、ITなど＞トライアルへの知見提供
	投資判断	推進に必要な組織内リソースを獲得できている状態	社内リソースの獲得協力（ヒト・モノ・カネ）事業の有望性の補足	スピーディな予算・決裁獲得	＜品管、法務など＞推進上のリスク確認
	本推進	事業が立ち上がりリターンが獲得できている状態	継続的な伴走支援、客観的な事業評価	事業推進	―

3. 警戒感を抱かせない ～新規組織の情報をガラス張りにする

　3つ目のポイントは、新規組織に対して既存組織側が警戒心や反発心を抱かないよう、情報を透明化することである。

　ここまで示してきたように、新規組織に対して、既存組織が協力するメリットを明確にでき、既存組織側が新規組織の活動についても当事者意識を持てるようにできたとしよう。すると、次に直面する壁は、既存組織からの信頼を継続的に獲得することである。

　新しい取り組みが始まる時には、中核になる人材が動き回り、各方面からの協力を獲得することが必要になる。各方面に声をかけ、リソースや知恵、いろいろなリソースを拝借する。その際、中核で動く人材の熱量や頑張りに対して周囲は協力したくなり、助けていく。

　しかし検討が深まり、取り組みが軌道に乗りはじめると、今度はそれを進めることに集中しすぎて、各方面への情報連携がおろそかになったりする。例えば、新規案件を獲得するための顧客訪問を、それまでは一緒に動いていたのに、単独行動を行ったうえでの事後報告になったり、案件のパイプライン情報が共有されなくなったり、出したアイデアや知恵に対する顧客の反応がフィードバックされなくなったり、貸し出したリソースの近況が報告されなかったりする。こうなってくると次第に周囲は協力する気持ちが失せていく。

　さらに、新規組織の活動は、既存組織活動と基本的にコンフリクトを持つことが多いため、情報連携がされない新規組織活動に対しては、既存組織は警戒感を抱き、それがひどくなると抵抗勢力になって妨害することさえあり得る。

　こうならないためにも、信頼感を継続できるようにすることが重要だが、新しい取り組みが軌道に乗ってくるタイミングでは、スピード感を持って

拡大することも機運として大切である。そのため、情報連携は丁寧にやりたいものの、時間を多くかけることは難しい。バランスを取りながら効率的に情報を共有できることが肝要である。

多くの企業では、情報の可視化をツールによって効果的に実践している。特にICT系企業では、伝統企業かスタートアップ企業かを問わず、高い情報流通性を実現する優れた仕組みが多く見られる。

例えば、ある企業では、Slackを活用して情報流通性を確保している。Slackの該当スレッド上に経営会議資料も掲載され、社員が誰でもアクセスできるようになっている。新規組織活動についても、発足時に協力を仰いだ他組織メンバーもアクセスできる権限があり、その後、交流が減少しても、他組織メンバー側が気になる情報を、見たいタイミングで、スレッドにアクセスして確認できるようになっている。

この企業幹部によると、ポイントは情報の「透明性」にあるという。

経営会議資料のように、多くの製造業では「部長職以上」など役職者に限定される資料を最初から全社員に開示することで、「信頼していることを示す」とともに「考える材料を持たせる」ようにしている。

情報は見る側にも義務と責任があるとし、「情報を見ている以上、自社の状況で何をすべきかを自分なりに考えること」を課している。このことで、物事を広い目線で考え、深めることを習慣化させているという。

話を戻すと、情報はさらすことで自ら取りに行くものになる。すると情報共有コストをかけず、共有できるようになることにポイントがある。

隠されていないことで、既存組織側メンバーが新規組織に対して不信感を持つことはない。

新規組織側は検討の進捗状況をスレッド上で示し、ファイルを格納しておけばいいだけなので、情報共有コストをかけずに実施できる。

このように、ツールを有効活用することで、情報のガラス張りは簡単に実現できる。秘匿情報を伴う場合は、スレッド内に鍵をかけたサブスレッドを立て、そこだけスモールチーム内での共有とすればよい。昨今では、Slackだけでなく、GoogleやTeamsでも類似の役割を果たすことができる。運用ルールだけ確立すればよいので、既に自社で導入されたツールがあれば、効果的に活用して実現いただきたい。

4. 取り合いをしない
〜可能な限り、リソースは社外から確保する

4つ目のポイントは、可能な限り、リソースは社外から確保することである。新規組織を垂直立ち上げしていくには社内のリソースを活用することが近道である。しかしながら、既存事業組織から新規組織向けのリソースを獲得すると、既存事業側に何らかの遺恨を残すことが多い。

リソースと一言に言っても、ヒト・モノ・カネ・情報と、リソースにも種類がある。

カネ・情報については、それ自体が組織間のコンフリクトになることは少ない。モノについてもある程度のもの、建物や設備であれば、共有・共用は可能なことが多い。

問題になるのはヒトである。ここで取り合いをせず、社外からの確保を推奨したいのは、ヒトのリソースについてである。

新規組織は、新規事業など、重要なミッションを担うことが多い。それゆえ人的リソースを既存組織から獲得する場合、最優秀層がその候補者になる。ただし、最優秀層を抜かれることは既存事業にとってかなり手痛いことになる。特に日系事業会社においては、長い年月をかけ、まさに手塩をかけて育てた部下といった場合も多い。単に該当事業において優秀

な人材というだけでなく、上長との人材関係や、上長への理解も含めて阿吽の呼吸で仕事ができるなど、その人材の価値は、上長にとって無二のものであることも多い。その人材をいくら重要なミッションを負った新組織だとはいえ、突然取られたらたまったものではない。何らかの心理的な禍根が残るのが人情であろう。モノであれば代替手段があるが、ヒトでは完全に代替することはできない。それゆえ、ヒトに関してが最も禍根を残すコンフリクトになる。

こうした理由から、ヒトについては可能な限り、外部から獲得することが望ましい。特に昨今ではデジタルなど、全く新しいケイパビリティを持つ組織を立ち上げることも増えている。

間接機能も人事・経理の戦略組織など、高度な専門性を持ち、また外資系などで鍛えられた人材が望ましい場合も増えてきている。

とはいえ、全員を外から連れてきても組織はうまく回らない。自社組織の慣習・癖や、意思決定プロセス・お作法・根回しといった、社内で一定期間を過ごした人材でないとうまく回せないことも少なくない。

一番よいのは、社内調整をする係（組織長もしくは副組織長など）と、組織のスポンサー役を果たす係（管掌役員など）を既存の社内人材とし、特定専門性を中心に、新組織で求められるケイパビリティ側面は外部から獲得した人材でカバーするという方法である。

既存組織から新規組織に移る人的リソースを絞ることで、既存組織側からの反発を最低限に抑えられる。

あるいは、社内人材から公募することによって新規組織の必要リソースを賄うことも一手である。既存組織の上長も、「本人の希望であれば、本人のキャリアになる」として幾分抵抗感が下がる。ただし、前述のように、希望であるからといって、若手優秀層がこぞって手挙げして異動希望を出すようになると具合が悪い。フェアな手段であっても、結果的に優秀層を大きく削がれることになり、心理的な禍根を残すことになる。

5. 最終手段は新規側が持つ
〜意思決定のスポンサーシップを確保する

　最後のポイントは「新規組織が切り札を持つ」ということである。前述の方策を取っていくことで、少なからず新規組織と既存組織の間のコンフリクトは減らしていくことができる。しかしながら、すべてのコンフリクトを解消することは難しく、大なり小なりどちらかが譲らないとうまくいかない局面は必ず発生する。新規組織を成功させるには、コンフリクト発生の際、新規組織が最終的に優先される仕組みを担保することが不可欠である。過度に新規組織を優遇する必要はないが、新規になし遂げねばならない重要なミッションを負っている以上、新規組織の成功を優先することが会社上の意思決定になるべきである。

　最終的な意思決定の優先権が担保されるためには、会社の公式な最高意思決定機関、および意思決定者のスポンサーシップ（支援・保証）を得ることが重要である。そのため、新規組織を社長直轄組織として配置するといった手段がよく取られる。もしくは、社長は既存事業との調整役にするため、副社長を新規組織の管掌役員にすることで、新規事業のスポンサーシップと既存組織の感情的なバランスを取る機能を両立する場合もある。

　ただし、経営トップの強権で解決するのは、さほどよい手段ではない。というのは、公式に意思決定されたとしても、現場レベルで積極的な協力が得られないと、結果的にうまくいかないまま終わることがあまりにも多いからである。より建設的な方法は、各既存事業のトップが参画する委員会などを作り、その場を通じて、事前に当事者側に巻き込んでおくことである。例えば、コンフリクト発生時に新規組織に味方すると、事業トップの個人としてもメリットを享受できる評価の仕組みも重要である。

　こうして、できる限り、最もコンフリクト時に対立する可能性が高い人物を、あらかじめスポンサー側に巻き込む仕組みをうまく構築できていると、最も円滑に物事が進むことが多い。

本章のまとめ

　本章では、新規組織を立ち上げるうえで、実際の障害になるであろう既存組織とのコンフリクトと解消法について見てきた。

　コンフリクトには大きく2種類存在し、新規組織が権限不足で動かなくなるケースと、新規側に権限を与えすぎて既存組織側の反発を招くケースがあることを述べた。これらを解決するためには、5つの処方箋があることを伝えてきた。

　特に重要なのは、既存組織側の心理的な機微を洞察し、先んじて解消策を講じたうえで組織設立を進めることである。（図4-06）

　読者の皆さまの会社・組織において、新たにネットワーク型組織の設立を成功させ、直面している大きな経営課題解決を実現されることを強く祈っている。

図4-06　既存組織とのコンフリクトを解消する5つの要諦

コンフリクト		解消する5つの要諦
A 優先権が 既存組織 > 新規組織 となり、 新規組織が 権限不足	リソースの出し惜しみ	① 既存側のメリットを明確にする 〜協力に対する還元ルールを設定する
	現場主導権の維持	② 既存側に当事者意識を生む 〜日常的に実活動で連携して巻き込む
	投資決定権の保持	③ 警戒感を抱かせない 〜新規組織の情報をガラス張りにする
B 新規組織を 優遇しすぎて、 既存組織が 反発	新規組織への過度な制度上での優遇	④ 取り合いをしない 〜可能な限り、リソースは社外から確保する
	既存組織側のメリットの不足	⑤ 最終手段は新規側が持つ 〜意思決定のスポンサーシップを確保する
	既存組織側の空洞化	

おわりに

　個人が輝く職場にしたい、人のよさ・持ち味を活かせる組織を作りたい、そのような想いをぶつけ合う機会が非常に増えた。筆者が所属するデロイト トーマツ コンサルティングのヒューマンキャピタルディビジョンにおける、300 を超える仲間たちには、最初からこのような想いを持つ人たちが数多く集まっているが、最近特に、「人を輝かせたい」という想いが強いメンバーがますます増えていっているように思う。

　経営者や人事責任者、事業責任者と個別に話をすると、必ずと言っていいほど、人を活かしていくことに話題が及び、その想いを熱く語り合うことも多い。それぞれの個人が考える世界観や実現したいことは本当に素晴らしく、強く共感することばかりである。

　筆者が疑問に思うのは、個人としては皆、素晴らしい考えであり、個人のよさを活かし合いたいと思っているにも関わらず、なぜ、組織人となると、他組織の人を活かそうとせず、組織間で足を引っ張り合ってしまうのかである。

　組織目標を与えられ、個別の会社や事業の責任者になると、そこで果たすべき業績や、優先的に守りたい仲間が先行してしまい、個別最適に走ってしまう。結果、他の組織の人はどうしても劣後になっていく。特に組織が大きくなればなるほどその傾向は強く、歴史が長く慣習が定着していればいるほど変えられないという先入観が強い。

とても、もったいないことであると思う。組織目標の枷（かせ）を外してあげて、個人として手柄を上げねばというゲームのルールから解放し、個人の本当の想いを形にできるようにすれば、強く協力し合える、とても素晴らしい組織ばかりになるはずである。ひいては日本がより素晴らしい国になっていくはずである。

このような想いから、ネットワーク型組織の作り方への探求をスタートし、数年をかけて今に至るわけだが、いよいよ成功例が増え、変わっていけるという手ごたえがある。

重要なのは、目指す世界観に向けて、変える活動を率先して進めることだと思う。その推進役は、場合によっては一時的に損することもあるかと思う。しかし、周りがよさを感じ、変化を望めば、ゲームのルールは次第に変わっていく。そして、変化は何も大それたことではなく、小さなことであっても、それが望まれる変化なのであれば、大いに意味がある。

筆者は経験上、行動することが最も大切だと感じている。行動を起こすことにポジションや役職の高低は関係ない。自身に権限がなかったとしても想いを受け止めてくれる権限保持者を探せばいい。個別で話をすれば、よいものであれば、必ず理解者は見つかるはずである。

変革をそれぞれの場で進めていくであろう皆様に、本書が少しでもお役に立てればという想いとともに結びとさせていただきたい。

最後に本書の作成にあたってお世話になった皆様にこの場を借りて御礼申しあげます。

まず、すばる舎 吉田真志さんには大変お世話になりました。これから必要になる組織のあり方、個人を活かしていくという想いに共鳴いただけたことで本書の出版にたどり着けたと感じております。本当にありがとう

ございました。山田知子さんには素敵なブックデザインを、若田紗希さんには素敵なイラストを、それぞれありがとうございました。

　次に取材に応じてくださった18社の皆様に御礼申し上げます。皆様のご協力なくしてネットワーク型組織の要諦に関する考察は深まっていかなかったであろうと感じております。

　特に、具体的な内容の掲載を含めてご了承いただいたアトラエ新居佳英さん・南香菜絵さん、LAPRAS大西栄樹さん、サイバーエージェント曽山哲人さん・岩田梨沙さん、サイボウズ中村龍太さん、デロイト トーマツ ベンチャーサポート斎藤祐馬さん、心より感謝申し上げます。

　作成に協力いただいた弊社メンバーにも御礼申し上げます。中核的な役割を果たしていただいた橋本洋人さん、ありがとうございました。

　執筆にご協力いただいた、山本亜希さん、渋谷友彦さん、樋口誠さん、重富由貴さん、塩島義大さん、服部奈津子さん、図表・データ作成にご協力いただいた藤川佳子さん、紺藤大生さん、ありがとうございました。

　皆様のご協力がなければ本書の刊行にはたどり着けませんでした。本当にありがとうございました。

2023年1月吉日

デロイト トーマツ コンサルティング

北郷 聡

執筆者プロフィール

【監修】

北郷 聡

デロイト トーマツ コンサルティング合同会社
執行役員パートナー
組織デザインプラクティス日本法人責任者。20年以上にわたり100社以上の組織変革に従事。ガバナンス設計経営執行体制構築、組織設計、責任・権限設計、業務改革、人材マネジメントの仕組みの設計、変革マネジメントの設計・導入まで、組織変革に関わる一連のコンサルティングを手がけている。

橋本 洋人

デロイト トーマツ コンサルティング合同会社
マネジャー
組織・人事戦略策定、ガバナンス設計、組織再編・統合支援、組織設計、要員・人件費計画策定、人事諸制度の改革・設計・運用支援など、組織や人材の変革に関わるコンサルティングに幅広く従事している。

関与メンバー

山本 亜希

渋谷 友彦

樋口 誠

重富 由貴

塩島 義大

服部 奈津子

カバーイラスト ：若田紗希
Book Design ：山田知子（チコルズ）
DTP・図版制作：朝日メディアインターナショナル
出版協力 ：(掲載順) 株式会社アトラエ／LAPRAS 株式会社／株式会社サイバーエージェント／
サイボウズ株式会社／デロイト トーマツ ベンチャーサポート株式会社

変化に強く、イノベーションを生み出す
ネットワーク型組織のつくり方

2023 年 1 月 26 日 第 1 刷発行

監修者 —— 北郷 聡・橋本 洋人
発行者 —— 徳留 慶太郎
発行所 —— 株式会社すばる舎
〒 170-0013 東京都豊島区東池袋 3-9-7 東池袋織本ビル
TEL 03-3981-8651（代表）03-3981-0767（営業部直通）
FAX 03-3981-8638
URL https://www.subarusya.jp/
印 刷 —— 株式会社シナノ